MANUAL COMPLETO DE LA BICICLETA

MANUAL
COMPLETO DE LA
BICICLETA

DK London
Edición sénior Chauney Dunford
Edición de arte sénior Gillian Andrews
Edición Hannah Bowen, Katie John, Tash Kahn,
Sam Kennedy y Hugo Wilkinson
Diseño Stephen Bere, Ray Bryant,
Katie Cavanagh y Phil Gamble
Coordinación editorial Gareth Jones
Coordinación de arte sénior Lee Griffiths
Dirección de publicaciones Jonathan Metcalf
Dirección artística Karen Self
Dirección creativa Phil Ormerod
Coordinación de publicaciones Liz Wheeler
Edición de cubierta Claire Gell
Diseño de cubierta Mark Cavanagh
Diseño de cubierta sénior Sophia MTT
Preproducción Jacqueline Street
Producción Mandy Inness
Iconografía Jenny Lane

Ilustración Brendan McCaffrey

Asesores Luke Edward-Evans, Richard Gilbert,
Brendan McCaffrey y Phil Quill

Textos Claire Beaumont y Ben Spurrier

Publicado originalmente en Gran Bretaña
en 2017 por Dorling Kindersley Limited
80 Strand, London WC2R 0RL

Parte de Penguin Random House

Título original: *The Complete Bike Owner's Manual*
Primera edición 2018

Copyright © 2017 Dorling Kindersley Limited

© Traducción en español 2017 Dorling Kindersley Limited

Servicios editoriales deleatur, s.l.
Traducción Jose Luis López Angón
Revisión técnica Escuela emeb

ISBN: 978-1-4654-7379-0

Impreso en China

UN MUNDO DE IDEAS
www.dkespañol.com

Contenido

05 FRENOS 96

06 TRANSMISIÓN 126

07 SUSPENSIÓN 188

08 GUÍA DEL USUARIO 204

MANUAL COMPLETO DE LA BICICLETA
Introducción

Una bicicleta puede llevarte a todas partes, y para aprovechar al máximo cada salida, debes mantener la tuya en las mejores condiciones. La bici no funciona solo con los músculos; la interacción de pedales, cadena, ruedas, dirección y sistemas de marchas y frenado aportan impulso y control. En este libro te explicamos cómo instalar, ajustar y mantener cada componente de la bicicleta.

Ya seas un mecánico experto o un principiante, saber cómo reparar y mantener tu bicicleta te ahorrará tiempo, energía y dinero. Además, es genial saber que, aunque estés a kilómetros de casa, podrás arreglar cualquier problema mecánico.

En este libro se emplean ilustraciones generadas por ordenador para detallar cada componente de la bicicleta. Las instrucciones paso a paso, sin manos de por medio que enmarañen las imágenes, ofrecen una claridad sin precedentes.

Cuestiones básicas
De entrada, esta guía presenta el diseño y los componentes de muchos tipos distintos de bicicleta.

Los consejos sobre el vestuario, los accesorios y los ajustes de la postura de conducción te ayudarán a sacar el máximo partido a tu bicicleta.

El capítulo «Cuidados básicos» muestra cómo montar un taller y usar las herramientas de mantenimiento. Montar tu propio taller es sencillo, y solo necesitarás unas pocas herramientas esenciales, además de económicas. Así, a medida que decidas sustituir o reparar ciertas partes de tu máquina, tu colección de herramientas irá aumentando. Este capítulo también explica cómo realizar tareas rutinarias, como limpiar la bicicleta y lubricar las partes móviles, y ofrece información para abordar reparaciones de emergencia.

Mantenimiento y reparación
Tanto si llevas tu bicicleta por carreteras, por senderos o por la montaña, la máquina se beneficiará de una buena rutina de mantenimiento. Cada capítulo muestra cómo cuidar un sistema específico de la bicicleta, y aporta consejos sobre la elección de los mejores componentes para cada tipo y una visión en profundidad de las partes clave, con la explicación de

"Un cuidado regular mantendrá tu bicicleta suave y segura.

CLAIRE BEAUMONT, COAUTORA

términos específicos e información sobre cómo instalarlas, ajustarlas y mantenerlas.

Las imágenes anotadas y los consejos de taller cubren muy diversos modelos. Los diagramas de despiece y las vistas en sección muestran cómo interactúan las distintas partes de la bicicleta. Se ofrecen pistas para detectar signos de problemas antes de que su coste se dispare, así como consejos sobre cómo hacer ajustes sobre la marcha sin correr el riesgo de quedarse tirado durante un paseo.

Sustitución y mejora de componentes

Un mantenimiento regular contribuye a aplazar el desgaste por el uso. Sin embargo, la intemperie, el polvo, la gravilla y el uso degradan con el tiempo la mayoría de los componentes, y tarde o temprano estos deben reemplazarse.

El desmontaje y la sustitución de las partes gastadas por otras nuevas se trata en cada capítulo con instrucciones paso a paso. Aunque los principios generales sobre frenos, cambio, ruedas y suspensión no han cambiado, a menudo las grandes marcas tienen sus propios sistemas exclusivos, lo que afecta, por ejemplo, al tamaño de los rodamientos, la cadena o los cables, o a la forma en que ciertas partes se ajustan en la bicicleta. Cada capítulo del libro cubre las variaciones entre las tres marcas principales (Shimano, SRAM y Campagnolo) e indica a qué se debe prestar atención al adquirir piezas de sustitución.

Si quieres mejorar tu rendimiento sobre la bicicleta, la actualización de ciertos componentes te ayudará a hacerla más ligera, a suavizar la pedalada o a que el cambio de marcha sea más rápido y preciso. Cambiar el manillar, la potencia o el sillín son tareas sencillas. Otras más complejas, como reemplazar el cuadro o instalar nuevas horquillas de suspensión, son también más caras, pero mejorarán el rendimiento de la bicicleta. Las secuencias paso a paso muestran cada etapa de estos procesos para poder abordarlos con facilidad.

Esta información, junto con un plan de mantenimiento y unas tablas de solución de problemas al final del libro, te ayudarán a disfrutar de una conducción eficaz y segura de tu bicicleta.

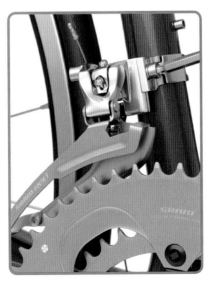

CONOCE TU BICICLETA

ANATOMÍA DE LA BICICLETA
Bicicletas de carretera

Las bicicletas de carretera son elegantes y ligeras, diseñadas para el uso sobre asfalto liso. Sus ruedas estrechas y sus finas cubiertas permiten rodar con rapidez sobre superficies lisas, cubriendo largas distancias a un ritmo rápido. El manillar de ruta (curvo) permite sentarse en una postura inclinada, más aerodinámica, y así transmitir más potencia a los pedales. Bicicletas de carreras, híbridas, monomarcha y eléctricas usan todas el mismo tipo de transmisión para impulsarse, y las marchas facilitan la conducción. Los cuadros son ligeros y rígidos, siendo los de acero y aluminio los más populares, y los de fibra de carbono y titanio los más usados en las competiciones.

Sillín
Asiento
Bastidor

Abrazadera del sillín
Tornillo de la abrazadera
Tija del sillín

Abrazadera de la tija del sillín

Freno trasero
Funda del cable
Brazo de la pinza
Portazapata
Zapata

Cuadro
Tubo superior
Tubo del sillín
Tirante posterior
Vaina
Tubo inferior

Válvula

Palanca de desenganche rápido

Brazo de la biela izquierda

Buje trasero
Cierre rápido
Puntera trasera
Buje
Núcleo

Eje de pedalier

Desviador (cambio) trasero
Cuerpo del desviador
Roldanas
Tensor

Casete
Anillo de retén
Casete

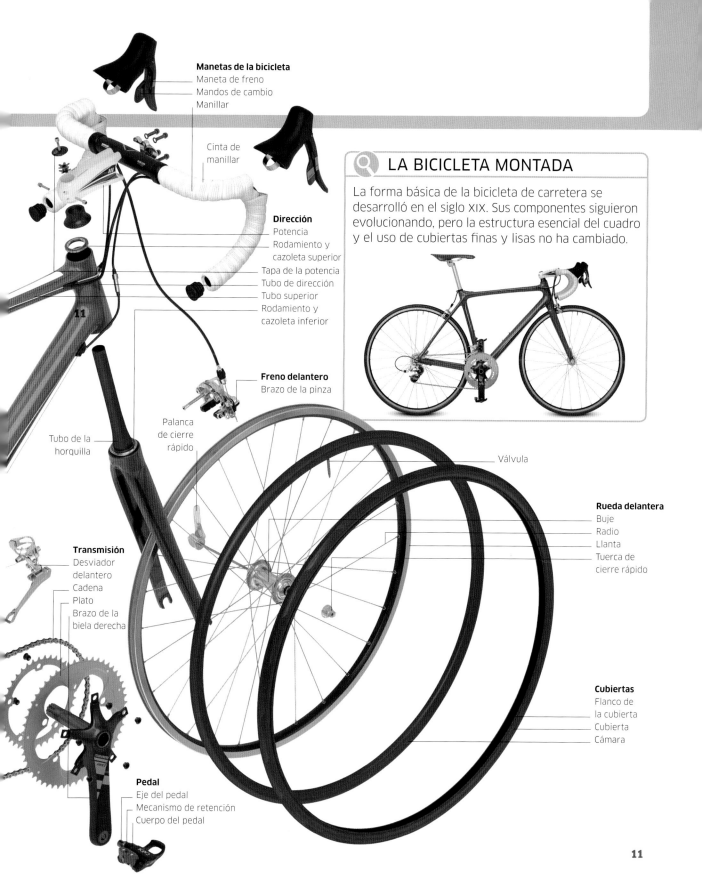

Manetas de la bicicleta
Maneta de freno
Mandos de cambio
Manillar

Cinta de
manillar

Dirección
Potencia
Rodamiento y
cazoleta superior
Tapa de la potencia
Tubo de dirección
Tubo superior
Rodamiento y
cazoleta inferior

Freno delantero
Brazo de la pinza

Palanca
de cierre
rápido

Tubo de la
horquilla

11

Transmisión
Desviador
delantero
Cadena
Plato
Brazo de la
biela derecha

Pedal
Eje del pedal
Mecanismo de retención
Cuerpo del pedal

LA BICICLETA MONTADA

La forma básica de la bicicleta de carretera se
desarrolló en el siglo XIX. Sus componentes siguieron
evolucionando, pero la estructura esencial del cuadro
y el uso de cubiertas finas y lisas no ha cambiado.

Válvula

Rueda delantera
Buje
Radio
Llanta
Tuerca de
cierre rápido

Cubiertas
Flanco de
la cubierta
Cubierta
Cámara

11

Bicicletas todoterreno

Hay bicicletas todoterreno (BTT) de toda clase de formas y tamaños. La mayoría llevan suspensión delantera, y algunas también trasera. Los frenos de disco delante y detrás les confieren una gran capacidad de frenada, mientras que las cubiertas sin cámara permiten usar presiones más bajas sin riesgo de pinchazos. En el ciclismo de campo a través suelen usarse cuadros de fibra de carbono, con ruedas mayores y suspensión delantera de 10 cm, a veces doble. Las bicicletas de enduro/trail tienen ruedas más pequeñas, cubiertas más anchas y suspensión doble de 15 cm, mientras que las de descenso tienen más recorrido de suspensión y un cuadro con ángulos más suaves, lo que las hace más estables a gran velocidad.

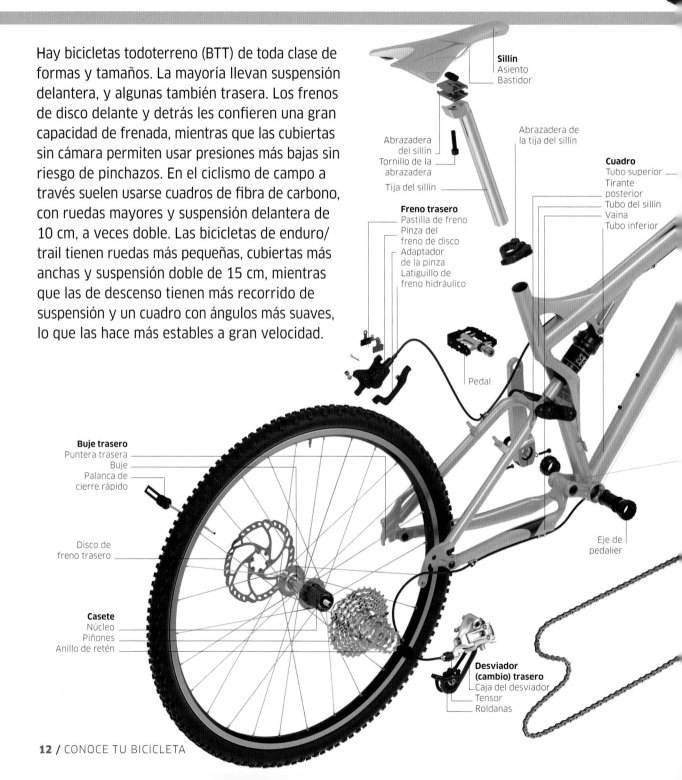

Sillín
Asiento
Bastidor

Abrazadera de la tija del sillín

Cuadro
Tubo superior
Tirante posterior
Tubo del sillín
Vaina
Tubo inferior

Abrazadera del sillín
Tornillo de la abrazadera
Tija del sillín

Freno trasero
Pastilla de freno
Pinza del freno de disco
Adaptador de la pinza
Latiguillo de freno hidráulico

Pedal

Buje trasero
Puntera trasera
Buje
Palanca de cierre rápido

Eje de pedalier

Disco de freno trasero

Casete
Núcleo
Piñones
Anillo de retén

Desviador (cambio) trasero
Caja del desviador
Tensor
Roldanas

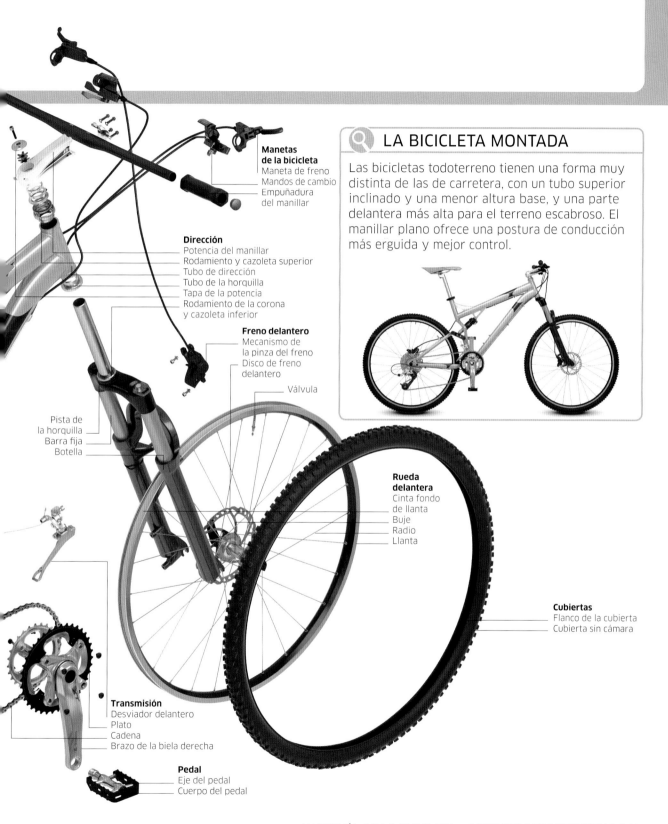

Manetas de la bicicleta
Maneta de freno
Mandos de cambio
Empuñadura del manillar

Dirección
Potencia del manillar
Rodamiento y cazoleta superior
Tubo de dirección
Tubo de la horquilla
Tapa de la potencia
Rodamiento de la corona y cazoleta inferior

Freno delantero
Mecanismo de la pinza del freno
Disco de freno delantero

Válvula

Pista de la horquilla
Barra fija
Botella

Rueda delantera
Cinta fondo de llanta
Buje
Radio
Llanta

Cubiertas
Flanco de la cubierta
Cubierta sin cámara

Transmisión
Desviador delantero
Plato
Cadena
Brazo de la biela derecha

Pedal
Eje del pedal
Cuerpo del pedal

LA BICICLETA MONTADA

Las bicicletas todoterreno tienen una forma muy distinta de las de carretera, con un tubo superior inclinado y una menor altura base, y una parte delantera más alta para el terreno escabroso. El manillar plano ofrece una postura de conducción más erguida y mejor control.

▶ COMPONENTES
Bicicletas urbanas

Diseñadas para un uso cotidiano fiable más que para la actividad deportiva, las bicicletas urbanas (o utilitarias) ofrecen una combinación ideal de comodidad, fiabilidad y durabilidad. Son más pesadas que las deportivas, pero son fáciles de conducir. Suelen incorporar componentes sencillos y resistentes y tecnológicamente más antiguos, pero se mantienen de forma similar a los diseños más nuevos.

◎ COMPONENTES COMUNES

Con un sillín mullido, un manillar plano, una transmisión resistente y, en ocasiones, portaequipajes, las bicis urbanas están hechas para el confort. Algunas incluyen suspensión delantera para suavizar los baches.

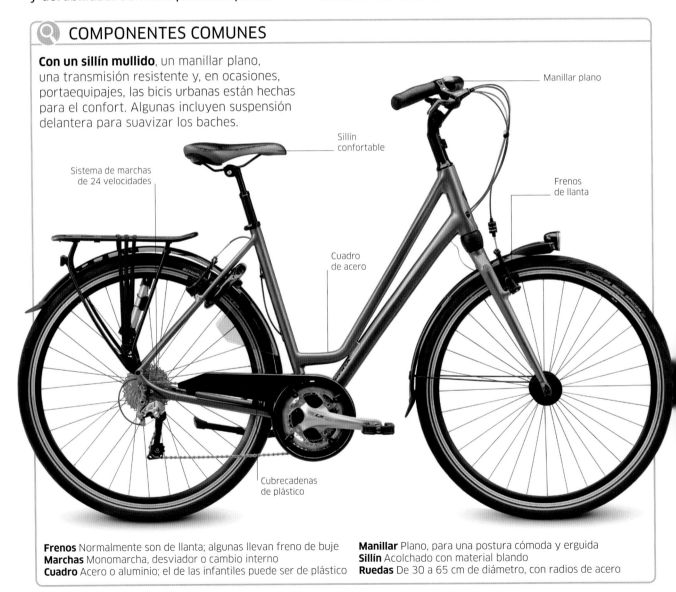

Manillar plano

Sillín confortable

Sistema de marchas de 24 velocidades

Frenos de llanta

Cuadro de acero

Cubrecadenas de plástico

Frenos Normalmente son de llanta; algunas llevan freno de buje
Marchas Monomarcha, desviador o cambio interno
Cuadro Acero o aluminio; el de las infantiles puede ser de plástico

Manillar Plano, para una postura cómoda y erguida
Sillín Acolchado con material blando
Ruedas De 30 a 65 cm de diámetro, con radios de acero

Consejo de compra: Las bicicletas urbanas suelen llevar componentes básicos, pero estos se pueden sustituir para ajustarse a tus necesidades. Muchos componentes tienen un ajuste estándar, por lo que se cambian con facilidad.

BICICLETAS DE PASEO

Frenos Llanta (pp. 98-117)
Marchas Desviador (pp. 140-149); interno (pp. 150-155)
Suspensión Ninguna

BICICLETAS HÍBRIDAS

Frenos Llanta (pp. 98-117); buje (pp. 122-125); disco (pp. 118-121)
Marchas Desviador (pp. 140-149); interno (pp. 150-155)
Suspensión Ninguna

BICICLETAS PLEGABLES

Frenos Llanta (pp. 98-117); buje (pp. 122-125)
Marchas Desviador (pp. 140-149); interno (pp. 150-155)
Suspensión Ninguna

BICICLETAS MONOMARCHA

Frenos Llanta (pp. 98-117)
Marchas Monomarcha
Suspensión Ninguna

BICICLETAS ELÉCTRICAS

Frenos Llanta (pp. 98-117); buje (pp. 122-125)
Marchas Desviador (pp. 140-149); interno (pp. 150-155)
Suspensión Ninguna

BICICLETAS DE CARGA

Frenos Llanta (pp. 98-117); buje (pp. 122-125)
Marchas Desviador (pp. 140-149); interno (pp. 150-155)
Suspensión Ninguna

COMPONENTES
Bicicletas de carretera

Aptas para el turismo, la competición o incluso los desplazamientos diarios, estas bicicletas se han diseñado para la velocidad, priorizando el rendimiento sobre el confort.

Las más avanzadas presentan una tecnología punta, con aerodinámicos cuadros de carbono diseñados por ordenador y precisos cambios de marchas electrónicos.

COMPONENTES COMUNES

Las bicicletas de carretera sacrifican comodidad y durabilidad en aras de la velocidad. Las ruedas ligeras y las cubiertas lisas son aerodinámicas pero apenas amortiguan los baches de la carretera, y el estrecho sillín tiene un acolchado mínimo.

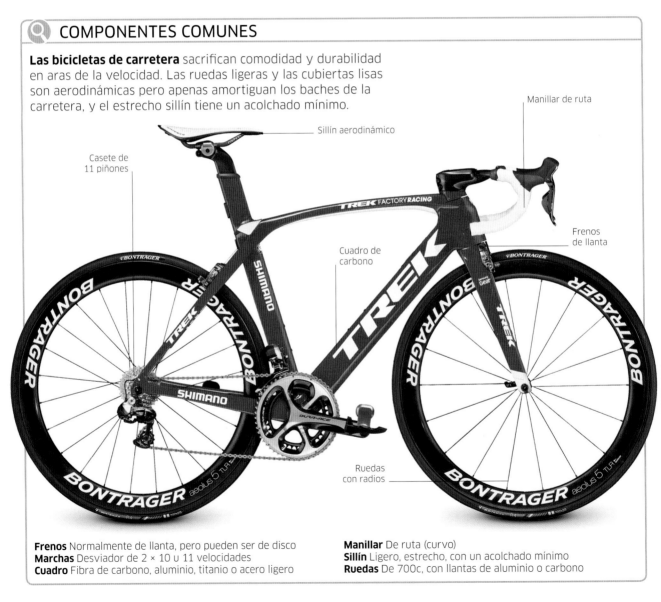

Manillar de ruta

Sillín aerodinámico

Casete de 11 piñones

Frenos de llanta

Cuadro de carbono

Ruedas con radios

Frenos Normalmente de llanta, pero pueden ser de disco
Marchas Desviador de 2 × 10 u 11 velocidades
Cuadro Fibra de carbono, aluminio, titanio o acero ligero

Manillar De ruta (curvo)
Sillín Ligero, estrecho, con un acolchado mínimo
Ruedas De 700c, con llantas de aluminio o carbono

Consejo de compra: Ruedas y cubiertas son, con frecuencia, los primeros componentes que merece la pena mejorar. La reducción del peso rotacional supone una gran diferencia en la aceleración y la velocidad.

BICICLETAS DE TURISMO

Frenos Llanta (pp. 98-117); disco (pp. 118-121)
Marchas Desviador (pp. 140-149); interno (pp. 150-155)
Suspensión Ninguna

BICICLETAS DE GRAVEL

Frenos Llanta (pp. 98-117); disco (pp. 118-121)
Marchas Desviador (pp. 140-149); interno (pp. 150-155)
Suspensión Ninguna

BICICLETAS DE PISTA

Frenos Ninguno
Marchas Monomarcha
Suspensión Ninguna

B. DE CONTRARRELOJ/TRIATLÓN

Frenos Llanta (pp. 98-117)
Marchas Desviador (pp. 140-149)
Suspensión Ninguna

BICICLETAS DE CICLOCROSS

Frenos Llanta (pp. 98-117); disco (pp. 118-121)
Marchas Desviador (pp. 140-149); interno (pp. 150-155)
Suspensión Ninguna

BICICLETAS DEPORTIVAS

Frenos Llanta (pp. 98-117); disco (pp. 118-121)
Marchas Desviador (pp. 140-149); interno (pp. 150-155)
Suspensión Ninguna

▶ COMPONENTES
Bicicletas todoterreno (BTT)

Hay una gran variedad de diseños de bicicletas de montaña o todoterreno, desde modelos básicos adecuados para sendas de gravilla hasta bicicletas diseñadas para el descenso extremo. Estas bicicletas están equipadas con cubiertas anchas y nudosas, con cámara o sin ella, que ofrecen un agarre y una tracción excelentes, y con un sistema de suspensión que amortigua los impactos.

Q COMPONENTES COMUNES

Una buena suspensión y unas cubiertas anchas y resistentes son esenciales en una bicicleta de montaña. Muchos modelos llevan además frenos de disco, que pueden ser de mecanismo hidráulico para un control de frenada más preciso.

Sillín con tija telescópica

Manillar recto

Sistema de marchas de 30 velocidades

Frenos de disco hidráulicos

Cuadro de carbono

Ruedas con radios

Frenos Normalmente de disco, a veces hidráulicos
Marchas Las variantes comunes son 1 × 10, 1 × 11 o 3 × 9
Cuadro Aluminio, fibra de carbono o acero

Manillar Plano y ancho para un control máximo
Sillín Robusto y a menudo con tija telescópica
Ruedas Son comunes las de 66, 70 y 73,5 cm

BICICLETAS RÍGIDAS

Frenos Llanta (pp. 98-117); disco (pp. 118-121)
Marchas Desviador (pp. 140-149)
Suspensión Delantera (pp. 192-199)

BICICLETAS *CROSS-COUNTRY*

Frenos Llanta (pp. 98-117); disco (pp. 118-121)
Marchas Desviador (pp. 140-149)
Suspensión Doble (pp. 192-203)

BICICLETAS DE DESCENSO

Frenos Disco (pp. 118-121)
Marchas Desviador (pp. 140-149)
Suspensión Doble (pp. 192-203)

FAT BIKES

Frenos Disco (pp. 118-121)
Marchas Desviador (pp. 140-149)
Suspensión Ninguna

BICICLETAS DE TRIAL

Frenos Llanta (pp. 98-117); disco (pp. 118-121)
Marchas Monomarcha
Suspensión Delantera (pp. 192-199); ninguna

B. ELÉCTRICAS DE MONTAÑA

Frenos Disco (pp. 118-121)
Marchas Desviador (pp. 140-149)
Suspensión Delantera o doble (pp. 192-203)

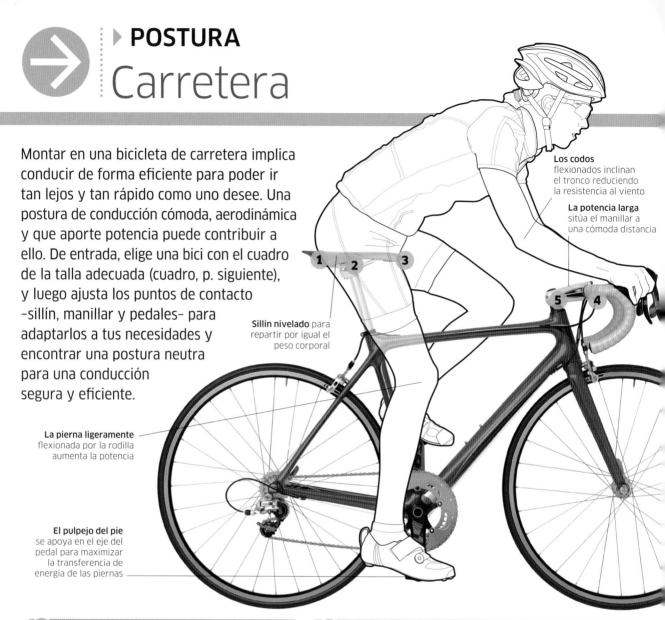

▶ POSTURA
Carretera

Montar en una bicicleta de carretera implica conducir de forma eficiente para poder ir tan lejos y tan rápido como uno desee. Una postura de conducción cómoda, aerodinámica y que aporte potencia puede contribuir a ello. De entrada, elige una bici con el cuadro de la talla adecuada (cuadro, p. siguiente), y luego ajusta los puntos de contacto -sillín, manillar y pedales- para adaptarlos a tus necesidades y encontrar una postura neutra para una conducción segura y eficiente.

Los codos flexionados inclinan el tronco reduciendo la resistencia al viento

La potencia larga sitúa el manillar a una cómoda distancia

Sillín nivelado para repartir por igual el peso corporal

La pierna ligeramente flexionada por la rodilla aumenta la potencia

El pulpejo del pie se apoya en el eje del pedal para maximizar la transferencia de energía de las piernas

---

🔧 ANTES DE EMPEZAR

- Consigue una cinta métrica, un nivel, una regla rígida y un juego de llaves Allen.
- Ajusta la posición de las calas (pp. 186-187).
- Pon la bici en una superficie nivelada, idealmente con la rueda trasera montada en un soporte estático para poder sentarte y pedalear de forma estática.
- Infla las ruedas a la presión correcta.
- Ponte la ropa y el calzado habituales para montar.
- Anota tu configuración actual midiendo desde el centro del eje de pedalier (EP) hasta la superficie del sillín; desde la punta del sillín hasta el centro del EP, y desde la punta del sillín hasta el centro del manillar.

1️⃣ ALTURA DEL SILLÍN

Busca una posición de pedaleo eficiente asegurándote de tener ligeramente flexionada la rodilla al extender la pierna. Para ello, siéntate en el sillín y ajusta la tija hasta que la pierna extendida esté recta y el talón de la zapatilla apenas toque el pedal estando la biela inferior en la posición de las seis en punto.

Pierna extendida apenas flexionada por la rodilla

El talón solo roza el pedal

5 LONGITUD DE LA POTENCIA

La potencia debe ser lo bastante larga como para que puedas alcanzar las manetas cómodamente sin notar tensión. Una buena técnica para asegurarse de que tiene la longitud adecuada es agarrar la caída del manillar y mirar el eje de la rueda: el manillar debería ocultar el eje; si este es visible por delante, necesitas una potencia más larga; si puedes ver el eje por detrás del manillar, hazte con una potencia más corta.

Mirada directa al eje

4 ALTURA DEL MANILLAR

Ajusta la altura del manillar según tus necesidades moviéndolo en relación al punto medio del sillín. Para practicar ciclismo recreativo, ajústalo a nivel o 1-2 cm por debajo del sillín. Para una posición más aerodinámica, ajusta la barra a 8-10 cm por debajo del sillín. Para variar la altura del manillar, puedes desmontar la potencia y recolocar espaciadores, inclinar la potencia o poner una de mayor o menor altura.

Espaciadores

3 SILLÍN CENTRADO

Mueve el sillín a lo largo del bastidor para ajustar tu centro de gravedad y asegurarte de estar bien equilibrado mientras pedaleas. Coloca el sillín de forma que tu rodilla adelantada quede sobre el eje del pedal al sentarte con la biela horizontal. Para comprobarlo, siéntate en la posición normal sujetando una regla de medir contra la rótula; el extremo de la regla debería pasar sobre el eje del pedal.

Rodilla alineada con el eje del pedal

El extremo de la regla pasa por el eje del pedal

2 ÁNGULO DEL SILLÍN

Asegúrate de repartir el peso por igual entre los huesos de la pelvis ajustando el sillín en un ángulo neutro, con los dos tercios delanteros del mismo en horizontal. Puedes modificar este ángulo hasta en 2° para tu comodidad, pero un cambio mayor podría causar una presión dolorosa en la ingle y el perineo, y trasladar demasiado peso corporal a brazos y manos.

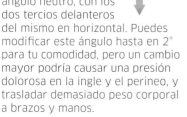

MEDIDA DE LAS BICICLETAS

■ **Las bicis de carretera se miden** según la longitud del tubo del sillín, que se expresa en centímetros -de 48 a 60- o por tallas: S/M/L/XL.

■ **Comprueba que tienes suficiente** altura base (*standover*) -la distancia de la parte posterior del tubo superior del cuadro al suelo- poniéndote de pie con la bici entre las piernas: lo ideal es que queden 2-5 cm entre la ingle y el cuadro.

■ **Sopesa la altura (*stack*) y la longitud (*reach*) del cuadro** -las distancias vertical y horizontal desde el centro del eje de pedalier a la parte más alta del tubo superior-, pues estas medidas son inalterables.

▶ POSTURA
Todoterreno

El ciclismo de montaña es más fluido que el de carretera. Los ciclistas alternan entre distintas posturas para ascender, descender, saltar o amortiguar baches, y para responder con rapidez en senderos tortuosos, terrenos ásperos y cambios de pendiente. Encontrar la postura adecuada implica ajustar los puntos de contacto –sillín, manillar y pedales– para adecuarlos al estilo de cada cual.

Las muñecas relajadas proporcionan agarre y control

1 **2** **3**

4 **5** **6**

Una ligera inclinación mejora la posición de ascenso

Peso corporal repartido por igual para una suspensión y una tracción eficaces

ANTES DE EMPEZAR

- Consigue una cinta métrica, un nivel, una regla rígida y llaves Allen.
- Ajusta la posición de las calas (pp. 186-187).
- Ajusta la suspensión a niveles normales (pp. 194-195; 202-203); ajusta la tija telescópica a nivel normal (pp. 70-71).

1 ALTURA DEL SILLÍN

Ajusta la tija del sillín para dejarlo en una posición cómoda. Para rodar por senderos, una buena referencia es ajustar el sillín a la altura de la cadera. Para un pedaleo eficiente en ascensos, aplica el ajuste de altura en carretera (p. 20, paso 1). El descenso es más cómodo con el sillín 2,5-5 cm por debajo de la cadera.

2 ÁNGULO DEL SILLÍN

Cambiar el ángulo del sillín te ayuda a adaptar la bicicleta y la postura a la ruta que realizas. Para senderos, inclina la punta del sillín ligeramente hacia abajo a fin de mejorar la postura en los ascensos. Para descensos, inclínala ligeramente hacia arriba para poder ceñirla entre los muslos en descensos rápidos y curvas.

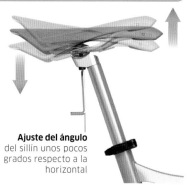

Ajuste del ángulo del sillín unos pocos grados respecto a la horizontal

3 SILLÍN CENTRADO

Desliza el sillín en el bastidor hasta alinear su centro con el punto medio entre el eje trasero y el eje de pedalier. Esa posición permite un manejo equilibrado, iguala la tracción de las cubiertas y contribuye a la eficacia de la suspensión.

Ajusta el sillín para evitar un postura encogida o estirada

7 ÁNGULO DE LAS MANETAS

Para tener una postura de muñecas neutra y relajada y un buen acceso a las manetas de freno y cambio, inclina estas 45° respecto a la horizontal. Para un ajuste más personalizado, adopta tu posición de conducción normal e inclina las manetas hasta que tus muñecas queden relajadas y rectas.

Antebrazo alineado con las manetas de freno y cambio

6 POSICIÓN DE LAS MANETAS

Para una potencia de frenada y un control de conducción óptimos, coloca las manetas de freno y cambio donde puedas alcanzarlas con facilidad. Agarra la empuñadura en tu postura habitual y desliza la maneta de freno por el manillar hasta poder presionarla con el dedo índice, o el índice y el anular. Luego, con la mano aún en la empuñadura, ajusta la maneta de cambio para poder alcanzarla con facilidad: puede que debas insertarla entre la empuñadura y la maneta de freno.

Frena con un solo dedo para mantener un buen agarre del manillar

5 POSICIÓN DE LA POTENCIA

Elige una potencia que se ajuste a tu estilo de conducción, asegurándote de que no te obligue a encogerte o estirarte demasiado, pues esto puede causar dolor lumbar. Las potencias más cortas (50-70 mm) son adecuadas para una conducción rápida; las más largas (80-100 mm), para ascensos. El ángulo de la potencia también es relevante: un ángulo alto ofrece una posición estable, pero la conducción será menos precisa; usa una potencia de ángulo bajo o pon espaciadores sobre ella para lograr una postura más ágil.

50-70 mm
80-100 mm

Espaciadores sobre la potencia para una posición más baja

4 MANILLAR DE DOBLE ALTURA

Muchas bicis de montaña están equipadas con un manillar de doble altura: la barra se curva hacia arriba en el medio y se endereza de nuevo hacia los extremos. Libera la abrazadera y gira el manillar hasta que, visto desde un lado, quede paralelo a la horquilla delantera. Angulando el manillar más hacia atrás aplicarás presión sobre las muñecas y la espalda; más hacia delante cargarás un exceso de peso sobre la rueda delantera y eso afectará al manejo.

Ajusta la potencia para una conducción precisa

MEDIDA DE LAS BICICLETAS

■ **Las bicis todoterreno se miden** según la longitud del tubo del sillín, que se suele expresar en pulgadas (in) -de 13 a 24- o como XS/S/M/L/XL.

■ **Al elegir una bici nueva**, comprueba que tiene suficiente altura base (standover) -la distancia de la parte posterior del tubo superior del cuadro al suelo-. De pie con la bici entre las piernas, debería haber 5-8 cm entre la ingle y el cuadro.

■ **Altura (stack) y longitud (reach)** -las distancias vertical y horizontal desde el centro del eje de pedalier hasta la parte más alta del tubo superior- son dimensiones clave para saber si una bici es lo bastante larga y alta para ti.

► ACCESORIOS
Kit esencial

Hay ciertos accesorios que utilizarás en casi todas tus salidas. Algunos son necesarios para la seguridad personal, y otros hacen más cómodo el ciclismo. Todos son herramientas esenciales para un ciclista, por lo que vale la pena tomarse un tiempo para encontrar los mejores para tus necesidades.

CÁMARAS

Las cámaras varían según el diámetro de la rueda y el ancho de la cubierta. Tienen distintas válvulas, así que asegúrate de tener la bomba adecuada.

Válvula Schrader   Válvula Presta larga   Válvula Presta

ALFORJAS

Fija una alforja pequeña y discreta al bastidor del sillín, de forma que no afecte a la conducción. En ella podrás llevar una cámara de repuesto, un kit de reparación de pinchazos, unos desmontables y una herramienta multiusos. Las versiones más grandes permiten llevar ropa de repuesto.

Bolsa de herramientas

Bolsa tradicional

Bolsa impermeable

BOMBAS

Las bombas de tubo tradicionales son aptas para inflar neumáticos anchos, pero pueden ser un poco lentas para inflar las ruedas de una bicicleta de carretera, que requieren altas presiones.

Cabeza de la válvula

Tapón de rosca

Mango de caucho

Minibomba   Inflador de CO_2 Bombona de CO_2 Bomba de cuadro

KIT DE RUTA

Un kit de ruta compuesto por una herramienta multiusos, unos desmontables y un kit de reparación de pinchazos es útil para reparaciones básicas. Asegúrate de que la multiusos incorpore herramientas adecuadas para los ajustes de tu bicicleta.

Tronchacadenas

Desmontable

Llaves Allen

Llave de radios

Ganzúa

Kit de reparación de pinchazos

Desmontables de nailon

Herramienta multiusos

BIDONES Y PACKS DE HIDRATACIÓN

La hidratación es esencial en el ciclismo, y no solo en los meses de verano. Las bicis de carretera suelen llevar portabidones, mientras que en el ciclismo de montaña son más comunes los packs de hidratación.

Portabidones

Bidones

Bidón de triatlón

Pack de hidratación

Boquilla

Mochila con pack de hidratación

CANDADOS Y SEGURIDAD

Existen muchos tipos de candados y dispositivos de seguridad para asegurar las diversas partes de la bicicleta.

Candado de horquilla

Cadena

Cable antirrobo

GUARDABARROS

Los guardabarros protegen la bicicleta y la ropa en suelos mojados. Los de todoterreno requieren una limpieza regular para evitar obstrucciones.

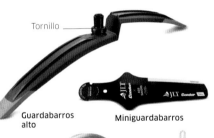
Tornillo

Guardabarros alto

Miniguardabarros

LUCES

Los leds de bicicleta pueden rivalizar con los faros de coche. Los intermitentes alertan de la presencia del ciclista en carretera, mientras que los focos de alta potencia son idóneos para el ciclismo todoterreno.

Led con pinza de caucho

Luz de clip

Leds frontal y trasero de emergencia

Batería

Foco de conducción nocturna

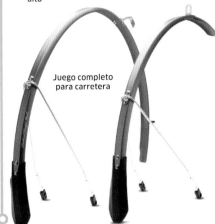
Juego completo para carretera

Tecnología

Los fabricantes de bicicletas y accesorios para el ciclismo desarrollan y adaptan con rapidez la tecnología más puntera. El GPS, por ejemplo, ha eliminando casi por completo la necesidad de llevar mapas, y pulsómetros y potenciómetros permiten controlar el rendimiento con facilidad.

⚙ CICLOCOMPUTADORES

Hay una gran diversidad, pero hasta el más sencillo calcula la velocidad y la distancia recorrida. Los inalámbricos son más caros.

Ciclocomputador con cable

Ciclocomputador de pantalla grande

⚙ GPS

Los pequeños y precisos dispositivos GPS son cada vez más comunes. Las versiones de gama alta se pueden actualizar con mapas detallados y ofrecen navegación por etapas.

Teléfono con GPS

Modelo compacto

Reloj GPS

Mini-GPS

GPS en color

⚙ PULSÓMETROS

Los pulsómetros son un medio asequible para monitorizar el propio ejercicio. Las versiones actuales se pueden conectar al *smartphone* y a cualquier aplicación de entrenamiento.

Pulsómetro de pulsera

Pulsómetro integrado

Monitor con correa

Monitor con velcro

Casco con monitor

⚙ POTENCIÓMETROS

Estos sofisticados instrumentos miden el esfuerzo empleado en el pedaleo. Aparte de registrar el progreso del ejercicio, pueden usarse para mantener la cadencia de pedaleo adecuada a la ruta que se realiza.

Clip de talón

Acople al buje trasero

Sensor del potenciómetro

Potenciómetro de pedal

Potenciómetro de buje

Potenciómetro de biela

Objetivo
antigolpes

VIDEOCÁMARAS

Montada en un casco
o directamente sobre
la bicicleta, una cámara
ligera es un útil recurso
que permite desde revivir
las proezas sobre la bici
hasta grabar las pruebas
de un accidente.

Cámara
de bicicleta

Cámara con luz

Cámara
montada
en casco

MISCELÁNEA

Nuevos dispositivos utilizan
tecnología GPS para facilitar
los desplazamientos o mostrar
el progreso del ejercicio, y los
últimos y potentes minialtavoces
encajan en un portabidones.

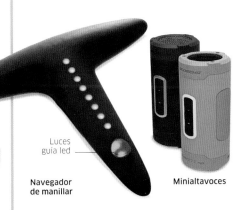

Luces
guía led

Navegador
de manillar

Miniltavoces

DINAMOS

Las dinamos modernas son un medio práctico para alimentar bombillas, y
son más respetuosas con el medio ambiente que los leds alimentados por
batería. Algunas versiones pueden cargar a la vez el teléfono.

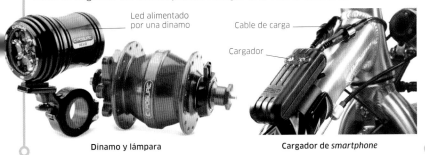

Led alimentado
por una dinamo

Cable de carga

Cargador

Dinamo y lámpara

Cargador de *smartphone*

Panel
táctil óptico

Gafas inteligentes con
visualizador de rendimiento

SEGURIDAD Y PROTECCIÓN

Los sensores de radar avisan sobre vehículos
cercanos, los cascos luminosos hacen bien visible
al ciclista, y los candados inteligentes
eliminan la necesidad de llevar llaves.

GARMIN

Radar

ice.

Sensor de
impactos

Cámara y
luz traseras

LINKA

Candado
inteligente

Luces
frontales

Casco con
luces integradas

→ ACCESORIOS
Equipo útil

Tanto para las salidas de ocio como para los desplazamientos cotidianos, siempre hay cosas que uno tiene que llevar consigo. Para largas distancias será más cómodo algún portaequipajes; en viajes más cortos puede ser más práctica una mochila o una bolsa bandolera.

⚙ PORTAEQUIPAJES

Los portaequipajes pueden soportar cargas considerables, pero no se pueden instalar en todas las bicicletas. Para acoplar uno trasero se requieren unas vainas largas, y uno delantero precisa una horquilla robusta.

Acople a la horquilla

Acople a la tija del sillín

Portaequipajes delantero

Portaequipajes trasero

⚙ MOCHILAS Y BANDOLERAS

Las bolsas bandoleras ofrecen un acceso más fácil al equipaje, pero las mochilas permiten llevar cargas más grandes y pesadas con mayor comodidad.

Bolsa bandolera

Mochila *roll-top*

Mochila para ciclismo de montaña

Bolsas delanteras

Bolsa doble trasera

⚙ BOLSAS ACOPLADAS

Al distribuir el peso por la bicicleta, estas bolsas afectan menos a la conducción que los portaequipajes tradicionales, por lo que son especialmente aptas para el ciclismo todoterreno. Suelen ser ligeras y permiten una conducción más equilibrada.

Bolsa de manillar

Bolsa de sillín

Bolsa de tubo superior

Bolsa de cuadro

Bolsa de comida

Bolsa de sillín

Bolsas de manillar y sillín

Bolsas Tailfin

OTROS PORTAEQUIPAJES

Una cesta o una bolsa, frontal o trasera, es útil para llevar compras. Suelen tener un mecanismo de desenganche rápido.

Cierre

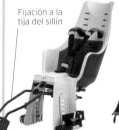

Cesta de metal

Portaequipajes trasero

Portaequipajes trasero Tailfin

BOLSAS DE MANILLAR

Estas bolsas permiten un fácil acceso a su contenido, y los portamapas resultan muy útiles.

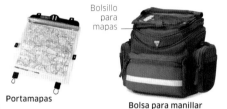

Bolsillo para mapas

Portamapas

Bolsa para manillar

SILLAS Y REMOLQUES PARA NIÑOS

Un niño pequeño puede transportarse en una silla portabebés. A medida que crece, puede ser más apropiado un remolque para niños.

Fijación a la tija del sillín

Desenganche rápido

Convertible en cochecito

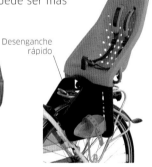

Silla con anclaje en la tija del sillín

Silla con anclaje en el tubo superior

Silla con anclaje en el portaequipajes

Remolque para niños de dos plazas

REMOLQUES DE EQUIPAJE

Útiles para las compras o para el transporte de equipo extra, los remolques de dos ruedas ofrecen buena estabilidad. Los de una rueda son mejores para todoterreno.

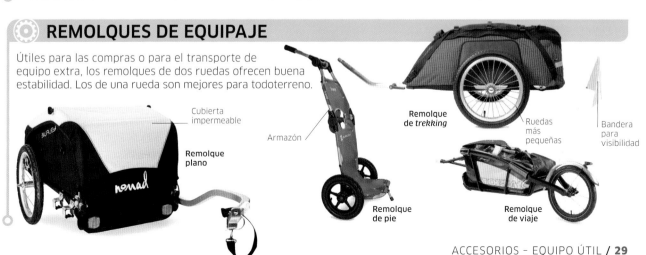

Cubierta impermeable

Remolque plano

Armazón

Remolque de trekking

Ruedas más pequeñas

Bandera para visibilidad

Remolque de pie

Remolque de viaje

Ciclismo en carretera

La ropa de diario está bien para las salidas cortas; no obstante, para las más largas o si el clima es adverso agradecerás un equipo adecuado. Las prendas para el ciclismo, diseñadas específicamente para los movimientos que se hacen al pedalear, suponen una gran diferencia en la experiencia ciclista. Las telas son ligeras y transpirables, lo que permite evaporar el sudor; el almohadillado absorbe los impactos; y las capas contra agua y viento protegen de los elementos.

CAPAS ESENCIALES

Un exceso de calor o de frío resulta incómodo, y una buena forma de mantener la temperatura corporal constante es ponerse o quitarse capas de ropa, que atrapan el calor. Las capas deben poder ponerse y quitarse con facilidad. Un conjunto de capas para todo tipo de climas puede estar compuesto por:

■ Una capa base transpirable sobre la piel que evacue la humedad en los días cálidos y retenga el calor en los fríos.

■ Una capa media de tejido expandible que proteja del sol y ayude a regular la temperatura corporal.

■ Una capa exterior removible, un impermeable o un cortavientos, que proteja de la lluvia y ofrezca ventilación a la piel.

ROPA DE CARRETERA

Las prendas de ciclismo están diseñadas para ajustarse al cuerpo, y tienen unas mangas y una espalda más largas, adaptables a la posición de pedaleo inclinada. Los tejidos transpirables «absorben» el sudor, mientras que los culotes con peto tienen cómodos tirantes en lugar de cinturilla.

1 **Capa base transpirable** que mantiene el cuerpo seco y caliente.

2 **Camiseta de manga corta** con cuello para protegerse del sol.

3 **Chaleco** exterior que aporta calor y protege del viento.

4 **Culote** almohadillado para mayor comodidad sobre el sillín.

5 **Calcetines finos** de tejido transpirable.

6 **Mitones** acolchados con parches absorbentes que pueden usarse para secar el sudor.

7 **Casco de carretera** ligero y aerodinámico, con buena ventilación.

8 **Zapatillas de ciclismo** con suelas rígidas.

9 **Gafas** para protegerse del sol, el viento, los insectos, las piedrecitas, etc.

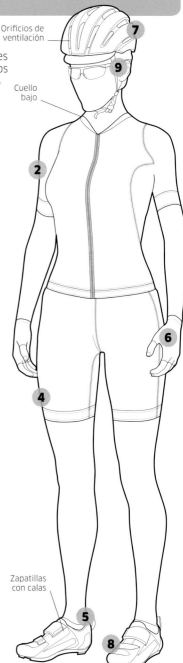

Orificios de ventilación

Cuello bajo

Zapatillas con calas

EXTRAS

Desde gafas protectoras y cubrecalas hasta gorras, guantes y manguitos, los accesorios de ciclismo cubren varias funciones y ofrecen confort añadido.

Cubrecalas

Gafas polarizadas

Gorra de ciclismo

Guantes

Manguitos calentadores

ALTA VISIBILIDAD

Las prendas de alta visibilidad son esenciales cuando se sale de noche o en días nublados. Algunas tienen áreas reflectantes; también puedes personalizar tus prendas con parches adhesivos.

Casco

Guantes

Chaqueta

PARA TIEMPO HÚMEDO

A veces puede ser inevitable conducir bajo la lluvia, pero es posible permanecer seco con el equipo adecuado, como una chaqueta impermeable o una capa plegable.

Forro polar

La capucha protege la cabeza

Cubrezapatillas

Cubrecasco

Chaqueta impermeable

Chaqueta impermeable ligera

Capa impermeable

PARA TIEMPO FRÍO

Si quieres seguir pedaleando en invierno, necesitas ropa cálida. Guantes, prendas térmicas y culotes largos te ayudarán a regular la temperatura corporal.

Tirantes

Banda de alta visibilidad

Guantes térmicos

Calcetines de microlana

Chaqueta térmica

Chaqueta cortavientos

Culote largo con tirantes

Ciclismo todoterreno

Más holgadas que las prendas de carretera, las de ciclismo todoterreno priman la libertad de movimientos sobre la eficacia aerodinámica. Los pantalones de ciclismo de montaña son resistentes, con bolsillos y forros acolchados para mayor comodidad en terrenos ásperos y rocosos. Las opciones impermeables protegen de las salpicaduras de barro y agua, mientras que los cascos integrales y las protecciones corporales son vitales en las prácticas más extremas.

ANTES DE COMPRAR

La comodidad y la flexibilidad son clave en las prendas de montaña, así que pruébate la ropa antes de comprarla.

- Asegúrate de que los pantalones, cortos o largos, te permiten mover las piernas con libertad.

- Cuando te pruebes camisetas y chaquetas, asegúrate de que te permiten estirarte y de que no se te suben dejando la espalda expuesta.

- Elige gafas claras que se puedan usar todo el año. Algunas tienen cristales intercambiables: los amarillos son buenos para días nublados o con poca luz.

- El casco debe encajar bien: asegúrate de comprar uno de la talla adecuada y de que cuenta con la certificación pertinente.

ROPA TODOTERRENO

Estas prendas están diseñadas para permitir la mayor libertad de movimientos posible. Los pantalones amplios se adaptan al uso de rodilleras protectoras y están pensados para ponerse sobre un culote de licra almohadillado, o bien llevan un forro integrado, de modo que no se requiere ropa debajo. Los tejidos transpirables mantienen el cuerpo aislado y seco, y las zapatillas tienen suelas resistentes con dibujo amplio.

1. **Capa interior transpirable** que evacua el sudor de la piel.

2. **Jersey holgado** que ofrece gran amplitud de movimientos.

3. **Chaqueta** para protegerse contra el viento y la lluvia.

4. **Pantalones cortos holgados** con forro acolchado para mayor comodidad.

5. **Calcetines de lana** rizada para mantener el calor.

6. **Guantes acolchados** con agarre extra.

7. **Casco ligero y con aberturas** que cubre la cabeza por completo.

8. **Zapatillas** con calas todoterreno.

9. **Gafas** con cristales intercambiables amarillos o naranjas.

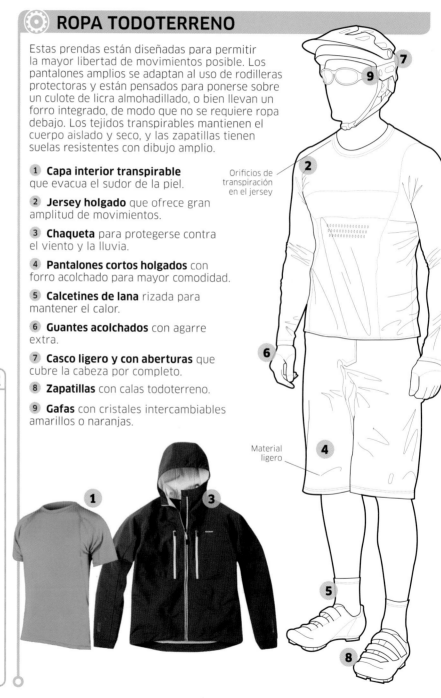

Orificios de transpiración en el jersey

Material ligero

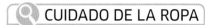

Consejo de compra: Las chaquetas impermeables pueden perder resistencia al agua si acumulan polvo o humedad. Hay productos de lavado que ayudan a recuperarlas, y también espráis impermeabilizantes muy duraderos.

EXTRAS

Unos accesorios de calidad reducirán el riesgo de fracturas y rasguños. Los cascos integrales son vitales para el ciclismo de montaña extremo, y las gafas protegen los ojos de piedrecillas y otros elementos. Coderas y rodilleras aportan seguridad sin perjuicio de la flexibilidad.

Revestimiento ligero de policarbonato

Casco integral

Cristales antivaho

Juntas flexibles

Gafas protectoras

Coderas

Rodilleras

CUIDADO DE LA ROPA

Estas prendas pueden ser caras, así que consulta las instrucciones de lavado del fabricante para no estropearlas. Evita los suavizantes: pueden afectar a la transpirabilidad de los materiales.

■ Retira el barro de una prenda en la ducha antes de meterla en la lavadora.

■ Lava el culote después de cada uso para evitar acumulaciones bacterianas.

■ Lava la ropa de bici por separado: requiere un programa suave en frío con centrifugado bajo. Usa un detergente para lavado en frío.

■ Abrocha la chaqueta antes de meterla en la lavadora para evitar que la cremallera rasgue otras prendas.

■ Seca las prendas de licra u otros tejidos expandibles al aire. Las secadoras pueden arruinar un equipo costoso.

Tirantes anchos

PARA TIEMPO HÚMEDO

Salir a pedalear con un ambiente húmedo es más cómodo si se llevan las prendas adecuadas. Los pantalones impermeables protegen las piernas de las salpicaduras de las ruedas, y hay calcetines con forro impermeable.

Cinturilla elástica

Suela antideslizante

Zapatillas impermeables

Calcetines forrados

Pantalones impermeables

Chaqueta impermeable

PARA TIEMPO FRÍO

Las chaquetas con la espalda prolongada y el cuello alto aíslan del frío. El calentador de cuello se puede llevar como una bufanda, o plegado hacia arriba para mantener calientes las orejas. Los culotes largos forman una capa aislante sobre la piel.

Capa aislante

Calentador de cuello (o braga)

Guantes de invierno

Camiseta térmica

Chaqueta térmica impermeable

Culote largo con tirantes

CUIDADOS
BÁSICOS

HERRAMIENTAS Y TÉCNICAS
Herramientas

Las herramientas de ciclismo son una inversión económica que ahorra grandes gastos a largo plazo. Un juego de herramientas adecuado te permitirá realizar la mayoría de las labores de mantenimiento y conservar tu bici a pleno rendimiento. Empieza adquiriendo las básicas, y añade otras a medida que las necesites.

BOMBAS Y PIES

Elige un pie de taller ajustado a tu bici y al espacio de trabajo. Una bomba de aire con un manómetro preciso te ayudará a mantener la presión correcta en ruedas y suspensión.

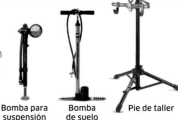

Bomba para suspensión

Bomba de suelo

Pie de taller

HERRAMIENTAS ESENCIALES

He aquí algunas herramientas básicas que no te deben faltar. Te permitirán realizar diversas tareas habituales para mantener tu bicicleta a punto.

Herramientas mecánicas
- Herramienta multiusos
- Llave inglesa
- Juego de llaves fijas
- Alicates
- Destornilladores: de cabeza plana y de estrella

Otros artículos
- Kit de reparación de pinchazos
- Desmontables
- Aceite
- Grasa
- Desengrasante

ALICATES Y DESTORNILLADORES

Un sencillo juego de destornilladores planos y de estrella de distintos tamaños es útil para pequeños ajustes. Los alicates de punta fina son adecuados para piezas pequeñas.

Borde cortante

Alicates de punta fina

Alicates

Cortacables

Destornilladores de estrella y plano

LLAVES FIJAS Y ALLEN

La cantidad y la variedad de llaves disponibles puede intimidar, así que empieza por comprar una llave inglesa, que podrás usar para diversas tareas. Compleméntala con un buen juego de llaves Allen y luego, a medida que adquieras confianza, ve comprando otras para tareas específicas.

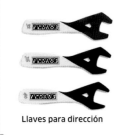
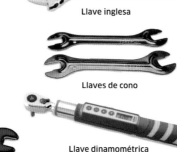

Carraca

Juego de llaves fijas

Llave inglesa

Llaves para dirección

Llaves de cono

Juego de llaves Allen

Llave para pedal

Llave dinamométrica ajustable

Llaves Torx

HERRAMIENTAS DE LIMPIEZA Y REPUESTOS

- Cepillos para bicicleta
- Cubo y esponjas
- Guardacadena
- Limpiador a base de alcohol
- Abrillantador para bicis
- Fundas de cable
- Cámaras (tamaño/válvula para tu bici)
- Cables (freno/marchas)
- Pastillas de freno
- Topes de funda de cable

CADENA Y CASETE

Los distintos tipos y marcas de casete requieren herramientas diferentes; comprueba que las que vas a comprar sean compatibles con tu bici. Las llaves de cadena permiten retirar el casete, y algunas van combinadas con una herramienta de anillo de bloqueo.

Cadena de la bicicleta

Llave de cadena

Mango moldeado

Tronchacadenas

Herramienta de anillo de bloqueo

BIELAS Y EJE DE PEDALIER

El eje de pedalier (EP) requiere herramientas específicas que valdrá la pena comprar si, por ejemplo, quieres retirarlo o tensarlo. El extractor de biela es útil para asegurarte de poder retirar esta pieza de forma eficiente.

Llave de pedalier con herramienta para la tapa

Llave de platos

Extractor del eje de pedalier

Extractor de biela

EQUIPO ESPECIALIZADO

Además de las herramientas de taller esenciales, hay muchos otros artículos que facilitan las tareas de mantenimiento de la bici. Tal vez no los uses muy a menudo, pero pueden ahorrarte tiempo y dinero a largo plazo. Así, por ejemplo, un indicador de desgaste de cadena puede evitar costosas reparaciones del casete.

Mordazas internas

Calibre

Manómetro para cubierta

Brazos del calibrador

Pistola de grasa

Extractor de obús de válvula

Alicates para eslabón maestro

Indicador de desgaste de cadena

Tensores

Tensor de cables

Pie centrador de ruedas

KIT DE PURGADO

Los frenos de disco hidráulicos acabarán necesitando un purgado para conservar un funcionamiento óptimo. Estos kits hacen más fácil y rápido el purgado completo, pero asegúrate de adquirir el adecuado para tus frenos.

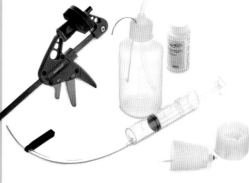

Kit de purgado Shimano

Bloques y llaves de purgado

Técnicas de taller

Desde los modelos *vintage* hasta las superbicis de última generación, todas las bicicletas utilizan la misma tecnología esencial de tuercas y tornillos. No obstante, hay algunos principios básicos –así como algunos consejos de taller menos obvios– que te ayudarán a hacer el mantenimiento más sencillo y preciso y que, seguidos correctamente, deberían ahorrarte tiempo y dinero.

PREPARATIVOS

Los componentes roscados deberían «prepararse» antes de montarlos. Límpialos con un desengrasante o un limpiador a base de alcohol y luego aplícales el agente adecuado, según se explica a continuación.

■ **Grasa** Utilízala en casi todas las piezas, sobre todo en tornillos de biela, ejes de pedal y tornillos de abrazadera (en mecánica y frenos).

■ **Fijador de roscas** Utilízalo en partes propensas a aflojarse, como los tornillos de la roldana, de la pinza o el disco de freno, y de la tapa de la potencia.

■ **Antigripaje** Úsalo en partes propensas a agarrotarse, sobre todo en las de aluminio o titanio.

■ **Pasta de montaje para carbono** Úsala cuando una o ambas partes sean de carbono (menos en el contacto potencia/tubo de dirección, que debe permanecer seco).

DIRECCIÓN DE LA ROSCA

Casi todas las partes se enroscan en sentido horario (a la dcha.) y se desenroscan en sentido contrario (a la izda.). Las excepciones son los pedales y algunos ejes de pedalier. Para comprobarlo, observa las estrías: se inclinan hacia arriba en la dirección de enroscado.

Rosca en sentido horario

Rosca en sentido contrario

VENTAJA MECÁNICA

Cuando quieras aflojar piezas que requieren mucha fuerza, como el anillo del retén del casete, coloca las herramientas en un ángulo de 90° entre sí, con respecto a la pieza o a la mano activa para aumentar la ventaja mecánica (aquella con que la herramienta amplifica la fuerza que estás aplicando).

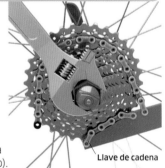

Llave de cadena

EMPUJE HACIA ABAJO

Apretar o aflojar piezas es más fácil si colocas la herramienta de manera que puedas presionar hacia abajo; esto reduce el esfuerzo necesario: tenlo en cuenta para no apretar una pieza en exceso.

PARTES PELIGROSAS

Cuando trabajes cerca de partes potencialmente peligrosas, tales como piñones, platos o discos de freno, coloca la herramienta de manera que, si se te resbala la mano, se aleje de ellas.

Herramienta lejos de las partes peligrosas

TRASROSCADO

Se produce cuando dos piezas roscadas se enroscan sin alinear adecuadamente las estrías, y puede hacer que estas se dañen. Para evitarlo, enrosca la pieza a mano para poder percibir cuándo se «acomodan» las dos roscas y para notar de inmediato si aumenta la fuerza necesaria para girar la pieza; si esto sucede, aflójala y empieza de nuevo. Trata de enroscar la pieza en la otra dirección hasta notar un ligero clic: esto indica que las roscas han encajado. Aprieta cuidadosamente a mano.

El trasroscado del pedal y la biela es habitual

CUIDADO DE ÚTILES

Cuida de tus herramientas como de tu bici. Mantenlas siempre limpias: gravilla, grasa y agua las pueden oxidar o deteriorar. Presta atención a su estado y desecha cualquiera que muestre signos de desgaste: las llaves Allen redondeadas o una llave fija con la mordaza gastada pueden dañar las piezas sobre las que se usen. Conserva los útiles en un lugar seco y a resguardo de la luz solar, idealmente en un panel de herramientas o similar.

CABEZAS HEXAGONALES

Cuando trabajes con una bicicleta que lleve tornillos y tuercas de cabeza hexagonal (en vez de los Allen típicos de las bicis más modernas), usa el extremo de anillo de una llave fija combinada o una llave de vaso: estas atrapan las seis caras de la cabeza en vez de solo dos (como las llaves abiertas).

Llave de anillo aplicada a un tornillo de cabeza hexagonal

TORNILLOS EMBUTIDOS

Si trabajas sobre un tornillo Allen embutido, deberás utilizar el eje largo de una llave Allen para alcanzarlo. Si está muy apretado, puedes aumentar la palanca acoplando un tubo que encaje sobre el eje corto de la llave.

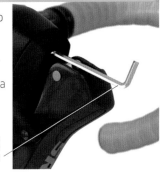

Inserta la llave en ángulo recto con la superficie de la cabeza del tornillo

TORNILLOS EXPUESTOS

Los tornillos Allen y Torx tienen una cabeza embutida que se puede llenar de barro u otra suciedad, en especial en las calas de los pedales. Limpia cualquier resto antes de intentar apretar o aflojar estos tornillos, para que la llave encaje bien.

Retira la suciedad antes de insertar la llave Allen

AFLOJAR CON UN GOLPE

Las roscas de los pedales, los tornillos de las bielas y las copas del eje de pedalier pueden apretarse mucho. Para aflojarlos puede bastar un golpe seco sobre la llave con la palma de la mano o con un mazo de goma. O acopla un tubo o una tija de sillín de repuesto en el mango de la herramienta para aumentar la palanca.

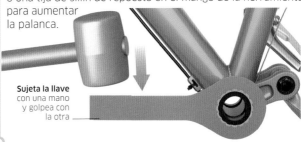

Sujeta la llave con una mano y golpea con la otra

MANTENIMIENTO Y REPARACIÓN
Revisión en M

La «revisión en M» garantiza el funcionamiento seguro de tu bicicleta. Tanto por ti como por los demás, tienes la responsabilidad de que tu bici sea segura, así que realiza esta revisión regularmente.

Así llamada por el trazado que se sigue en la revisión, la revisión en M es una inspección completa del cuadro y los componentes de una bicicleta en busca de desgastes, daños y desajustes.

Empieza por la rueda delantera, asciende por la horquilla hasta el manillar y los controles, repasa el cuadro y el sillín, y acaba en las marchas.

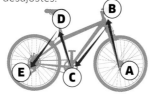

ANTES DE SALIR

Además de la revisión en M periódica, deberías hacer una comprobación de seguridad previa cada vez que salgas en bici.

① **Presiona las manetas de freno** para revisar el ajuste de las zapatas y el frenado.

② **Inspecciona las zapatas** para comprobar el desgaste y el ajuste con la llanta.

③ **Gira potencia, manillar, sillín y tija** para comprobar que los tornillos de las abrazaderas estén ajustados (en las piezas de carbono, no gires ni presiones: comprueba los tornillos con una llave dinamométrica).

④ **Revisa la presión** de las ruedas.

⑤ **Comprueba que las tuercas** y los liberadores de la rueda están seguros en las punteras.

A · RUEDA Y BUJE DELANTEROS

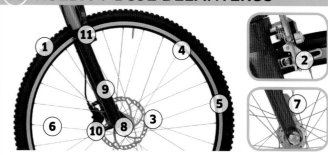

La primera zona que revisamos es la delantera. Empieza girando lentamente la rueda y luego repasa el buje, la horquilla y el freno.

Girando la rueda, revisa que:

① **El dibujo y los laterales** de la cubierta no están desgastados y la presión es correcta.

② **Las zapatas de freno** no rozan.

③ **El disco de freno** está alineado.

④ **La llanta** está centrada, sin fisuras, desgaste en la superficie de frenado ni combas en los orificios de los radios.

⑤ **La cubierta** está bien acoplada en la llanta, sin cámara visible.

⑥ **Los radios** están bien tensados.

Comprueba también que:

⑦ **La tuerca o el liberador de rueda** se ajustan a la puntera.

⑧ **Las cazoletas del buje** están apretadas.

Inspecciona visualmente:

⑨ **La horquilla**, en busca de mellas o fisuras.

Acciona el freno y empuja hacia delante para comprobar que:

⑩ **El freno** funciona bien.

⑪ **Los cojinetes de la suspensión** no están gastados.

B · JUEGO DE DIRECCIÓN Y MANILLAR

Ahora revisa el manillar, la potencia, la dirección y los controles.

① **Acciona el freno delantero**, gira el manillar 90°, sujeta la horquilla y empuja hacia delante.

② **Inspecciona el manillar** en busca de abolladuras o rigidez.

③ **Revisa las tapas** de los extremos.

④ **Comprueba que las manetas** de freno y marchas están bien sujetas.

⑤ **Comprueba que el manillar** está a 90° respecto a la rueda poniéndote de pie con la rueda entre las piernas.

⑥ **Comprueba que los tornillos** de la potencia están apretados.

C EJE DE PEDALIER

Revisa ahora la transmisión.

① **Agita las bielas** con la mano de lado a lado. Si se mueven, el EP está flojo.

② **Gira los pedales** para comprobar el giro de sus ejes.

③ **Gira cada pedal** sobre su eje y revisa que las cazoletas están apretadas y las roscas bien ajustadas a la biela.

④ **Cambia de marcha** hasta que la cadena quede en el plato más pequeño y en el centro del casete; contrapedalea para comprobar que los platos están alineados, los tornillos están firmes y la cadena no tiene eslabones rígidos.

⑤ **Comprueba que el desviador delantero** esté tensado, paralelo a los platos y sin desgaste.

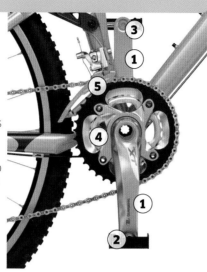

D CUADRO, CABLES, SILLÍN Y SUSPENSIÓN

Desplazándote hacia atrás, revisa el cuadro, los cables, el sillín y la suspensión.

① **Revisa cada tubo del cuadro** pasando los dedos por ellos en busca de mellas o grietas.

② **Inspecciona fundas de cable/latiguillos** en busca de desgastes, en especial donde rozan con el cuadro.

③ **Revisa si la tija del sillín** está fija en su abrazadera.

④ **Comprueba que el sillín** esté bien asentado en la tija, y revisa hacia abajo su alineación con el tubo superior.

⑤ **Comprueba el amortiguador trasero** sujetando el sillín y empujando sobre la rueda. Revisa los cojinetes/cazoletas de la bieleta.

Asegúrate de que el amortiguador se mueve de forma correcta

E RUEDA TRASERA

Para acabar, inspecciona la rueda y el freno traseros y las marchas.

① **Sitúate detrás de la rueda** para comprobar que el desviador trasero y la patilla de cambio están rectos. Busca pivotes sueltos y roldanas gastadas.

② **Gira la rueda trasera** y revisa el desgaste de cubierta y llanta, la tensión de los radios y la alineación del freno.

③ **Prueba el freno trasero.**

④ **Prueba el juego del buje** empujando la parte superior de la rueda y luego asegura los ejes.

⑤ **Recorre las marchas** para ver si los desviadores están ajustados. Revisa los piñones en busca de dientes gastados.

⑥ **Con un medidor**, mide la elongación de la cadena.

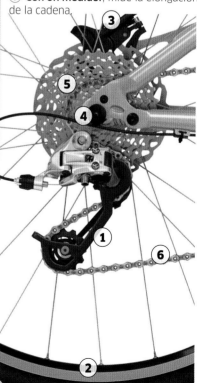

Limpieza de la bicicleta

La primera línea de defensa en el mantenimiento de tu bici es una limpieza regular para evitar que la acumulación de suciedad pueda dañar piezas. Empieza por las zonas más sucias. Sigue cada paso listado aquí para realizar una limpieza completa, o limpia cada zona cuando se ensucie.

CONSEJO DE LIMPIEZA

Nunca inviertas la bicicleta para limpiarla: el agua sucia puede filtrarse dentro del cuadro y dañar el sillín y el manillar. Si no tienes un pie de taller, apoya el cuadro contra una pared verticalmente.

Apoya la puntera trasera contra la pared

Punteras de la horquilla y manillar en el suelo

BARRO Y SUCIEDAD

Antes de limpiar la bici, retira todos los accesorios. Según las condiciones de conducción y el tipo de ciclismo que practiques –el ciclismo todoterreno atrae el barro–, puede que debas lavarla por completo. Empieza quitando la suciedad con una pistola o un cepillo, prestando especial atención a estas partes:

① **Cubiertas**

② **Ruedas**

③ **Cuadro**

④ **Bajos del sillín**

⑤ **Bajos del tubo inferior**

⑥ **Barras de la horquilla**

⑦ **Abrazadera**, corona, interior del cuello (bicis todoterreno)

⑧ **Pinzas de freno** (bicis de carretera)

Rocía toda la bicicleta con un detergente específico para bicicletas, que no dañará la pintura ni los frenos, y luego aclara con agua.

TRANSMISIÓN

Para poder limpiar a fondo la transmisión, retira la rueda y monta la cadena en un soporte para cadenas sujeto a la puntera trasera.

① **Empieza girando los pedales** hacia atrás y cepilla la cadena o rocíala con desengrasante. Desprende la suciedad de las roldanas con un cepillo de plástico mientras contrapedaleas.

② **Aplica desengrasante** a los platos. Pasa una esponja por ambos lados de la cadena y los platos.

③ **Desengrasa** los desviadores con un limpiabotellas.

④ **Sujeta una esponja** o un cepillo contra la cadena mientras contrapedaleas para desprender el lubricante sucio.

⑤ **Aclara el desengrasante** por completo: si dejas algo, repelerá el lubricante que apliques.

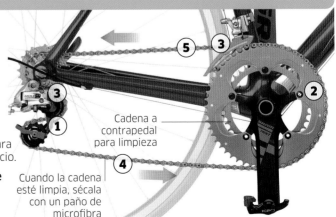

Cadena a contrapedal para limpieza

Cuando la cadena esté limpia, sécala con un paño de microfibra

Consejo de taller: No limpies tu bici con agua caliente, ya que puede derretir la grasa que cubre roscas y cazoletas. Si usas una manguera, mantén la presión baja y no dirijas el agua a las cazoletas. El detergente debería ser especial para limpieza de bicicletas.

CASETE, RUEDAS Y DISCOS

La limpieza de las ruedas es más eficaz si las retiras de la bicicleta.

① **Frota el casete** con cepillo y desengrasante para retirar lubricante sucio y mugre, incluida la parte trasera (accediendo por el lado del buje). Mete un trapo entre los piñones y frota para eliminar la suciedad incrustada.

② **Lava las cubiertas**, los radios y el cuerpo del buje con detergente para bicis.

③ **Frota las llantas** con un trapo empapado en detergente para bicis, comprobando a la vez la superficie de frenado en busca de daños.

④ **Limpia los discos de freno** con un espray limpiador de discos, que elimina la suciedad sin dejar residuos que puedan afectar a las pastillas.

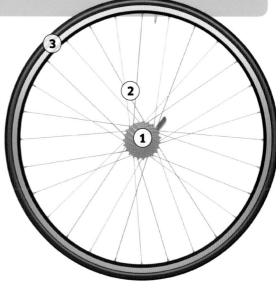

CUADRO Y HORQUILLA

Empapa una esponja en detergente para bicis y limpia con ella el cuadro, la horquilla y otras partes sucias como frenos, pedales y la cara interna de las bielas.

① **Limpia los bajos del sillín**, el tubo inferior, el eje de pedalier y el interior de los tirantes.

② **Elimina la mugre** de las pinzas y las zapatas de freno.

③ **Monta las ruedas** y déjalas secar. Rocía la bici con un abrillantador a base de PTFE, y aplica lubricante según sea necesario (pp. 44–45).

ELECTRÓNICA

Aunque las marchas electrónicas y los sistemas de navegación están fabricados para funcionar en condiciones húmedas, ten cuidado cuando los limpies con agua y detergente. Para mayor seguridad, usa un detergente para bicis o un espray especial para la limpieza del cambio electrónico, que no requieren frotado ni secado.

■ Evita usar limpiadores a base de alcohol, empapar con desengrasante las partes electrónicas o usar espráis o cepillos que puedan dañar los sellados.

■ Si la caja de conexiones está sucia, retírala de la bicicleta y límpiala con detergente para bicis. Seca a conciencia los puertos de conexión y el hueco de la pila.

■ Antes de limpiar las bielas, cubre con una funda de goma los potenciómetros montados en ellas para protegerlos del agua.

Limpia la suciedad de la cinta del manillar con un trapo empapado en aceite penetrante

Los tirantes traseros son propensos a acumular suciedad

➤ MANTENIMIENTO Y REPARACIÓN
Lubricación de la bicicleta

Lubricar tu bicicleta es tan importante como limpiarla, y debes hacerlo inmediatamente después de cada lavado. El lubricante y la grasa reducen la fricción de las partes móviles, por lo que es especialmente importante mantener lubricada la cadena. Los lubricantes, además, forman una capa que protege los componentes contra el agua y la corrosión, y crean una barrera protectora entre materiales distintos -como un cuadro de acero y una tija de sillín de aluminio- que evita que esas partes se agarroten.

CADENA Y CAMBIO TRASERO

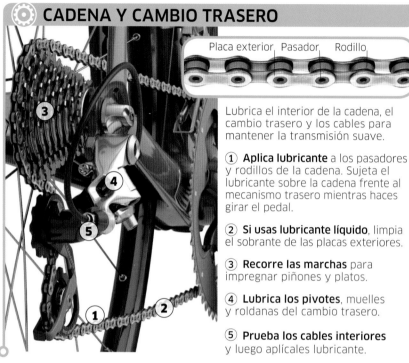

Placa exterior Pasador Rodillo

Lubrica el interior de la cadena, el cambio trasero y los cables para mantener la transmisión suave.

① **Aplica lubricante** a los pasadores y rodillos de la cadena. Sujeta el lubricante sobre la cadena frente al mecanismo trasero mientras haces girar el pedal.

② **Si usas lubricante líquido**, limpia el sobrante de las placas exteriores.

③ **Recorre las marchas** para impregnar piñones y platos.

④ **Lubrica los pivotes**, muelles y roldanas del cambio trasero.

⑤ **Prueba los cables interiores** y luego aplícales lubricante.

BIELAS Y RUEDAS

Lubrica el desviador delantero y los pedales a la vez que los radios.

① **Lubrica** los pivotes y muelles del desviador.

② **En las ruedas**, echa una gota de lubricante ahí donde cada radio entra en la cabecilla para evitar la corrosión.

③ **Lubrica** el resorte de retención de los pedales automáticos.

Resorte de retención

FRENOS DE LLANTA

Lubrica los pivotes y cables de freno para asegurar una frenada potente y eficaz.

① **Lubrica los pivotes** de las pinzas de freno.

② **Echa unas gotas** de lubricante en la funda del cable; abre el desenganche rápido del freno y cambia de marcha para exponer los cables interiores.

Abre la palanca de desenganche rápido antes de lubricar los cables

HERRAMIENTAS Y EQUIPAMIENTO

- Lubricantes (véase el cuadro «Tipos de lubricantes y grasas»)
- Paño de microfibra
- Brida

Consejo de taller: Cuando apliques lubricante, usa la menor cantidad posible y elimina cualquier exceso. Con el tiempo, los lubricantes se mezclan con polvo y se acaba formando una pasta abrasiva que desgasta los componentes.

SUSPENSIÓN Y TIJA DEL SILLÍN

Engrasa la suspensión para asegurar que se mueva libremente; lubrica también la tija del sillín: tiende a encallarse dentro del cuadro.

1 **Aplica grasa** o pasta de montaje para carbono a la base de la tija y dentro del tubo del sillín para prevenir el encallamiento.

2 **Comprueba los pivotes de suspensión**, y luego aplica grasa a las cazoletas de los pivotes o lubricante a los cojinetes.

3 **Echa unas gotas de lubricante** para suspensiones en el amortiguador y empuja el sillín hacia abajo para distribuirlo.

Lubrica las cazoletas o los cojinetes

HORQUILLA DE SUSPENSIÓN

Lubrica la horquilla delantera para mantener su eficacia.

1 **Echa unas gotas** de lubricante para suspensiones por la barra fija.

2 **Usa una brida** para retraer el sellado y permitir que el lubricante penetre en los deslizadores. Bombea la horquilla para distribuir el lubricante.

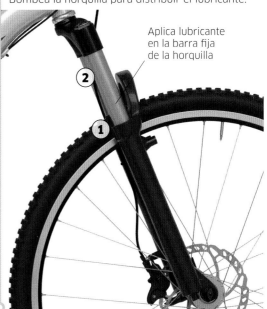

Aplica lubricante en la barra fija de la horquilla

TIPOS DE LUBRICANTES Y GRASAS

Deberías usar siempre lubricantes específicos para bicicleta; los aceites domésticos son muy densos, y el aceite penetrante solo es apropiado para limpiar los lubricantes y grasas que hayas aplicado.

- **Lubricantes húmedos**: Usan una potente fórmula a base de aceite. Son ideales para condiciones húmedas y con barro, pues es menos probable que se desprendan, pero atrapan la suciedad.
- **Lubricantes secos**: Utilizan una fórmula ligera que incluye un disolvente que se evapora tras su aplicación, quedando el lubricante como una película seca y cerosa. Atrapan menos suciedad que los húmedos, pero deben

aplicarse con más frecuencia. Son apropiados para condiciones secas y terrenos arenosos o polvorientos.
- **Grasa básica**: Reduce la fricción en las partes estáticas como cazoletas y roscas. Algunas grasas son hidrófugas; otras están diseñadas específicamente para partes de alta temperatura, como los pistones del freno de disco.
- **Grasa antigripante**: Evita que dos superficies en contacto se agarroten debido a la corrosión.
- **Pasta de montaje para fibra de carbono**: Contiene micropartículas que mejoran la fricción. Es ideal para componentes que deban ajustarse con valores de par bajos, como las partes de fibra de carbono.

La mayoría de las bicicletas están diseñadas para un uso intensivo, pero puedes ampliar la vida de la tuya protegiendo el cuadro de los daños que pueden causar piedras y gravilla, partes en contacto o incluso el roce de tus piernas y pies. Aquí se muestran protecciones para distintas partes.

3 DONUTS/ESPIRALES PARA CABLE

Unos anillos o espirales de caucho o plástico ayudarán a evitar que los cables exteriores golpeen el cuadro.

Donuts   Espirales

Las rodillas del ciclista pueden rozar el tubo superior

La cadena puede golpear contra la vaina

2 TUBO INFERIOR

Pon un protector de tubo inferior o un trozo de cubierta vieja fijado con bridas para proteger el tubo del impacto de piedras y gravilla.

Cubre la base del tubo inferior

Algunos protectores de tubo inferior cubren el eje de pedalier

1 TIRANTES

Pon protectores de tirante o «cinta de helicóptero» (véase «Consejo de taller») en estas partes vulnerables a golpes, arañazos y desconchones.

Las tiras pueden moldearse para ajustarse a superficies curvas

7 GUARDAVAINAS

Utiliza un guardavainas para proteger el cuadro de los golpes de cadena, que se producen cuando esta rebota repetidamente contra el cuadro. Puedes comprar un protector de neopreno o plástico; alternativamente, puedes usar «cinta de helicóptero» o incluso una cámara vieja (cuadro, dcha.).

4 PARCHES DE CUADRO

Aplica pegatinas o trozos de cinta al cuadro allí donde roce un cable exterior.

Los cables exteriores pueden rozar el tubo de dirección

Cubre la zona donde la cadena pueda golpear el cuadro

PROTECCIÓN PARA EL TRANSPORTE

Antes de transportar tu bici, protégela bien.

- Fija protectores de espuma al cuadro con cinta adhesiva.
- Protege la horquilla y la zona del cambio.

Pon el manillar paralelo al cuadro

5 GUIACADENAS (DESCENSO)

Un guiacadenas ayudará a evitar que la cadena se salga del plato cuando circules por terreno abrupto. Añádele un cubreplatos para proteger estos de los fragmentos que golpean la bici desde abajo.

Cubreplatos

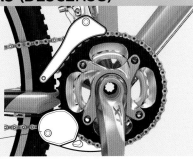

6 TRINQUETE DE CADENA (CARRETERA)

Este dispositivo evitará que la cadena se salga del plato interior (pequeño) y que, posiblemente, dañe el cuadro.

El extremo del trinquete se halla junto al plato interior

GUARDAVAINAS CASERO

Corta un trozo de cámara vieja y enróllalo a la vaina para protegerla de los golpes de cadena.

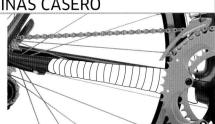

Inevitablemente, alguna vez necesitarás hacer alguna reparación en ruta. Lleva contigo algo de comida, agua, un móvil y dinero, así como un kit de reparación (cuadro, dcha.). Una revisión antes de salir (p. 40) reducirá las posibilidades de tener problemas mecánicos; y si adquieres unos conocimientos básicos de reparación, como el modo de arreglar un pinchazo, tendrás todo lo necesario para salir de casa con seguridad.

🔍 KIT DE REPARACIÓN

Añadir unos pocos extras al equipo que llevas en la alforja (pp. 24–25) puede ayudarte a solucionar problemas que podrían acabar con tu paseo. El equipo dependerá de la configuración de tu bici, pero puede incluir:

- Eslabón maestro
- Bridas
- Parche (5 cm² de cubierta vieja)
- Cinta adhesiva
- Patilla de cambio
- Adaptador de válvula Presta-Schrader (para usar las bombas de aire de gasolinera en ruedas de bici)
- Extensor de válvula (para enroscar sobre la válvula si se rompe una punta Presta)

⚙️ PINCHAZO

Los pinchazos son el problema más común para un ciclista. Se pueden producir por perforación con un objeto afilado o por un impacto súbito, si la cámara queda pinzada entre la cubierta y la llanta; este pellizco produce dos cortes paralelos, llamados en ocasiones «mordedura de serpiente». Lleva siempre desmontables y un kit de reparación de pinchazos; este incluye parches para reparar la cámara y otros elementos, como papel de lija, pegamento y tiza.

No pellizques la cámara

Engancha el desmontable al radio

1 **Retira la rueda** y busca en la cubierta la causa del pinchazo. Mete un desmontable bajo el flanco de la cubierta y apalanca para sacarla de la llanta. Mete el otro y deslízalo alrededor de la llanta.

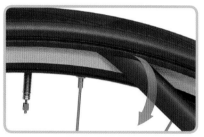

2 **Una vez hayas sacado** un lado de la cubierta, podrás retirar la cámara. Revísala para localizar el pinchazo.

6 **Raspa la zona del agujero** con papel de lija para preparar la superficie del caucho para el pegamento. La zona lijada debería ser ligeramente mayor que el parche que vayas a usar.

La zona de pegado debe ser mayor que el parche

7 **Aplica pegamento** a toda la zona lijada, centrándote en el pinchazo. Déjalo al aire unos 30-60 segundos hasta que se espese: asegúrate de que no quede fluido.

Presiona durante 30-60 segundos

8 **Aplica el parche** en el centro de la zona adhesiva; cubre todo el agujero. Presiónalo desde el centro hacia fuera para eliminar burbujas de aire. Deja que el parche se seque.

Consejo de reparación: Si pierdes un elemento esencial en ruta, piensa si puedes aprovechar otra pieza de la bici como remedio. Así, puedes sustituir un tornillo de la cala por uno del portabidones, o usar una palanca de desenganche de la rueda o de la tija como desmontable.

⚙ SOLUCIONES RÁPIDAS

Aunque mantengas bien tu bicicleta y hagas revisiones de seguridad de forma regular (pp. 40-41), pueden darse fallos mecánicos. En tales casos, o si careces de repuestos o herramientas, prueba estas rápidas soluciones.

Radio roto	▨ Retira el radio o, si no es posible, enróllalo a su vecino para favorecer la estabilidad. Abre la pinza de freno.
Rueda abollada	▨ Si la abolladura es seria, apoya la parte abollada de la llanta en tu rodilla e intenta enderezarla. Como último recurso, golpea la llanta contra el suelo para corregir la abolladura. Cuando llegues a casa, sustituye la llanta.
Llanta rajada	▨ Afirma la parte rajada con unas bridas. Extrema las precauciones mientras conduces hasta llegar a casa.
Cambio trasero roto	▨ Retira el cambio y usa un tronchacadenas para acortar la cadena. Empálmala con un eslabón maestro y vuelve a casa en monomarcha.

Busca el escape de aire

Pasa los dedos por el interior de la cubierta en ambas direcciones

Marca bien el agujero

3 **Si no encuentras** el pinchazo, mete aire en la cámara y atiende al silbido que hace al escapar. Para hallar un pinchazo diminuto, acerca la cámara a tus labios (su piel es más sensible) para notar el soplo del aire.

4 **Si no logras hallar** la causa del pinchazo, recorre con cuidado con los dedos el interior de la cubierta por si hay algún objeto afilado. Si lo encuentras, revisa la zona correspondiente de la cámara.

5 **Marca la zona del pinchazo** con una tiza o similar, con el agujero en el centro. Revisa de nuevo el otro lado de la cámara, por si fuera una «mordedura de serpiente» con agujeros en ambos lados.

Cubre con polvo de tiza la zona con pegamento

Pasa los dedos por el interior de la cubierta en busca de restos

9 **Ralla tiza** y espolvoréala sobre la zona tratada con el pegamento. Esto ayudará a evitar que la cámara se pegue al interior de la cubierta.

10 **Revisa el interior** de la cubierta y la llanta otra vez. Retira lo que haya causado el pinchazo y cualquier resto que pueda pinchar la cámara recién reparada.

11 **Encaja un flanco** de la cubierta en la llanta. Infla un poco la cámara para darle forma. Métela en la cubierta y pasa la válvula por su orificio. Acaba de recolocar la cubierta en la llanta.

DIRECCIÓN Y SILLÍN

Juego de dirección

El juego de dirección permite que la horquilla rote dentro del tubo de dirección al girar el manillar. Los tipos antiguos, roscados (pp. 54–55), se ajustan al tubo de la horquilla con una rosca unida al manillar por una potencia de caña (clásica). En los juegos modernos, *A-head* (pp. 56–57), la potencia se fija directamente sobre el tubo de la horquilla. Hay dos tipos de juegos *A-head*: el integrado (dcha.) y el de cazoleta externa. El primero tiene un cartucho de rodamientos dentro del tubo de dirección del cuadro; para reemplazar un cartucho, basta con sacarlo y poner uno nuevo en su lugar. El sistema de cazoleta externa usa cazoletas a presión dentro del cuadro; estas deben ajustarse con una llave prensacazoletas.

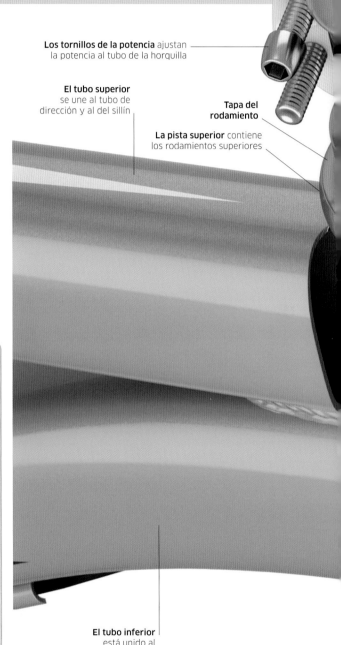

Los tornillos de la potencia ajustan la potencia al tubo de la horquilla

El tubo superior se une al tubo de dirección y al del sillín

Tapa del rodamiento

La pista superior contiene los rodamientos superiores

El tubo inferior está unido al tubo de dirección

PARTES EN DETALLE

El juego de dirección incluye dos juegos de rodamientos contenidos en pistas, que permiten girar el manillar y la rueda delantera.

(1) La **araña** se halla en el tubo de la horquilla, y empuja potencia y horquilla dentro del tubo de dirección.

(2) Se pueden poner **espaciadores** entre la potencia y la tapa del rodamiento para aumentar la altura del manillar según tus necesidades.

(3) Los **rodamientos** aseguran que el manillar y la horquilla giren con suavidad. Debes cuidar su mantenimiento (pp. 54–57).

(4) La **pista de la horquilla** es la pista de rodamiento más baja del juego de dirección, y está debajo de la pista inferior del tubo de dirección.

El tornillo de la potencia se enrosca en la araña dentro del tubo de la horquilla

La potencia une el manillar con el tubo de dirección

El rodamiento superior contiene bolas de rodamiento

Un anillo de compresión sujeta el rodamiento en su sitio

Las bolas de rodamiento reducen la fricción, permitiendo el movimiento suave de la horquilla

El espaciador de rodamientos mantiene estos sueltos en su sitio

El tubo de la horquilla conecta la horquilla con la potencia y el manillar

El tubo de dirección aloja el tubo de la horquilla

La abrazadera de la potencia asegura el manillar a la potencia

El manillar se puede girar libremente gracias a los rodamientos del juego de dirección

La corona de la horquilla une las barras de la horquilla con su tubo

La pista inferior se asienta en la base del tubo de dirección

El rodamiento inferior se asienta en el interior de la pista inferior

La horquilla gira al mover el manillar

Los juegos de dirección con rosca aseguran la horquilla mediante tuercas de ajuste y retención enroscadas al tubo de dirección. Pueden tener bolas o cartuchos de rodamiento. Una dirección áspera o con roces es un aviso para reparar el juego de dirección.

 ANTES DE EMPEZAR

- Asegura la bicicleta en un pie de taller.
- Prepara un espacio despejado para dejar las piezas.
- Retira el manillar y la potencia (pp. 58–59).
- Retira la rueda delantera (pp. 78–79).

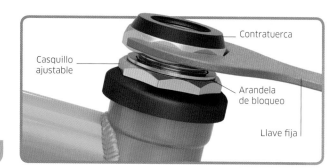

Contratuerca

Casquillo ajustable

Arandela de bloqueo

Llave fija

2 **Con la horquilla sujeta** al tubo inferior, desenrosca la contratuerca con una llave fija. Retira la arandela, el espaciador (si lo hay) y el casquillo ajustable para poder acceder a los rodamientos del juego de dirección.

Saca el anillo de rodamientos con un destornillador o unas pinzas

Los rodamientos pueden estar sueltos o en un anillo, como aquí

3 **Retira los rodamientos** de la pista superior y revisa que las pistas estén lisas. Sustituye cualquier rodamiento gastado. Si las pistas muestran desgaste, tendrás que cambiar el juego de dirección.

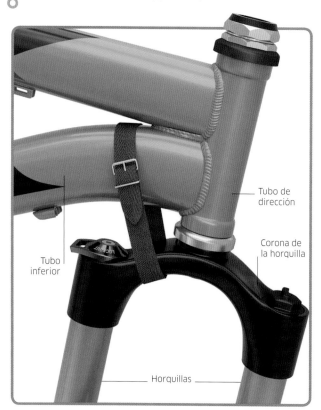

Tubo de dirección

Corona de la horquilla

Tubo inferior

Horquillas

1 **Asegura las horquillas** al tubo inferior del cuadro con una correa. Esto evitará que se salgan cuando aflojes la pista ajustable y la tuerca de fijación.

Quita la correa para liberar la horquilla

Pista de la horquilla

4 **Quita la correa** y desprende la horquilla del tubo de dirección para poder acceder a los rodamientos de la pista de la horquilla. Retira, revisa y limpia los rodamientos. Sustitúyelos si están gastados.

Consejo de taller: Toma nota del orden y la posición de todas las juntas, arandelas y espaciadores que retires. Si las pistas contienen bolas de rodamiento sueltas, cuéntalas antes de sacarlas, y usa un imán para evitar que se caigan al suelo o rueden.

Engrasa la pista de la horquilla

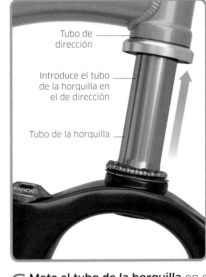

Tubo de dirección

Introduce el tubo de la horquilla en el de dirección

Tubo de la horquilla

PARTES EN DETALLE

Un juego de dirección roscado típico se compone de cazoletas, rodamientos y un par de tuercas roscadas que fijan la horquilla y ajustan el movimiento.

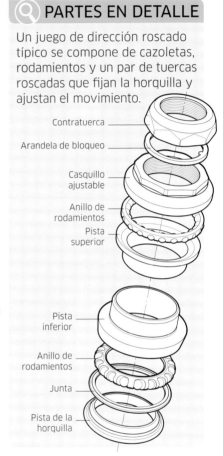

Contratuerca

Arandela de bloqueo

Casquillo ajustable

Anillo de rodamientos

Pista superior

Pista inferior

Anillo de rodamientos

Junta

Pista de la horquilla

5 **Aplica bastante grasa** a la pista de la horquilla y reinstala los rodamientos, o cámbialos si es necesario.

6 **Mete el tubo de la horquilla** en el de dirección. Asegura la horquilla con la correa hasta que la contratuerca quede pegada al tubo inferior.

Casquillo ajustable

Rodamientos

Grasa

Pista superior

Introduce el tubo de la potencia en el tubo de la horquilla

Aprieta poco la contratuerca

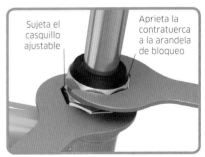

Sujeta el casquillo ajustable

Aprieta la contratuerca a la arandela de bloqueo

7 **Engrasa el interior** de la pista superior y mete los rodamientos. Enrosca el casquillo ajustable al tubo de la horquilla.

8 **Coloca la arandela de bloqueo** y el tornillo, y mete la potencia en el tubo de la horquilla, apretando la contratuerca con los dedos.

9 **Usando dos llaves fijas**, aprieta del todo la contratuerca a la arandela de bloqueo. Posiciona el manillar y luego asegúralo bien.

Juego de dirección *A-head*

Los juegos de dirección *A-head* aseguran la horquilla permitiendo que la potencia del manillar se fije alrededor del tubo de la horquilla. Una cazoleta superior lo comprime todo. Igual que en los roscados, la sensación de roce suele indicar la necesidad de reparar o sustituir los rodamientos.

ANTES DE EMPEZAR

- Asegura la bicicleta en un pie de taller.
- Retira la rueda delantera (pp. 78-79).
- Libera los cables de freno y cambio, si es necesario.
- Sujeta la horquilla con una correa (pp. 54-55).

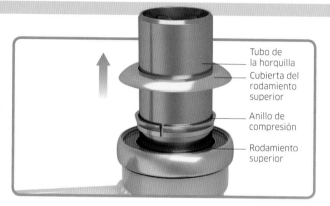

Tubo de la horquilla
Cubierta del rodamiento superior
Anillo de compresión
Rodamiento superior

2 **Empuja el tubo de la horquilla** a través del de dirección. Si se atasca, golpea ligeramente con un mazo de goma para liberar el anillo de compresión. Retira la cubierta y el anillo.

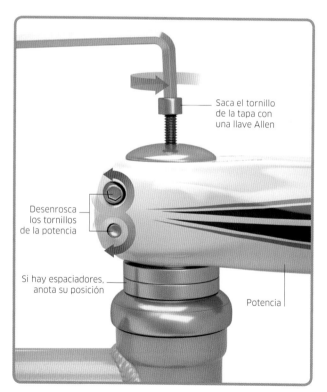

Saca el tornillo de la tapa con una llave Allen

Desenrosca los tornillos de la potencia

Si hay espaciadores, anota su posición

Potencia

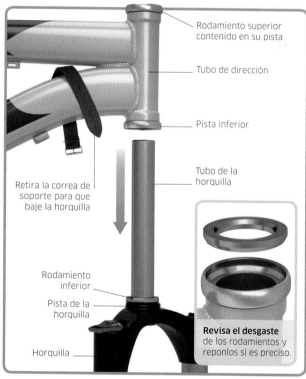

Rodamiento superior contenido en su pista

Tubo de dirección

Pista inferior

Tubo de la horquilla

Retira la correa de soporte para que baje la horquilla

Rodamiento inferior

Pista de la horquilla

Horquilla

Revisa el desgaste de los rodamientos y reponlos si es preciso.

1 **Desenrosca y retira** el tornillo de la tapa. Afloja los tornillos de la potencia y sácala del tubo de la horquilla, junto con los espaciadores. Aparta la potencia, tratando de no dañar los cables de cambio o freno.

3 **Saca la horquilla** del tubo de dirección. Retira el rodamiento superior de la pista superior y el inferior de la pista de la horquilla. Limpia los rodamientos, el interior del tubo de dirección y las pistas.

HERRAMIENTAS Y EQUIPAMIENTO

- Pie de taller
- Correa ajustable
- Juego de llaves Allen
- Mazo de goma
- Desengrasante y paño
- Grasa

Consejo de taller: Usa una correa ajustable para evitar que la horquilla se salga del juego de dirección al quitar el anillo de compresión. En su defecto, sujétala con la mano.

Rodamiento superior

Aplica grasa al interior de la pista superior

Mantén la presión ascendente en la horquilla insertada.

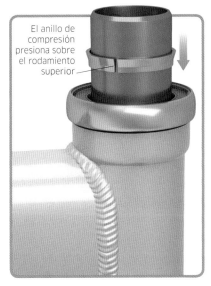

El anillo de compresión presiona sobre el rodamiento superior

4 **Engrasa bien el interior** de las pistas de rodamientos, así como estos, aunque sean nuevos. Mete el rodamiento superior en su pista.

5 **Desliza el rodamiento inferior** por el tubo de la horquilla y luego inserta este en el tubo de dirección; sujétalo en su sitio.

6 **Desliza el anillo de compresión** por el tubo de la horquilla y empújalo sobre la pista superior, dejándolo en la posición correcta.

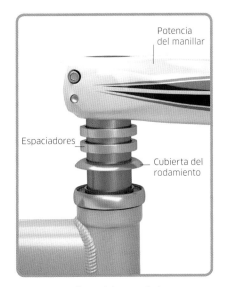

Potencia del manillar

Espaciadores

Cubierta del rodamiento

Tapa de la dirección

Ten cuidado de no apretar demasiado

Busca holguras antes de apretar los tornillos de la potencia

7 **Monta la cubierta del rodamiento**, inserta los espaciadores que pueda haber y reajusta la potencia sin apretar.

8 **Pon la tapa de la dirección** y enrosca su tornillo para que no quede nada flojo. No aprietes en exceso, o la dirección quedará dura.

9 **Repón la rueda delantera**, asegurándote de que la potencia quede alineada antes de apretar los tornillos del lateral de la potencia.

COMPONENTES CLAVE
Manillar y potencia

El tornillo de la tapa asegura la potencia al tubo de la horquilla

El manillar es esencial para dirigir la bici. Al girarlo, la potencia gira la horquilla, ajustando la dirección de la rueda delantera. Además, sujeta las manetas de freno y de cambio. Hay dos formas de manillar: los curvos para las bicis de carretera, y los rectos para las todoterreno. Manillares y potencias presentan diversos tamaños. Los manillares más anchos resultan apropiados para personas de hombros anchos, y las potencias más largas permiten adoptar una posición aerodinámica. Cuando sustituyas el manillar, anota el diámetro del actual para que el reemplazo encaje en la abrazadera de la potencia.

Los tornillos de la potencia se aflojan para ajustar la alineación del manillar

El juego de dirección permite que manillar y horquilla giren con suavidad

La cinta aislante sujeta los cables de freno y cambio al manillar

Los cables de freno y cambio van del manillar a la base del cuadro

Los tapones del manillar se insertan en los extremos del manillar

PARTES EN DETALLE

El manillar es un componente tan simple como relevante: asegúrate de que está bien ajustado.

(**1**) La **potencia** une el manillar al tubo de la horquilla.

(**2**) La **abrazadera de la potencia** tiene una tapa frontal que se atornilla sobre el manillar, sujetándolo a la potencia. Su diámetro debe corresponderse con el del manillar.

(**3**) El **manillar** acoge las manetas de freno y de cambio. La mayoría son de aluminio, pero las versiones superiores pueden ser de carbono.

(**4**) La **cinta de manillar** y los **puños** mejoran el agarre y la comodidad. La cinta cubre los cables de freno y cambio.

(**5**) Los **tapones del manillar** tapan los extremos del manillar y sujetan la cinta del manillar.

(**5**)

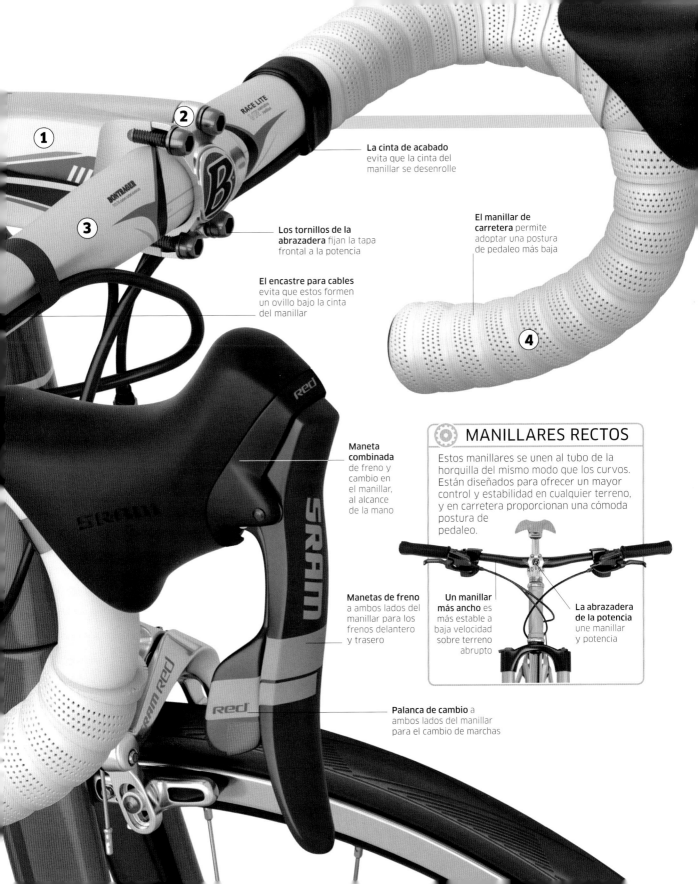

(1)

(2)

(3)

La cinta de acabado evita que la cinta del manillar se desenrolle

El manillar de carretera permite adoptar una postura de pedaleo más baja

Los tornillos de la abrazadera fijan la tapa frontal a la potencia

El encastre para cables evita que estos formen un ovillo bajo la cinta del manillar

(4)

Maneta combinada de freno y cambio en el manillar, al alcance de la mano

Manetas de freno a ambos lados del manillar para los frenos delantero y trasero

Palanca de cambio a ambos lados del manillar para el cambio de marchas

MANILLARES RECTOS

Estos manillares se unen al tubo de la horquilla del mismo modo que los curvos. Están diseñados para ofrecer un mayor control y estabilidad en cualquier terreno, y en carretera proporcionan una cómoda postura de pedaleo.

Un manillar más ancho es más estable a baja velocidad sobre terreno abrupto

La abrazadera de la potencia une manillar y potencia

QUITAR Y PONER UN MANILLAR
Manillares curvos y rectos

Normalmente no necesitarás sustituir el manillar, pero puede que debas hacerlo después de un accidente, o si deseas poner uno mejor, o mejorar el aspecto y la comodidad de tu bici. Es una tarea sencilla, y los pasos a seguir son similares para manillares rectos y curvos (como aquí).

ANTES DE EMPEZAR

- Asegúrate de que el manillar nuevo sea compatible con la potencia.
- Anota el ángulo y la posición del manillar antiguo.
- Mide la posición de las manetas de freno y cambio.
- Asegura la bicicleta con un pie de taller.

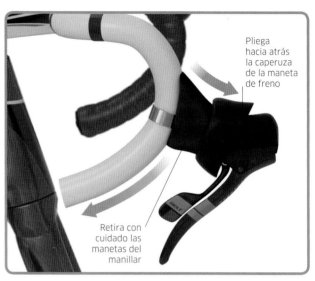

Pliega hacia atrás la caperuza de la maneta de freno

Retira con cuidado las manetas del manillar

2 Expón los tornillos de las abrazaderas de las manetas de freno y cambio. Aflójalos con una llave Allen o fija y desliza las manetas por el manillar. Déjalas colgando por los cables.

Desenrolla la cinta del manillar

Los cables permanecen conectados

En un manillar recto, si los puños están atascados, córtalos a lo largo con un cúter para retirar las manetas de freno o cambio.

1 Retira la cinta del manillar o los puños (pp. 62–65). Si es preciso, pliega la caperuza de la maneta para acceder mejor al manillar, y corta cualquier cinta que sujete los cables de freno o cambio.

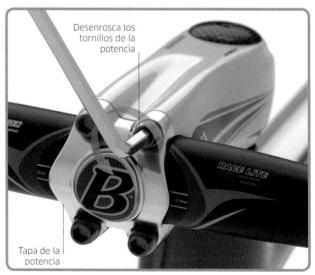

Desenrosca los tornillos de la potencia

Tapa de la potencia

3 Afloja los tornillos de la tapa de la potencia y sácala. Si sustituyes el manillar por otro igual, anota el ángulo. Saca el manillar, límpialo con líquido limpiador y revisa la potencia en busca de daños.

HERRAMIENTAS Y EQUIPAMIENTO

- Cinta métrica
- Pie de taller
- Cúter
- Juego de llaves Allen o fijas
- Líquido limpiador
- Paño
- Grasa o gel de montaje para fibra

Consejo de taller: Ajusta la posición y el ángulo de las manetas de freno y cambio hasta que resulten cómodas para tu estilo de conducción. Reajusta si es necesario.

Monta el manillar dejando los tornillos con la holgura justa para hacer pequeños ajustes después.

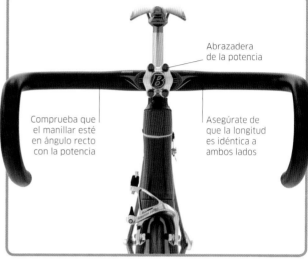

Abrazadera de la potencia

Comprueba que el manillar esté en ángulo recto con la potencia

Asegúrate de que la longitud es idéntica a ambos lados

4 **Engrasa** el manillar nuevo, la tapa y los tornillos de la potencia. Si el manillar es de fibra de carbono, usa gel de montaje para aumentar la fricción. Aprieta los tornillos lo justo para que el manillar quede en su sitio.

5 **Centra el manillar** de modo que se asiente en la zona de agarre de la potencia: muchos manillares tienen unas marcas que la indican. Ajusta el ángulo a tu gusto y aprieta los tornillos por completo, en diagonal.

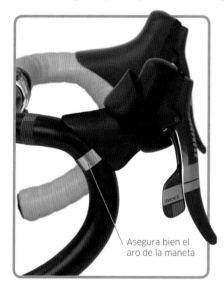

Asegura bien el aro de la maneta

Tapa de la potencia

Comprueba que el ángulo y la posición del manillar sean correctos con una vuelta de prueba

Empuja hacia abajo sobre la caperuza para comprobar que la tapa de la potencia está asegurada

Aprieta los tornillos de ajuste de la potencia. No aflojes el tornillo de la tapa (circular) superior.

6 **Reinstala las manetas**, ajustando el ángulo. Aprieta los tornillos y asegura los cables. Sustituye la cinta del manillar o los puños (pp. 62-65).

7 **Asegúrate de que la potencia está alineada** con la rueda delantera; luego afloja un cuarto de vuelta los dos tornillos de ajuste de la potencia. Sujetando la rueda entre las rodillas, gira el manillar para alinearlo con la potencia. Aprieta los tornillos gradual y alternativamente.

MANTENIMIENTO DEL MANILLAR
Sustitución de la cinta

La cinta del manillar proporciona comodidad y agarre a las manos, además de proteger los cables. El sudor, los elementos y el uso pueden ensuciar la cinta o hacer que se afloje, se desgaste y se rompa. Por suerte, es fácil de cambiar.

ANTES DE EMPEZAR

- Adquiere una cinta apropiada para tu manillar.
- Lávate las manos para no ensuciar la cinta nueva.
- Desenrolla la cinta y déjala a un lado.
- Corta tiras de 20 cm de cinta aislante.

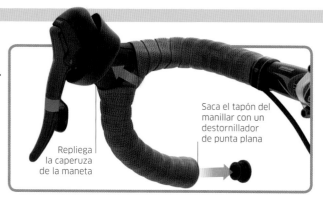

Repliega la caperuza de la maneta

Saca el tapón del manillar con un destornillador de punta plana

1 **Retira las caperuzas de caucho** del cuerpo de las manetas de freno para exponer la cinta del manillar que hay debajo. Saca los tapones de ambos extremos del manillar con un destornillador de punta plana.

Corta la cinta aislante vieja con un cúter

2 **Empieza por la potencia**, desenrollando con cuidado la cinta del manillar vieja. Si tu bici tiene cables encastrados, retira toda cinta aislante que los sujete, pues es probable que esté desgastada o suelta.

Asegura los cables con cinta aislante

3 **Limpia el manillar** con un limpiador a base de alcohol para eliminar toda suciedad o resto de adhesivo. Reemplaza la cinta aislante; asegúrate de que los cables sigan su ruta original a lo largo del manillar.

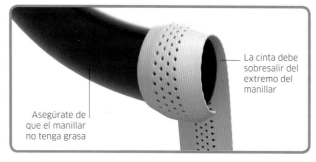

La cinta debe sobresalir del extremo del manillar

Asegúrate de que el manillar no tenga grasa

4 **Pega el extremo** de la cinta en el extremo del manillar, de modo que la mitad de la anchura de la cinta sobresalga. Enrolla la cinta al manillar en el sentido de las agujas del reloj.

La cinta debe solaparse por igual en cada vuelta

5 **Mantén una presión estable** sobre la cinta mientras la aplicas. Cada vuelta debería ir solapándose sobre la mitad de la vuelta anterior. Si tiene una banda adhesiva, asegúrate de que solo se pegue al manillar.

Consejo de taller: Enrolla siempre la cinta en el sentido horario: desde el interior de la barra hacia fuera. Cuando, de forma natural, tus manos se deslicen hacia el exterior mientras conduces, la cinta se tensará, manteniendo su posición.

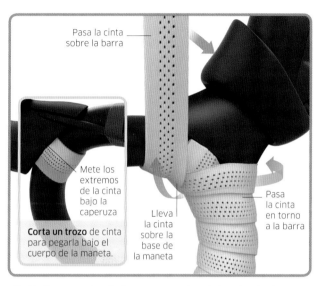

Pasa la cinta sobre la barra

Mete los extremos de la cinta bajo la caperuza

Corta un trozo de cinta para pegarla bajo el cuerpo de la maneta.

Lleva la cinta sobre la base de la maneta

Pasa la cinta en torno a la barra

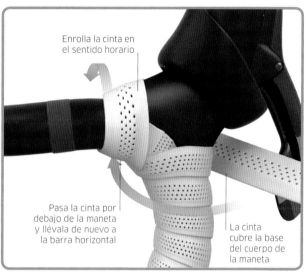

Enrolla la cinta en el sentido horario

Pasa la cinta por debajo de la maneta y llévala de nuevo a la barra horizontal

La cinta cubre la base del cuerpo de la maneta

6 **En la maneta de freno**, pasa la cinta alrededor de la barra y por la base del cuerpo de la maneta. Llévala por debajo y sube por el otro lado de la maneta. Asegúrate de mantener la tensión de la cinta.

7 **Pasa la cinta** sobre la barra horizontal y por debajo del cuerpo de la maneta en dirección opuesta a la anterior, y luego otra vez sobre la barra horizontal. Sigue cubriendo la barra en el sentido horario.

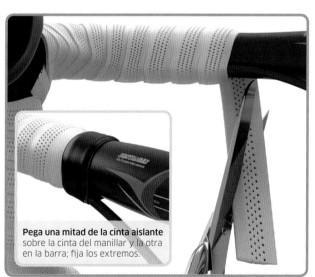

Pega una mitad de la cinta aislante sobre la cinta del manillar y la otra en la barra; fija los extremos.

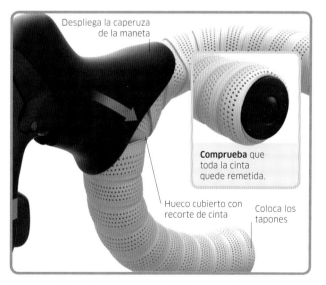

Despliega la caperuza de la maneta

Comprueba que toda la cinta quede remetida.

Hueco cubierto con recorte de cinta

Coloca los tapones

8 **Cuando la cinta llegue** a la potencia, corta al menos 8-10 cm en ángulo agudo hacia la barra. Enrolla la cinta restante a la barra y luego fíjala usando cinta aislante.

9 **Despliega las caperuzas** de las manetas y comprueba que no queden huecos. Mete la cinta sobrante en los extremos del manillar y fíjala colocando los tapones del manillar con un mazo de goma.

Sustitución de los puños

Los puños influyen mucho en el manejo de la bicicleta, y deberás reemplazarlos si están rotos, gastados o deformados. O quizá quieras renovarlos para mejorar el rendimiento de tu bici. Los puños estándar se mantienen en su sitio por fricción, mientras que los puños con bloqueo se fijan al manillar con pequeños tornillos. Ambos tipos pueden reemplazarse con facilidad.

ANTES DE EMPEZAR

- Asegura la bicicleta en un pie de taller.
- Si vas a poner puños con bloqueo, móntalos antes.
- Afloja las manetas de freno y cambio, y deslízalas hacia el centro del manillar para facilitar la tarea.

Despega el puño suavemente con un destornillador

2 **Inserta un destornillador pequeño** de punta plana por debajo del puño, introduciéndolo unos 2,5 cm, para aflojar el sellado. Si no se abre, introduce el destornillador por el lado contario.

Tapón de manillar de plástico

Retira el puño con bloqueo del manillar desatornillando el tornillo de retención con una llave Allen.

1 **Saca los tapones del manillar** con los dedos. Si ofrecen resistencia, utiliza un pequeño destornillador de punta plana para hacer palanca. Si vas a reutilizarlos, procura no dañarlos.

Boquilla

Aplica desengrasante bajo el puño en varios puntos para ayudar a soltarlo

Gira repetidamente el puño de lado a lado para extender el desengrasante entre este y la barra; esto ayudará a retirarlo.

3 **Levanta el puño** con el destornillador para abrir un hueco. Mete la boquilla del desengrasante y rocía en varios puntos. El puño debería quedar lo bastante suelto para sacarlo de la barra; hazlo girándolo.

HERRAMIENTAS Y EQUIPAMIENTO

- Pie de taller
- Juego de llaves Allen o fijas
- Destornillador de punta plana
- Desengrasante y paño
- Cúter
- Limpiador a base de alcohol
- Mazo de goma

Consejo de taller: Si te resulta difícil encajar los puños en el manillar, pasa 2 o 3 bridas por dentro de ellos. Desliza los puños sobre el manillar y, cuando estén en su sitio, retira las bridas.

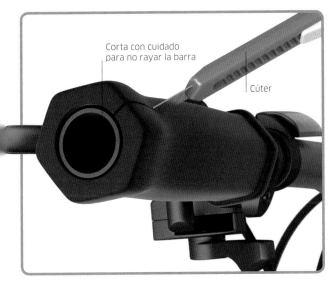

Corta con cuidado para no rayar la barra

Cúter

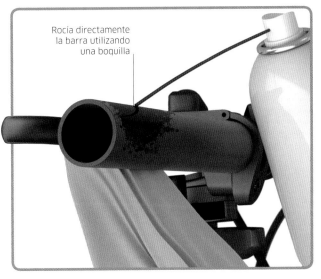

Rocía directamente la barra utilizando una boquilla

4 **Si el puño sigue pegado** a la barra, córtalo longitudinalmente con un cúter, con cuidado de no cortar ni rayar el metal. Retira el puño de la barra cuidadosamente y deséchalo.

5 **Limpia por completo la barra** con desengrasante para eliminar aceite, polvo o residuos del puño viejo. Luego sécala con un paño. Si la barra es abierta, comprueba que su interior también esté seco.

El limpiador a base de alcohol se evapora, y el puño queda fijado

Mueve la boquilla en círculos para que el interior del puño quede cubierto por completo de líquido limpiador.

Los tapones del manillar tienen un mecanismo de expansión para asegurar su fijación

Si repones puños con bloqueo, aprieta el tornillo de la tapa con una llave Allen.

6 **Rocía la barra** y el interior del puño con un líquido limpiador a base de alcohol. Desliza el puño en la barra y gíralo hasta su posición, asegurándote de que el extremo quede a ras. Déjalo asentar 10 minutos.

7 **Empuja el tapón del manillar** hasta que quede alineado con el extremo del puño y sin sobresalir por el extremo de la barra. Si los tapones van duros, golpéalos suavemente con un mazo de goma.

Tija y sillín

La elección de un sillín es una decisión personal, ya que ante todo importa que resulte cómodo. Hay una gran variedad de formas de sillín, con acolchados y recortes para mayor comodidad. Los de bici de carretera son más largos y estrechos que los de bici todoterreno, y los de las bicis de cicloturismo son más anchos, proporcionando un área de contacto mayor, lo cual se agradece en recorridos largos. El sillín tiene unos raíles en su parte inferior para fijarse a la tija; estos permiten ajustar la posición y el ángulo del mismo. En cuanto a las tijas, las hay de diferentes longitudes y diámetros, y su altura se puede ajustar (pp. 68-69); normalmente son de aluminio o fibra de carbono.

La cubierta del sillín puede ser de fibra sintética o de cuero

La punta puede estar reforzada con kevlar para mayor protección

El sillín se flexiona sobre los raíles aportando amortiguación al ciclista

PARTES EN DETALLE

El sillín se fija a la tija mediante dos raíles, y la tija se introduce en el cuadro por el tubo del sillín.

① Los **raíles** bajo el sillín (de acero, titanio o carbono) permiten fijarlo a la tija y ajustar su posición hacia delante o hacia atrás.

② La **nuez** (abrazadera de los raíles) une el sillín a la tija cerrándose sobre los raíles. La mayoría de los diseños permiten ajustar el ángulo del sillín.

③ La **tija del sillín** une este con el tubo del sillín. Subiendo o bajando la tija, se ajusta la altura del sillín; hay que asegurarse de que la marca de inserción mínima quede dentro del cuadro (pp. 68-69).

④ La **abrazadera de la tija** ajusta esta dentro del tubo del sillín a la altura deseada.

Salida del cable de freno

Tubo superior del cuadro

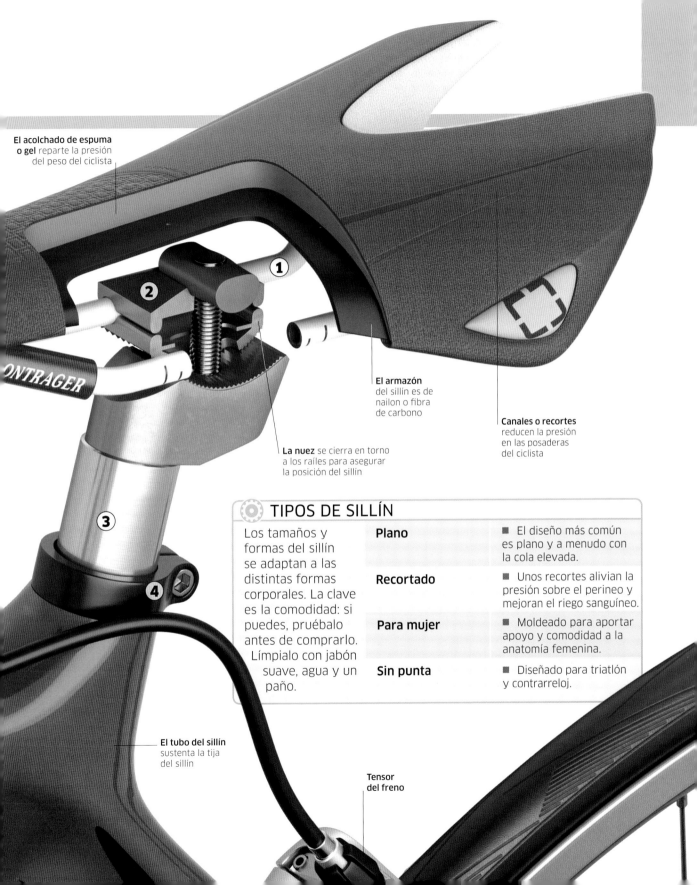

El acolchado de espuma o gel reparte la presión del peso del ciclista

El armazón del sillín es de nailon o fibra de carbono

Canales o recortes reducen la presión en las posaderas del ciclista

La nuez se cierra en torno a los raíles para asegurar la posición del sillín

ONTRAGER

El tubo del sillín sustenta la tija del sillín

Tensor del freno

TIPOS DE SILLÍN

Los tamaños y formas del sillín se adaptan a las distintas formas corporales. La clave es la comodidad: si puedes, pruébalo antes de comprarlo. Límpialo con jabón suave, agua y un paño.

Plano	■ El diseño más común es plano y a menudo con la cola elevada.
Recortado	■ Unos recortes alivian la presión sobre el perineo y mejoran el riego sanguíneo.
Para mujer	■ Moldeado para aportar apoyo y comodidad a la anatomía femenina.
Sin punta	■ Diseñado para triatlón y contrarreloj.

Ajuste de la tija

Para una marcha eficaz y cómoda, así como para evitar lesiones de rodilla y cadera, es esencial que el sillín esté a la altura correcta. Ajustar su altura es una tarea sencilla, pero la tija puede atascarse con el tiempo.

AJUSTE DE LA ALTURA DE LA TIJA

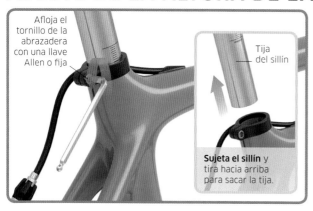

Afloja el tornillo de la abrazadera con una llave Allen o fija

Tija del sillín

Sujeta el sillín y tira hacia arriba para sacar la tija.

1 **Afloja el tornillo o la palanca de desenganche** de la abrazadera de la tija lo justo para sacar la tija con facilidad. No la fuerces. Si notas resistencia, gira el sillín en ambas direcciones mientras tiras.

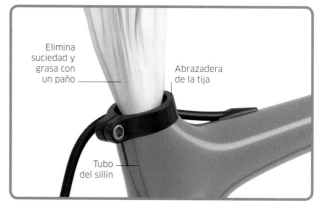

Elimina suciedad y grasa con un paño

Abrazadera de la tija

Tubo del sillín

2 **Limpia con un paño la tija**, la abrazadera y la parte superior del tubo del sillín. Si el tornillo de la abrazadera está oxidado o si esta muestra signos de daño, sustitúyela.

Aplica grasa con una brocha suave

Evita el agarrotamiento y la corrosión con grasa

Tornillo de la abrazadera

Reintroduce con cuidado la tija en el tubo del sillín.

3 **Engrasa la parte superior** del tubo del sillín por dentro y por fuera, y la rosca del tornillo de la abrazadera. En los cuadros y tijas de carbono, usa un gel de montaje para fibra; así la tija no resbalará.

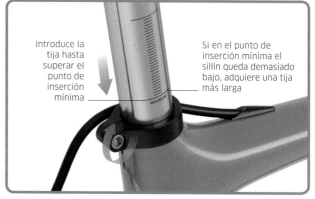

Introduce la tija hasta superar el punto de inserción mínima

Si en el punto de inserción mínima el sillín queda demasiado bajo, adquiere una tija más larga

4 **Ajusta el sillín** a tu altura de pedaleo preferida (pp. 20-23) y comprueba que esté recto. Aprieta el tornillo de la abrazadera de la tija o la palanca de desenganche, procurando no apretar demasiado.

- Pie de taller
- Paño
- Líquido limpiador
- Juego de llaves Allen o fijas
- Grasa
- Brocha suave
- Gel de montaje para fibra
- Aceite penetrante
- Hervidor de agua
- Espray congelante

LIBERAR UNA TIJA ATASCADA

Limpia el aceite penetrante de la pintura

Distribuye el aceite moviendo el sillín

Afloja y desliza la abrazadera por la tija. Rocía aceite penetrante en la unión de la tija y el tubo del sillín.

1 **Afloja el tornillo o palanca de desenganche** de la abrazadera de la tija. Si el tornillo va duro, rócialo con aceite penetrante y deja que penetre. Desliza hacia arriba la abrazadera y rocía aceite penetrante en el punto de unión de la tija y el tubo del sillín. Gira el sillín para distribuir el aceite.

⊘ TIJA SUELTA

Si la tija se escurre o rechina, comprueba que la abrazadera esté bien apretada y que su tamaño sea el correcto para el cuadro.

- Si la tija sigue escurriéndose, puede deberse a que hay polvo u óxido en la tija y la abrazadera.

- Retira y limpia la tija y la abrazadera. Vuelve a engrasarlas y reinstálalas.

- Si el problema persiste, puede que la tija esté desgastada y necesites reemplazarla.

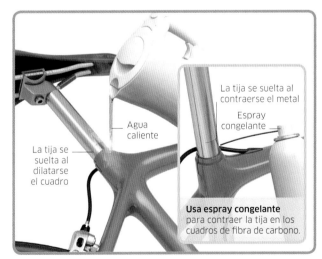

La tija se suelta al dilatarse el cuadro

Agua caliente

La tija se suelta al contraerse el metal

Espray congelante

Usa espray congelante para contraer la tija en los cuadros de fibra de carbono.

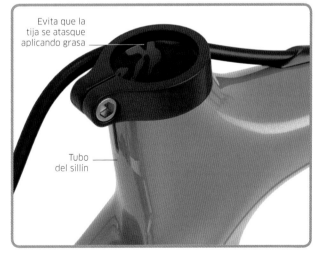

Evita que la tija se atasque aplicando grasa

Tubo del sillín

2 **Si el cuadro es de metal** y la tija sigue atascada, vierte agua caliente en torno a la boca del tubo del sillín. Esto hará que el metal se dilate, aflojándose en torno a la tija del sillín. Repite la acción si es necesario.

3 **Tras retirar la tija**, limpia el interior del tubo del sillín con un paño para eliminar el polvo; luego aplica grasa en cantidad. Limpia y engrasa la tija y la abrazadera para evitar que se atasquen de nuevo.

Tijas telescópicas

Las tijas telescópicas permiten reducir la altura del sillín en marcha, ya sea presionando un mando remoto en el manillar o tirando de una palanca bajo el sillín. Son una mejora popular para las bicis todoterreno, y pueden ser mecánicas (como la mostrada aquí) o hidráulicas.

ANTES DE EMPEZAR

- Retira la tija actual (pp. 68-69).
- Asegura la bicicleta en un pie de taller.
- Limpia el interior del tubo del sillín con líquido limpiador.
- Prevé cómo guiarás el cable: interna o externamente.

Asegúrate de que el mando quede accesible

1 Acopla el mando remoto al manillar, siguiendo las instrucciones del fabricante. Ponlo donde resulte accesible.

Guía el cable interna o externamente

2 Según sea tu cuadro, lleva la funda del cable desde la boca del tubo del sillín al orificio de salida junto al tubo de dirección.

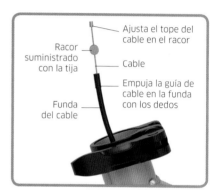

Ajusta el tope del cable en el racor

Racor suministrado con la tija

Cable

Empuja la guía de cable en la funda con los dedos

Funda del cable

3 Inserta el racor en el cable y desliza el tope del cable en él. Encaja una guía de cable en la funda y enrolla el cable a lo largo de ella.

Regulador de la tija

Freno de cable y guía de cable

Tope de cable y racor en el regulador

4 Encaja el racor y el tope de cable en el regulador. Mete la guía de cable montada en la funda en el freno de cable del regulador.

Introduce la tija telescópica

Aprieta la abrazadera del sillín cuando este esté a la altura correcta

Tubo del sillín

Elimina el exceso de cable tirando de este hacia la parte frontal de la bici a medida que la tija desciende por el tubo del sillín.

5 Introduce la tija telescópica en el tubo del sillín mientras tiras del cable y la funda desde la parte frontal del cuadro hacia el manillar. Ajusta el sillín a la altura adecuada de pedaleo, con la tija totalmente extendida.

Consejo de taller: Si la tija telescópica y el cuadro tienen guías internas, puede que debas retirar el eje de pedalier (EP) para poder desplazar el cable por la base del tubo del sillín (pp. 176-181).

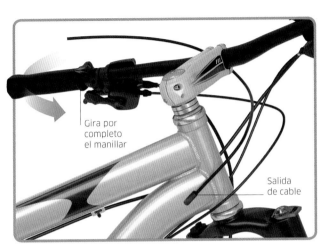

Gira por completo el manillar

Salida de cable

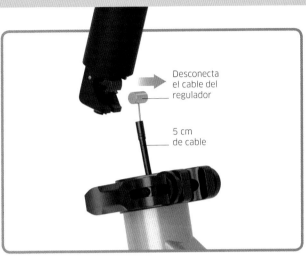

Desconecta el cable del regulador

5 cm de cable

6 **Asegúrate de tener cable y funda** suficientes para poder girar el manillar por completo. Gíralo lo más lejos posible de la salida de cable, y usa una cinta métrica para ver cuánto cable necesitas.

7 **Retira la tija telescópica** y desconecta el cable del mecanismo. Luego tira del cable y la funda hacia arriba a través del tubo del sillín hasta que sobresalgan unos 5 cm de la boca.

Corta la funda a la medida

Mete la guía de cable en la funda

Introduce la tija en el tubo del sillín

Reconecta el cable al regulador

Tira del cable hacia delante para eliminar la holgura.

Ajusta la posición del mando si es preciso

Tensa el cable presionando 10-12 veces el mando para acoplarlo y eliminar holguras y movimiento.

8 **Tira del cable** través de la funda en el extremo de la tija para poder cortar a la medida la funda vacía en el mando remoto.

9 **Reconecta el cable** al mecanismo de la tija y reajusta la tija telescópica en el tubo del sillín. Regula la altura del sillín.

10 **Conecta el cable** al mando remoto siguiendo las instrucciones del fabricante, y ajusta el cable debidamente.

RUEDAS

Ruedas

Hay muchos tipos de ruedas de bicicleta, cada uno con distintas prestaciones y ventajas. Tal vez necesites un solo tipo, o varios para usar en diferentes momentos, en función de la clase de marcha que realices. Ten cuidado al actualizar tus ruedas, pues debes distinguir entre delanteras y traseras, y algunas solo son compatibles con transmisiones de 11 velocidades.

TIPO	IDONEIDAD	RADIOS
URBANA/CICLOTURISMO Para los trayectos cotidianos y el cicloturismo, las ruedas deben ser sólidas y estar hechas con materiales duraderos. La ligereza y el aspecto «pro» son de importancia secundaria.	■ **Trayectos diarios** o de larga distancia con equipaje. ■ **Marcha ligera fuera de carretera** en bicicleta de carretera o híbrida.	■ **Acero inoxidable**, tiro directo, unidos con ganchos a los agujeros de la pestaña y con cabecillas a los ojales de la llanta. ■ **Hasta 36 radios**, con más en las bicis de cicloturismo.
CARRETERA RÁPIDA Diseñadas para bicis de carretera de gama alta y de carreras, a menudo integran partes aero. Son de fibra de carbono o aleación de aluminio, y combinan ligereza, rigidez y fuerza para permitir una marcha rápida y suave en carretera.	■ **Bicicletas de carreras**, deportivas o de ciclocross, o para completar una bici ligera. ■ **Escalada**, donde una rueda más ligera y rápida ofrece una ventaja de rendimiento importante.	■ **Normalmente acero inoxidable**, pero pueden ser de aluminio o incluso compuestos. Algunos modelos montan aero o de palos. ■ **Lo típico son 20-32 radios**. En las delanteras es común el montaje cruzado.
CARRETERA ENTRENAMIENTO Usadas como estándar para muchas bicis de carretera de gama media, son adecuadas para todo tipo de marcha, menos para competición, y pueden utilizarse para el entrenamiento invernal.	■ **Marcha general en carretera** y entrenamiento. ■ **Marchas regulares, prolongadas**, no competitivas, ya que son ruedas lo bastante robustas para soportar un uso intenso.	■ **Acero inoxidable**, tiro directo, unidos con ganchos a los agujeros de la pestaña y con cabecillas a los ojales de la llanta. ■ **Más radios** que una rueda ligera: normalmente 28-36 radios.
MONTAÑA Aunque están diseñadas para terrenos abruptos, algunos tipos aportan también ligereza y rigidez, especialmente cuando se usan en bicis con suspensión.	■ **Marcha campo a través** y carreras de descenso en bicis todoterreno con suspensión delantera o doble. ■ **Terrenos con barro** y resbaladizos fuera de carretera.	■ **Acero inoxidable o aluminio**, según la calidad y la ligereza de la construcción. ■ **Lo normal son 28-32 radios** en una rueda estándar, pero pueden reducirse hasta 24 en un modelo ligero.

Además, los enganches del eje (pasante o cierre rápido) deben ser compatibles con el cuadro. Recuerda que los diferentes componentes de una rueda de bicicleta se miden de varias formas distintas, y que ancho de llanta, ancho de cubierta y diámetro de rueda afectan al rendimiento de la cubierta. Para simplificar, aquí damos las medidas en su denominación más común.

LLANTAS

- **Aluminio** con banda de frenado para usar con pinzas de freno.
- **La mayoría con diseño *clincher*** (con cámara) y con refuerzo interno en las versiones de gran carga.
- **Las variantes más anchas** aceptarán cubiertas de gran carga y MTB.

- **Aleación o fibra de carbono** con ojales para los radios.
- **Banda de frenado** endurecida (solo para pinzas de freno).
- **Varían desde** sección en caja hasta sección en V.
- **El lecho de la llanta** debe corresponderse con la cubierta: *clincher*, tubular o *tubeless*.

- **Más duras y robustas** que las versiones ligeras, a menudo con sección en caja o en V poco profunda.
- **Llanta más ligera**, sin banda de frenada en las ruedas para freno de disco.
- **La mayoría están diseñadas** para llevar cubiertas *clincher*, pero también admiten *tubeless*.

- **Normalmente de aluminio**, sin banda de frenada en las bicis con freno de disco.
- **Pueden ser de carbono** en las versiones de alto rendimiento.
- **Todas las llantas de MTB** están diseñadas para usarse con cubiertas *clincher* o *tubeless*.

BUJES

- **Normalmente** de aleación.
- **La pestaña es pequeña**, con rodamientos sellados o de copa y cono, y un ajuste de cierre rápido o pasante.
- **Las bicis de transporte** suelen llevar ejes de gran carga, sobre todo en la rueda trasera.

- **Normalmente, pestaña pequeña** con rodamientos anulares y un eje con cierre rápido.
- **Los diseños para disco** tienen un portadiscos roscado o brida, y un cierre de rueda pasante.

- **Normalmente de aleación**, con un eje con cierre rápido o un cierre pasante.
- **Estos pueden tener rodamientos** de copa y cono, que requieren un correcto engrasado y ajuste.

- **Habitualmente de aleación**, con ruedas de competición de fibra de carbono.
- **La pestaña es pequeña**, con agujeros o ranuras de ajuste para los radios.
- **El eje** tiene un cierre para encajar las ruedas en la bicicleta.
- **Rodamientos sellados** como protección contra el polvo.

VARIACIONES

- **Popular** en el tamaño estándar de 700c.
- **También popular** en tamaños menores de 26" que puedan montar cubiertas de más volumen con bandas de rodadura más robustas; más apropiadas para caminos y senderos abruptos.

- **El estándar es 700c**, con anchos de llanta de 13-25 mm (siendo el más popular el de 18/19 mm).
- **Las llantas más anchas** son aptas para cubiertas de mayor volumen, de 25-40 mm.

- **El estándar es 700c**, con anchos de llanta de 13-25 mm (siendo el más popular el de 18/19 mm).
- **Las llantas más anchas** son aptas para cubiertas de mayor volumen, de 25-40 mm.

- **Los tamaños más comunes** son 26", 27,5" (también llamado 650b) y 29".
- **Los tipos más recientes** incluyen las opciones ligeramente menores de 584 mm+ y 622 mm+, algunas de ellas intercambiables en la misma bicicleta.

Ruedas de radios

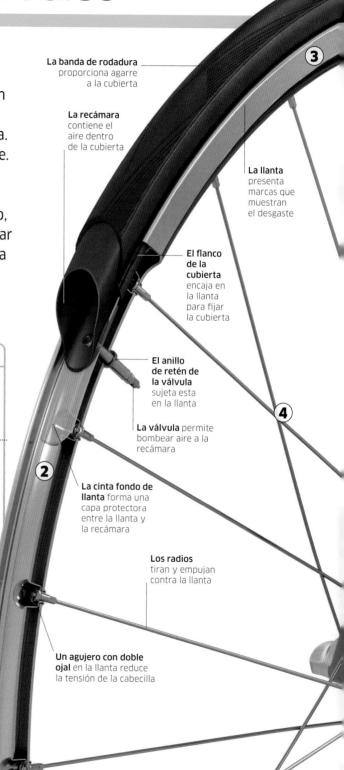

Las ruedas son el punto de contacto de la bicicleta con el suelo. Al conducir sobre terreno abrupto o baches, la cubierta y la llanta absorben los impactos y los transmiten a los radios, que al flexionarse amortiguan el impacto en la llanta. Los radios sujetan la llanta en relación con el buje. Algunas ruedas de competición tienen radios de materiales compuestos, pero lo normal son los radios de acero inoxidable; los perfiles aero, plano o de palos pueden aligerar la bici y mejorar su rendimiento. Las cabecillas unen el radio a la llanta, y su giro modifica la tensión del radio y la alineación de la llanta.

⚙ PARTES EN DETALLE

Una rueda se compone de buje, radios, llanta y cubierta. Las traseras tienen más radios que las delanteras, pues impulsan la transmisión.

① El **buje** sostiene los radios, a través de los cuales transmite el movimiento a la llanta, por lo que soporta una carga importante durante la marcha.

② La **llanta** es de aleación o fibra de carbono, y tiene una cavidad para alojar la cubierta. Existen distintos diseños para distintos estilos de rodaje.

③ El lateral de la llanta proporciona una **superficie de frenado** a los frenos de llanta. Si esta se desgasta, sustituye la rueda (pp. 78-83).

④ Los **radios** pueden estar entrelazados según distintos patrones –como radial, cruzado o mixto– para aumentar su resistencia y absorber las fuerzas de frenado y aceleración.

La banda de rodadura proporciona agarre a la cubierta

La recámara contiene el aire dentro de la cubierta

La llanta presenta marcas que muestran el desgaste

El flanco de la cubierta encaja en la llanta para fijar la cubierta

El anillo de retén de la válvula sujeta esta en la llanta

La válvula permite bombear aire a la recámara

La cinta fondo de llanta forma una capa protectora entre la llanta y la recámara

Los radios tiran y empujan contra la llanta

Un agujero con doble ojal en la llanta reduce la tensión de la cabecilla

La cabecilla del radio une este a la llanta y permite ajustar la tensión del radio

OJALES

En las llantas de aluminio se utilizan ojales de acero para reforzar el agujero del radio y evitar que este se salga.

Ojal de acero

Radio

Cabecilla del radio sujeta en el ojal

La horquilla delantera une la rueda al cuadro

La cubierta es el punto de contacto entre la rueda y el terreno

La palanca de cierre rápido permite retirar la rueda sin herramientas

La pestaña es el punto donde los radios se unen al eje

① 1

Rueda delantera (cierre rápido)

A veces es necesario retirar la rueda delantera para transportar la bicicleta o reparar un pinchazo. Las bicis actuales tienen ruedas con cierre rápido, que permite quitarlas sin herramientas. En bicis más antiguas, las ruedas pueden tener tornillos convencionales, que se aflojan con una llave.

 ANTES DE EMPEZAR

■ Asegura la bicicleta en un pie de taller.
■ Comprueba si hay signos de corrosión u óxido en la palanca del cierre rápido; si los hay, rocía aceite en la zona.

Palanca de cierre rápido

Sujeta con fuerza la tuerca de cierre rápido en el lado opuesto de la rueda; luego gira la palanca.

2 **Localiza la palanca de cierre rápido** en el buje. Abre la palanca y desenróscala gradualmente, pero sin retirar la tuerca por completo. Si los tornillos están ajustados, desenrosca a ambos lados con una llave fija.

Pinza de freno

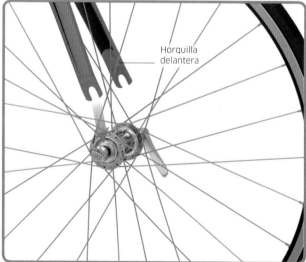

Horquilla delantera

1 **Afloja el freno delantero** con la pestaña de cierre rápido de la pinza de freno (las pinzas Campagnolo se liberan mediante un botón en la maneta de cambio). Así, la cubierta podrá pasar entre las zapatas.

3 **Levanta el cuadro** y tira de la rueda para sacarla de la horquilla. Si la rueda no se desprende, afloja un poco más la palanca o los tornillos, pero sin soltarlos por completo.

HERRAMIENTAS Y EQUIPAMIENTO

- Pie de taller
- Aceite
- Juego de llaves fijas (para bicis antiguas)

Consejo de taller: Si necesitas retirar ambas ruedas, saca primero la delantera. Esto te ayudará a evitar que la cadena se arrastre o que el cambio trasero golpee el suelo.

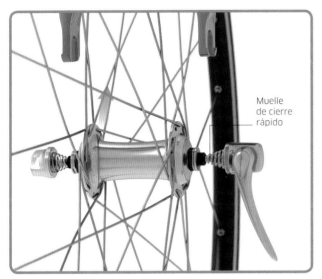

Muelle de cierre rápido

Presiona con fuerza para cerrar bien la palanca

4 **Al reponer la rueda**, comprueba que los muelles estén en su sitio a ambos lados del mecanismo de cierre rápido, y que la palanca esté en el lado izquierdo de la bici. Monta la horquilla sobre la rueda.

5 **Apoya la rueda** en el suelo, usando el peso de la bicicleta para mantenerla recta. Sujeta la tuerca y aprieta el mecanismo de cierre rápido. En bicis antiguas, aprieta los dos tornillos de la rueda.

Devuelve las zapatas de freno a su posición original

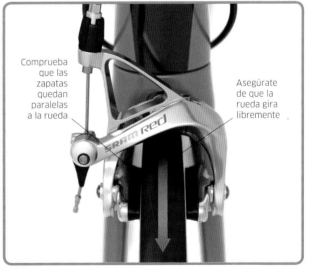

Comprueba que las zapatas queden paralelas a la rueda

Asegúrate de que la rueda gira libremente

6 **Cierra la pestaña de cierre rápido** (o presiona el botón de la maneta si tienes frenos Campagnolo). Asegúrate de que las zapatas queden correctamente situadas sobre la llanta.

7 **De pie frente a la bici** y con la rueda delantera entre las rodillas, comprueba que esté centrada entre las zapatas de freno. De lo contrario, afloja el cierre y repite los pasos 3 a 7 para reajustar la rueda.

Rueda con casete

Retirar y reponer una rueda trasera implica liberar y reconectar la cadena del buje trasero. Esta tarea requiere más cuidado en bicicletas con casete y cambio (mecanizado), pues son componentes vitales de la transmisión. Es un proceso sencillo que solo lleva unos minutos, sobre todo si la rueda tiene un mecanismo de cierre rápido.

ANTES DE EMPEZAR

- Rocía la palanca con aceite si observas óxido o corrosión.
- Cambia la cadena al plato más grande.
- Cambia la cadena al piñón más pequeño.
- Asegura la bicicleta en un pie de taller.

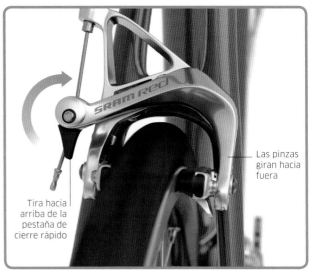

Las pinzas giran hacia fuera

Tira hacia arriba de la pestaña de cierre rápido

2 **Localiza la pestaña de cierre rápido** en la pinza del freno trasero o en la caperuza de la maneta y tira de ella hacia arriba para abrirla. Así, la pinza dejará que la rueda pase entre las zapatas de freno.

Empuja hacia abajo la palanca de cierre rápido

1 **Afloja la rueda trasera**, sujetando con una mano la tuerca de cierre rápido en el lado opuesto a la palanca; con la otra mano, rota 180° la palanca para abrir el mecanismo.

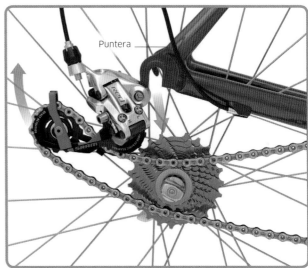

Puntera

3 **Sujeta el cambio trasero** con una mano y tira de él hacia atrás y hacia arriba. La rueda debería quedar liberada de las punteras. Si no sale, gira la palanca de cierre una vuelta más y repite hasta que salga.

- Aceite
- Pie de taller

Consejo de taller: Algunos sistemas de cierre rápido tienen un sistema de bloqueo por razones de seguridad. Ambos lados se aprietan juntos y se conectan a través de un eje hueco. Lleva siempre llaves adecuadas en tu kit de reparación de pinchazos por si se da el caso.

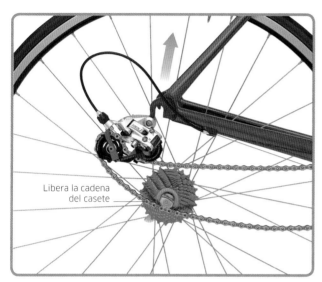

Libera la cadena del casete

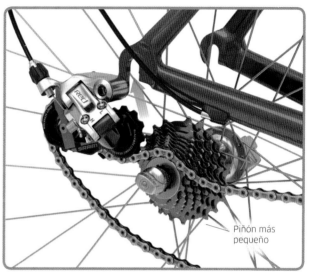

Piñón más pequeño

4 **Levanta el cuadro** por el sillín o el tubo superior, dejando que la rueda trasera se mueva un poco hacia delante. Saca el casete de la cadena con cuidado. Si la cadena se adhiere al casete, retírala a mano.

5 **Para recolocar la rueda trasera**, asegúrate de que el cambio trasero esté en la marcha más alta. Pon la rueda en posición, dejando que la cadena engrane sobre el piñón más pequeño, y haz bajar el cuadro.

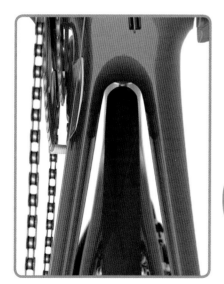

Rota la palanca de cierre rápido hacia arriba

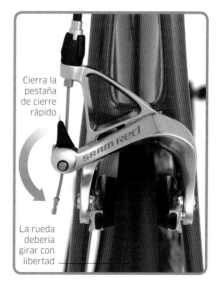

Cierra la pestaña de cierre rápido

La rueda debería girar con libertad

6 **Tira de la rueda** hacia arriba y hacia atrás, introduciéndola en las punteras. Asegúrate de que quede centrada con el cuadro.

7 **Cierra la palanca de cierre rápido** para asegurar la rueda. La tensión debería ser la misma que antes: firme, pero no excesiva.

8 **Cierra las zapatas** con la pestaña de la pinza o el botón de la maneta. Gira la rueda para ver si las zapatas están alineadas.

Rueda con cambio interno

El cambio interno se emplea sobre todo en bicis urbanas, y también en algunas todoterreno. Para sacar una rueda trasera con cambio interno del cuadro, primero tendrás que desconectar el buje del cable de freno.

 ANTES DE EMPEZAR

- Limpia la suciedad alrededor del cambio interno.
- Anota dónde van todas las arandelas.
- Asegúrate de que el cable del cambio está en buen estado.
- Asegura la bicicleta en un pie de taller.

Contratuerca

Orificio de servicio

1 **Usa el mando de cambio** para seleccionar la primera marcha. Localiza el «orificio de servicio» en el portacables e inserta una llave Allen para rotar el portacables; así, el cable del cambio quedará flojo.

Tornillo de fijación del cable

Punto de montaje

Portacables

2 **Mientras sujetas en su sitio el portacables** con la llave Allen, usa la otra mano para retirar el tornillo de fijación del punto de montaje en el portacables. Si está duro, aflójalo con unos alicates.

Cuerpo del buje

Tope de la funda

Funda del cable

3 **Tira del cable** hacia la parte delantera del buje y luego libera el extremo de la funda del cable del tope situado en el cambio. Deja el cable bien separado de la rueda.

Pestaña de cierre rápido

Pinza de freno

Gira las contratuercas de la rueda hacia la izquierda para aflojarlas.

4 **Abre la pinza del freno trasero** según corresponda al tipo instalado en tu bici (pp. 112-117). Afloja las contratuercas de la rueda con una llave fija, pero sin quitarlas por completo de la rueda.

Puntera trasera

Buje trasero

Contratuerca

5 **Libera la rueda** de las punteras traseras y levanta la cadena del buje trasero. Deja la cadena apoyada en el cuadro. Sujeta la rueda con una mano mientras levantas el cuadro con la otra.

Consejo de taller: Cuando vuelvas a apretar las contratuercas, utiliza una herramienta que puedas llevar contigo al salir. Así podrás ajustar la rueda en ruta si es necesario.

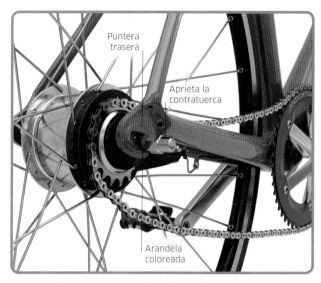

Puntera trasera

Aprieta la contratuerca

Arandela coloreada

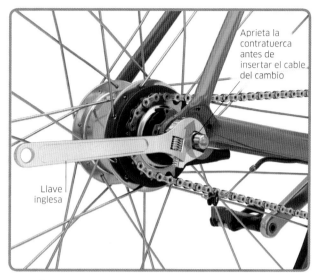

Aprieta la contratuerca antes de insertar el cable del cambio

Llave inglesa

6 Repón la rueda acoplando el eje a las punteras, asegurándote de que las arandelas coloreadas quedan por fuera del cuadro. Monta la cadena en el buje y aprieta a medias las contratuercas de la rueda.

7 Alinea la rueda de forma que rote centrada dentro del cuadro, y colócala de modo que la cadena engrane por completo en el buje. Asegura bien las contratuercas con una llave inglesa.

Rota el portacables con una llave Allen

Una vez colocada la rueda, ajusta la pinza de freno

8 Reacopla el cable del cambio asegurando la funda en su tope. Rota el portacables en dirección al tope y luego inserta el tornillo de fijación en el punto de montaje (pasos 1 a 3 en orden inverso).

9 Asegúrate de que el giro de la rueda es uniforme y reajusta la pinza de freno según el tipo que uses. Prueba las marchas: si no cambian limpiamente, tendrás que ajustarlas (pp. 152-153).

▶ REEMPLAZAR UNA CUBIERTA
Cubierta con cámara

En caso de pinchazo, ya sea por un «pellizco» en la cámara o por una perforación con un objeto punzante, deberás retirar y recolocar la cubierta, o reemplazarla. Asimismo, deberías reemplazar la cubierta si la sección central está gastada o si se deshilachan los flancos.

🔧 ANTES DE EMPEZAR

- Retira la rueda de la bicicleta (pp. 78-83).
- Retira la cubierta vieja (pp. 48-49).
- Despliega la cubierta nueva y tira de ella para darle forma.
- Revisa que la cámara esté en buen estado y que la válvula no esté torcida.
- Revisa la cinta fondo de llanta; si está estropeada, cámbiala.
- Verifica que la cubierta sea del ancho y el tamaño apropiados.

1 Ajusta una pared de la cubierta en la rueda, empujando el flanco sobre la llanta por un lado y remetiéndolo por toda la rueda. Si va muy justo, usa un desmontable para apalancar el flanco sobre la llanta.

2 Alinea la cubierta al otro lado del hueco, empujando el flanco hacia el extremo opuesto de la llanta; así creas espacio para la cámara. Ve rotando la cubierta, empujándola en todo el diámetro de la rueda.

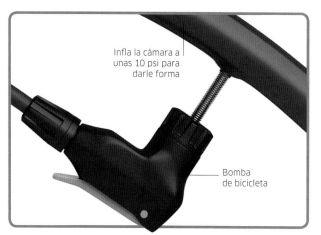

3 Quita la capucha de la válvula y la tuerca de retención de la cámara, e ínflala parcialmente: lo justo para que tome su forma. No infles la cámara en exceso, o te será difícil meterla en la cubierta.

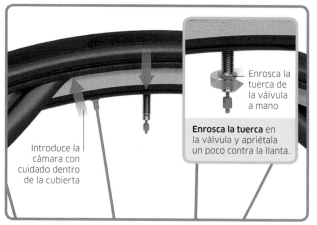

4 Inserta la válvula de la cámara en el orificio de la llanta de modo que quede recta. Actuando a ambos lados de la válvula, mete una pequeña sección de cámara en la cubierta. Aprieta la tuerca de la válvula.

HERRAMIENTAS Y EQUIPAMIENTO

■ Cinta fondo de llanta
■ Desmontable
■ Bomba de aire

Consejo de taller: Procura acabar de encajar la cubierta en el lado opuesto al de la válvula; así te resultará más fácil apalancar el flanco en el borde de la llanta.

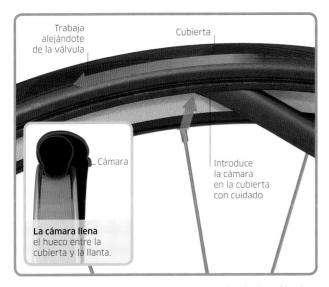

Trabaja alejándote de la válvula

Cubierta

Cámara

Introduce la cámara en la cubierta con cuidado

La cámara llena el hueco entre la cubierta y la llanta.

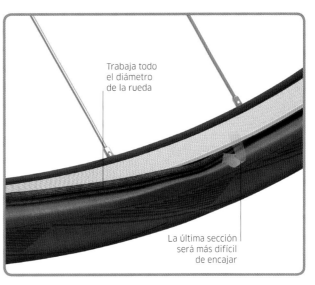

Trabaja todo el diámetro de la rueda

La última sección será más difícil de encajar

5 **Trabajando en ambas direcciones** desde la válvula, remete la cámara en la cubierta de forma que se asiente en el hueco entre esta y la llanta. La cámara no debe quedar retorcida ni doblada en ningún punto.

6 **Remete el otro flanco** de la cubierta en la llanta; no pellizques ni retuerzas la cámara al hacerlo. Si la cubierta va muy dura para encajarla a mano, usa desmontables con cuidado. Desinfla la cámara.

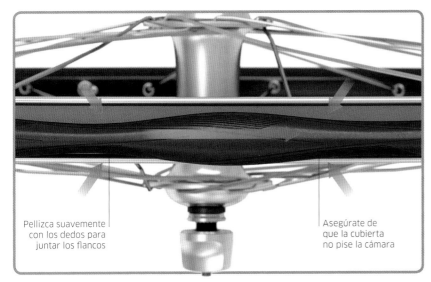

Pellizca suavemente con los dedos para juntar los flancos

Asegúrate de que la cubierta no pise la cámara

7 **Una vez encajada la cubierta**, recórrela apretando los flancos para dejar a la vista la cinta fondo de llanta y comprobar que la cámara no quede pinzada entre la llanta y el flanco (lo que causaría un «pellizco»); si está pinzada en algún punto, remueve la cubierta para liberarla.

8 **Infla la cámara** a la presión correcta -normalmente está impresa en la cubierta- y recoloca la rueda en la bicicleta (pp. 78-83).

▶ REEMPLAZAR UNA CUBIERTA
Cubierta sin cámara

Las cubiertas sin cámara *(tubeless)*, montadas a menudo en bicis todoterreno, encajan firmemente en la llanta sin necesidad de cámara, reduciendo así el riesgo de pinchazo. Si la cubierta se perfora, un sellante en su interior se seca al instante en el corte, evitando que la cubierta se desinfle.

🔧 ANTES DE EMPEZAR

- Asegúrate de que rueda y cubierta sean compatibles *tubeless*.
- Despliega la cubierta nueva y tira de ella para darle forma.
- Retira la rueda de la bicicleta (pp. 78-83).
- Retira la cubierta vieja de la rueda (pp. 48-49).

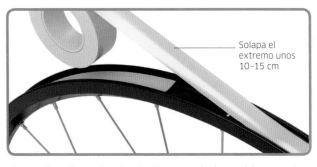

Solapa el extremo unos 10-15 cm

2 **Aplica cinta fondo de llanta *tubeless*** al hueco de la llanta, cubriendo los agujeros de los radios y la válvula. Tensa la cinta de modo uniforme; al hacerlo, asegúrate de que llega a los bordes y no tiene arrugas.

Limpia a fondo con un limpiador a base de alcohol

Localiza el orificio de la válvula

Orificio de la válvula

3 **Localiza el orificio de la válvula** y perfora con cuidado la cinta con un cúter u otro objeto afilado para poder pasar la válvula a través de ella. Procura no hacer un agujero demasiado grande.

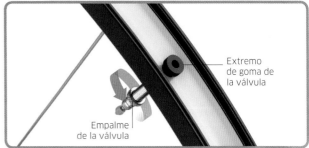

Extremo de goma de la válvula

Empalme de la válvula

1 **Si la rueda es compatible *tubeless*,** pasa al paso 5 directamente. Si no, quita la cinta fondo de llanta y retira cualquier residuo y grasa de la llanta con un limpiador a base de alcohol.

4 **Retira el empalme de la válvula,** pasa esta a través del orificio y fija el extremo de goma a la cinta de la llanta. Repón el empalme de la válvula por el interior de la rueda y apriétalo hasta fijarlo a la llanta.

Consejo de taller: Después de aplicar sellador a la cubierta e inflarla, sumerge la rueda en agua jabonosa. Espera 10-20 segundos y revisa los puntos donde el agua haya hecho burbujas: estas indican escapes en la cubierta.

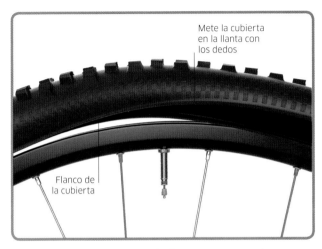

Mete la cubierta en la llanta con los dedos

Flanco de la cubierta

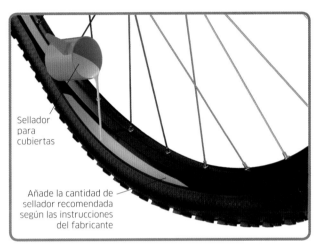

Sellador para cubiertas

Añade la cantidad de sellador recomendada según las instrucciones del fabricante

5 **Monta la cubierta** en la llanta a mano: el uso de desmontables puede dañar la cinta. Una vez encajada, ínflala a 100 psi y sumerge la rueda en agua jabonosa templada para localizar pérdidas.

6 **Para sellar la cubierta**, desínflala por completo abriendo la válvula. Luego, apalanca con los dedos una pequeña sección hacia un lado de la llanta y vierte en el hueco sellador para cubiertas.

Una vez encajada la cubierta, rota la rueda

Encaja la cubierta

Infla la cubierta con una bomba o un compresor de aire

Al inflarla, la cubierta encajará a presión en la llanta

7 **Vuelve a encajar** la cubierta con los dedos, y luego rota la rueda varias veces para extender el sellador por su interior.

8 **Infla la cubierta** a 90 psi. Luego cuelga la rueda con la válvula en la posición horaria de las 8 para que se asiente.

VARIACIONES

Ciertas marcas de sellador permiten inyectarlo directamente en la cubierta a través de la válvula usando una jeringa.

- Sigue los pasos 1 a 5 para ajustar la cubierta, y luego desínflala por completo.

- Sigue las instrucciones del fabricante y llena la jeringa con la cantidad de sellador recomendada.

- Conecta el extremo de la jeringa a la válvula abierta e inyecta el sellador. Rota la cubierta para extender el sellador.

- Desconecta la jeringa e infla la rueda (paso 8).

Tensar radios flojos

Con el tiempo, los radios de tu bici pueden aflojarse, haciendo que las ruedas pierdan su forma. El centrado o rectificado de las ruedas se logra ajustando la tensión de los radios sobre la llanta. La tensión uniforme de los radios es clave para la fuerza e integridad de una rueda; puedes ajustarla apretando o aflojando las cabecillas de los radios.

 ANTES DE EMPEZAR

- Asegura la bicicleta en un pie de taller para poder girar la rueda libremente.
- Asegúrate de disponer de una llave de radios del tamaño correcto.

Pinza de freno

Sujeta un destornillador o un lápiz junto a la llanta

2 **Apoya un destornillador** o un lápiz contra la pinza de freno y gira la rueda. Observa en qué zonas la llanta toca el objeto y marca la llanta con tiza. Repite la operación en el otro lado de la llanta.

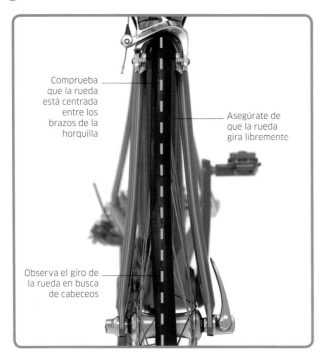

Comprueba que la rueda está centrada entre los brazos de la horquilla

Asegúrate de que la rueda gira libremente

Observa el giro de la rueda en busca de cabeceos

Los radios flojos se flexionan con facilidad

1 **Sitúate frente a la rueda** y comprueba que está centrada en la horquilla. Ajústala si es necesario (pp. 78-79). Gira la rueda y, mirándola de frente, comprueba si cabecea hacia los lados.

3 **Presiona los radios** cercanos a las marcas de tiza para ver si alguno está más flojo que los demás. Los radios en lados opuestos de la llanta compensan mutuamente su tensión, así que deberás ajustar ambos.

HERRAMIENTAS Y EQUIPAMIENTO

- Pie de taller
- Destornillador o lápiz
- Llave de radios
- Tiza
- Goma elástica
- Alambre
- Tijeras
- Aceite penetrante

Consejo de taller: Si alguna cabecilla ofrece resistencia al giro, no la fuerces, ya que el radio podría romperse. Rocíala con aceite penetrante, espera unos minutos y prueba de nuevo. Repite si es necesario.

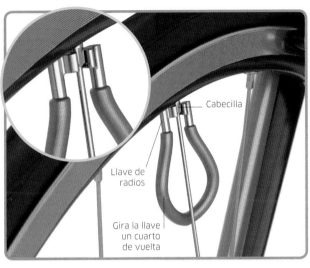

Cabecilla

Llave de radios

Gira la llave un cuarto de vuelta

Gira la rueda

4 **Si la rueda cabecea** hacia un lado al girar, afloja la cabecilla del radio de ese lado girándola en sentido horario, y aprieta el radio flojo en el lado opuesto de la llanta girando la cabecilla en sentido antihorario.

5 **Acerca un destornillador** o un lápiz y gira la rueda por si sigue cabeceando. Ajusta 2 o 3 radios cada vez para evitar una tensión desigual. Trabaja alrededor de la rueda, aflojando y apretando.

Gira la cabecilla con una llave de radios

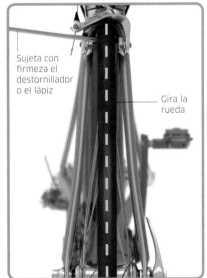

Sujeta con firmeza el destornillador o el lápiz

Gira la rueda

PRUEBA DE RUEDA

Al revisar el centrado de la rueda, es importante que sujetes con firmeza el destornillador o el lápiz; si se mueve mientras la rueda gira, no serás capaz de ver dónde se desvía. Si no puedes sujetarlo con firmeza, prueba lo siguiente:

- Sujétalo bien a la pinza de freno con una goma elástica. Tendrás que volver a sujetarlo cada vez que repases la rueda.

- Ata un alambre a la pinza y ténsalo. Corta el extremo lo justo para que no toque la llanta. Esto también precisará un reajuste posterior.

6 **Gira la llave de radios** en incrementos muy cortos. Cualquier ajuste, por ligero que sea, afectará al resto de la rueda.

7 **Con el destornillador** o el lápiz en su sitio, asegúrate de que la rueda gira recta. Reajusta si es preciso.

Bujes

El buje, en el centro de la rueda, está compuesto por un eje, un cuerpo y dos pestañas. El eje va fijado al cuadro por las punteras. El cuerpo contiene los rodamientos, que le permiten rotar en torno al eje. Las pestañas de cada extremo del eje tienen unos orificios para sujetar los radios. El número de orificios para radios en el buje se corresponde con el de la llanta de la rueda; tradicionalmente son 28, 32 o 36. Cuanto mayor sea la cantidad de radios, más resistente será la rueda, pero también será más pesada. Los bujes pueden ser de acero, aleación de aluminio mecanizado o fibra de carbono. Los de gama alta usan rodamientos sellados con retenes adicionales para mantener un giro suave durante más tiempo.

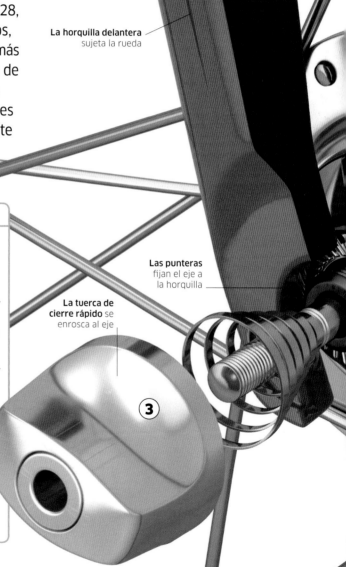

La horquilla delantera sujeta la rueda

Las punteras fijan el eje a la horquilla

La tuerca de cierre rápido se enrosca al eje

(3)

PARTES EN DETALLE

El buje permite a la rueda girar. Se fija al cuadro por el eje, y se conecta con la llanta mediante los radios.

(1) El **eje** atraviesa el buje. Tiene extremos roscados, en los que se enroscan una tuerca cónica y una contratuerca para mantenerlo en posición.

(2) Los **rodamientos**, en el cuerpo del buje, permiten el giro libre de la rueda. Pueden estar dentro de un cartucho sellado o sueltos en pistas de rodamiento. Deberías revisarlos regularmente (pp. 92–95).

(3) El **mecanismo de cierre rápido**, que atraviesa el centro del eje, permite retirar la rueda rápidamente sin herramientas.

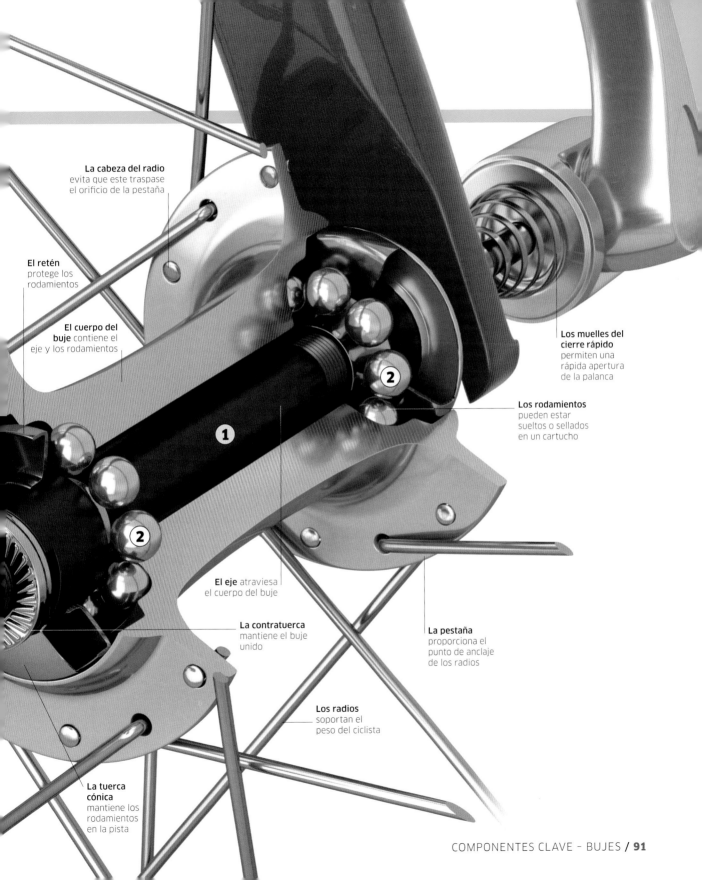

La cabeza del radio
evita que este traspase
el orificio de la pestaña

El retén
protege los
rodamientos

**El cuerpo del
buje** contiene el
eje y los rodamientos

**Los muelles del
cierre rápido**
permiten una
rápida apertura
de la palanca

Los rodamientos
pueden estar
sueltos o sellados
en un cartucho

El eje atraviesa
el cuerpo del buje

La contratuerca
mantiene el buje
unido

La pestaña
proporciona el
punto de anclaje
de los radios

Los radios
soportan el
peso del ciclista

**La tuerca
cónica**
mantiene los
rodamientos
en la pista

▶ MANTENIMIENTO DE RODAMIENTOS
Rodamientos sellados

Los rodamientos suelen alojarse dentro de los bujes y requieren herramientas especiales para sustituirlos. Con ellas puedes ocuparte de su mantenimiento, y deberías hacerlo regularmente para evitar su desgaste y prolongar su vida. Mantener un buje implica limpiar y engrasar los rodamientos. Un buje de rodamientos sellados se mantiene cerrado por la horquilla, y debería abrirse al retirarlo. Tus rodamientos necesitan atención si notas las ruedas rasposas al pedalear, o si hacen un ruido rechinante.

Mecanismo de cierre rápido

🔧 ANTES DE EMPEZAR

- Prepara un espacio despejado para dejar los componentes.
- Asegura la bicicleta en un pie de taller.

1 Quita la rueda de la bicicleta (pp. 78-83) abriendo la palanca de cierre rápido o aflojando los tornillos de retención. Afloja la pinza de freno y libera la rueda del cuadro.

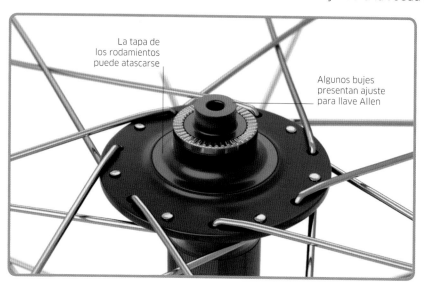

La tapa de los rodamientos puede atascarse

Algunos bujes presentan ajuste para llave Allen

2 Cuando la rueda esté libre de la horquilla, desprende la tapa a presión de los rodamientos. Si está atascada, apalanca con precaución con un destornillador de punta plana (algunas de estas tapas tienen un ajuste para llave Allen; en ese caso, usa una para sacarla).

3 Alza la tapa de los rodamientos para exponer el retén que cubre el cartucho sellado. Limpia la tapa antes de recolocarla.

HERRAMIENTAS Y EQUIPAMIENTO

- Pie de taller
- Destornillador de punta plana
- Juego de llaves Allen
- Desengrasante y paño
- Pistola de grasa

Consejo de taller: Si no estás seguro de la necesidad de mantenimiento de los rodamientos de tus ruedas, gira cada una de ellas mientras acercas el oído al sillín: cualquier ruido procedente del buje será amplificado a través del cuadro de la bici.

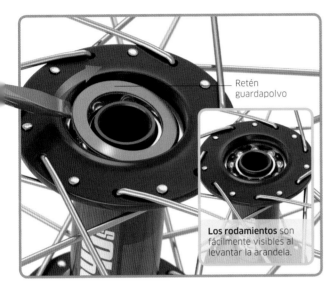

Retén guardapolvo

Los rodamientos son fácilmente visibles al levantar la arandela.

4 **Utiliza una herramienta de hoja fina**, como un destornillador, para levantar el retén y exponer los rodamientos. Ten cuidado de no dañar el borde del retén, pues eso podría restarle eficacia al reponerlo.

PARTES EN DETALLE

Un típico buje con rodamientos sellados tiene una tapa en cada extremo, sujeta por compresión.

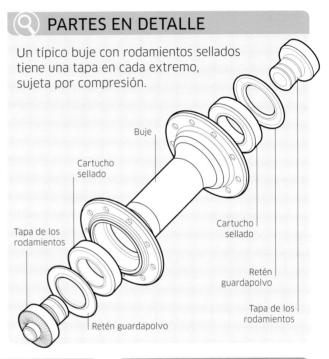

Buje

Cartucho sellado

Cartucho sellado

Tapa de los rodamientos

Retén guardapolvo

Tapa de los rodamientos

Retén guardapolvo

Boquilla del desengrasante

5 **Rocía los rodamientos** con desengrasante, haciéndolos girar al mismo tiempo. Elimina la grasa vieja y el polvo con un paño.

Pistola de grasa

6 **Una vez seco el cartucho**, cubre los rodamientos con una ligera capa de grasa. Recoloca el retén guardapolvo.

7 **Pon la tapa de los rodamientos** y repite los pasos 2 a 6 en el otro lado del buje. Reajusta la rueda, comprobando que gire libremente.

Rodamientos de bolas y conos

Los ruidos, el giro lento o la holgura en el eje son signos de desgaste en los rodamientos de una rueda. Reemplazar los rodamientos del buje una vez al año prolongará la vida de buje y rueda. Hay muchas marcas de rodamientos, pero todos se ajustan de forma similar.

🔧 ANTES DE EMPEZAR

- Consulta el manual de tu bicicleta para confirmar qué tipo de buje tiene.
- Selecciona el tamaño correcto de llave fija para el buje.
- Consigue rodamientos de repuesto del tamaño correcto.
- Retira la pinza de freno delantera (pp. 112-117).

Desenrosca la tuerca de cierre rápido

Abre la palanca de cierre rápido

1 **Retira la rueda delantera** de la bici abriendo el mecanismo de cierre rápido (pp. 78-79) o aflojando las tuercas de retención con una llave. Deja la rueda sobre una superficie lisa.

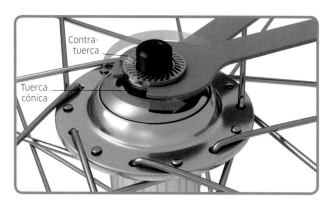

Contra- tuerca

Tuerca cónica

2 **Mientras sujetas la tuerca cónica** con una llave, desenrosca con otra la contratuerca. Retira esta última, así como arandelas o espaciadores, si los hubiera, anotando el orden en que iban colocados.

El retén protege los rodamientos

3 **Con la contratuerca retirada**, desenrosca la tuerca cónica para exponer el retén que protege los rodamientos en su interior.

Saca el eje para acceder a los rodamientos

4 **Dejando el cono** del otro extremo del eje en su sitio, tira del eje a través del buje y sácalo por completo.

Retira el retén

5 **Comprueba si puedes apalancar** el retén para acceder a los rodamientos. Sácalo con un destornillador de punta plana.

HERRAMIENTAS Y EQUIPAMIENTO

- Llaves fijas
- Destornillador de punta plana
- Imán
- Desengrasante
- Paño
- Grasa
- Pinzas

🔍 PARTES EN DETALLE

Los rodamientos de bolas y conos tienen componentes similares en todas las marcas.

Cuerpo del buje · Rodamientos · Eje · Retén · Tuerca de cierre · Muelle espiral · Contratuerca · Tuerca cónica

Palanca de cierre rápido · Muelle espiral · Contratuerca · Tuerca cónica · Retén · Rodamientos

Limpia el interior del buje con un paño y desengrasante. Busca desgaste y daños.

6 **Si no puedes retirar el retén**, saca los rodamientos con un imán. Cuéntalos y mételos en un recipiente. Repite la operación con los rodamientos del otro lado del buje.

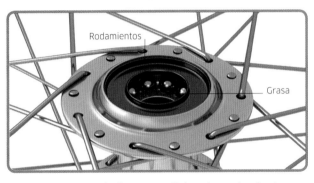

Rodamientos · Grasa

7 **Engrasa una de las superficies** de rodamiento y repón los rodamientos usando unas pinzas; comprueba que sea la misma cantidad que sacaste. Gira la rueda y repite en el otro lado del buje.

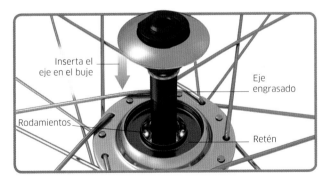

Inserta el eje en el buje · Eje engrasado · Rodamientos · Retén

8 **Inserta el eje** en el cuerpo del buje, reponiendo cualquier espaciador o arandela en el orden correcto; procura que no se salga ningún rodamiento. Recoloca la tuerca cónica apretándola con los dedos.

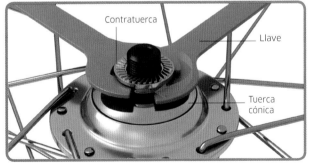

Contratuerca · Llave · Tuerca cónica

9 **Con dos llaves fijas**, invierte el proceso del paso 2, apretando la contratuerca a la tuerca cónica. No aprietes de nuevo la propia tuerca: esto impediría el giro libre de la rueda y puede machacar los rodamientos.

FRENOS

Frenos

Todos los sistemas de frenado funcionan igual: al ser activadas, las zapatas de freno presionan una parte de la rueda produciendo fricción y decelerando la bicicleta. La presión se aplica en la llanta (doble pivote, *cantilever*, tiro central, *V-brake*) o en el buje (freno de disco). Aunque su función básica es la misma, los distintos sistemas tienen sus pros y sus contras. Un freno de disco

TIPO	IDONEIDAD	FUNCIONAMIENTO
DE DOBLE PIVOTE También llamado freno de mordaza, es el freno accionado por cable más popular, y se ha usado durante más de 45 años. Los sistemas de doble pivote son fiables y ligeros; en particular, más ligeros que los de disco.	■ **Ciclismo de carretera**, desde carreras hasta entrenamiento. ■ **Bicis de carretera** ligeras. ■ **Uso en condiciones** cálidas y secas. ■ **El limitado paso de rueda** excluye su uso en bicis todoterreno.	■ **El cable tira** hacia arriba del brazo de la pinza para poner en contacto las zapatas con la llanta. ■ **Los frenos de doble pivote** modernos ejercen más presión que los tradicionales de pivote simple.
DE DISCO Adoptados universalmente para el ciclismo de montaña, estos frenos son cada vez más comunes en las bicicletas de carretera. Los sistemas de alta calidad suelen ser hidráulicos, mientras que los económicos usan una activación por cable más sencilla.	■ **Tanto carretera como todoterreno**, en especial en condiciones de humedad y barro, o para transporte de cargas. ■ **Ciclocross** o gravel. ■ **Uso invernal** o con meteorología adversa.	■ **En el buje**, pistones situados a uno o ambos lados de la rueda empujan las pastillas sobre el disco. ■ **Se acciona por cable** (sistemas mecánicos) o por presión hidráulica producida por un fluido dentro de un latiguillo conectado a la maneta de freno.
V-BRAKE Montados a menudo en bicis híbridas y urbanas, tándems y todoterreno antiguas, los frenos *V-brake* o de tiro lineal son muy potentes. Algunas bicis de carretera y contrarreloj también usan versiones especiales de estos frenos.	■ **Gran variedad de usos**, incluidas las bicis urbanas, todoterreno y tándems, ya que los largos brazos de la pinza proporcionan una considerable fuerza de frenado. ■ **Ciclismo todoterreno**, pues los brazos largos permiten el encaje de cubiertas gruesas.	■ **Los dos largos brazos con resorte** de la pinza están montados sobre cubos en la horquilla, y actúan sobre la llanta. ■ **Al activar el freno**, la funda del cable empuja un brazo mientras el cable interior, que pasa sobre el neumático, tira del otro.
CANTILEVER / DE TIRO CENTRAL Los sistemas *cantilever* derivan de un diseño de frenos con casi un siglo de tradición. Son populares entre los ciclistas de ciclocross debido a su simplicidad y poco peso, y porque permiten un mayor paso de rueda.	■ **Ciclocross de competición**, donde siguen siendo populares pese a la creciente disponibilidad y la eficacia de los frenos de disco. ■ **Bicis de cicloturismo**, ya que permiten el uso de cubiertas grandes.	■ **Los frenos *cantilever* y de tiro central** funcionan del mismo modo: un cable transversal, «a horcajadas» sobre dos brazos de pinza, tira de ellos hacia arriba. ■ **Ambos tipos actúan mediante cables** conectados a las manetas de freno.

proporciona un poder de parada casi inmediato, pero cargará tu bici con más peso que uno de doble pivote. De forma similar, los frenos *V-brake* son muy potentes, pero corres el riesgo de voltear la bici si frenas en seco a gran velocidad. También debes considerar que algunos sistemas, como los de disco hidráulicos, pueden requerir un mantenimiento más frecuente.

COMPONENTES CLAVE

- **Los de doble pivote** se componen de pinza, zapatas, tensores y palanca de cierre rápido.
- **Se conectan por cables** a las manetas de freno fijadas al manillar.

- **Discos o rotores** que se fijan a los bujes de la rueda.
- **Pinzas** que activan los discos.
- **Cables o latiguillos hidráulicos** que van a las manetas.

- **Los brazos de la pinza** van fijados a la horquilla delante y al tirante detrás.
- **Los cables** son accionados por las manetas fijadas al manillar plano.
- **Palanca de cierre rápido** para la guía del cable (pipa) sobre los brazos.

- **Los frenos *cantilever*** tienen los brazos fijados a cubos en la horquilla, y una «percha» o cable de enlace.
- **Los de tiro central** tienen brazos cruzados conectados a un soporte central por encima de la rueda.

POSICIÓN

- **El freno delantero** suele ir unido a la corona de la horquilla y el trasero, a un puente de freno en el tirante.
- **Un perno roscado** por detrás del freno queda fijado con un tornillo Allen embutido.

- **Los discos están** en el centro y a un lado de la rueda.
- **Las pinzas se fijan** al extremo inferior de una barra de la horquilla en la rueda delantera, y al triángulo posterior del sillín y la vaina en la trasera.

- **Los frenos *V-brake*** normalmente se fijan en lo alto de la horquilla delante, y del tirante detrás.
- **Los de tipo «aero»** se colocan a ras de las barras de la horquilla delante, y detrás del eje de pedalier detrás.

- **Los frenos *cantilever*** solo se pueden acoplar a bicis con cubos roscados en la parte superior de las barras de la horquilla y en lo alto del tirante.
- **Los de tiro central** se fijan mediante un tornillo central en la corona de la horquilla y en el puente superior del tirante.

AJUSTES

- **Las zapatas se pueden abrir o cerrar** con el tensor.
- **Los frenos de doble pivote** se pueden centrar con un tornillo embutido en la pinza.
- **El ángulo de las zapatas** se puede ajustar en una arandela cóncava.

- **Los frenos de disco hidráulicos** no suelen necesitar ajustes; los pistones en la pinza mantendrán la pastilla cerca del disco de forma automática.
- **Las pastillas de los frenos de disco mecánicos** pueden precisar que las acerques al disco a medida que se gastan.

- **Los brazos de la pinza** se pueden abrir y cerrar mediante un pequeño tornillo de ajuste en el resorte donde el brazo se fija al cubo de montaje.
- **El cierre rápido** en el extremo del cable desacopla un brazo de la pinza por completo.

- **Los frenos se ajustan** en los tornillos que sujetan los brazos o (en frenos de tiro central) en el estribo que enlaza el cable de freno y el de la horquilla.
- **Algunos *cantilever*** permiten el afinado mediante un prisionero en el propio brazo.

Frenos de llanta

Los frenos de llanta aplican unas zapatas de caucho a los laterales de las llantas de las ruedas para crear fricción y reducir la velocidad de la bicicleta. Cuando aprietas la maneta de freno, el cable de freno se tensa, cerrando los brazos del freno; cuando sueltas la maneta, un potente resorte vuelve a abrir los brazos. Muchas bicis de carretera actuales usan frenos de doble pivote, que ejercen una presión mayor que los de pivote simple. Los frenos *cantilever* y *V-brake* tienen pares de brazos independientes; los verás en bicis de montaña, de ciclocross y de cicloturismo, ya que ofrecen más poder de frenada y mayor paso de rueda.

El tensor se puede girar para hacer ajustes menores del cable

Superficie de frenado de la llanta

PARTES EN DETALLE

Los frenos de llanta pueden ser pinzas con brazos gemelos que rotan en torno a un pivote doble o único, o brazos de freno montados en las barras de la horquilla.

(1) Las **zapatas** presionan la llanta para retener la rueda. Están hechas de compuestos basados en el caucho; hay tipos específicos para llantas de carbono o cerámicas.

(2) Las pinzas de freno van montadas en **puntos de pivote** que permiten mover los brazos y hacer palanca. Los sistemas modernos llevan dos pivotes.

(3) Los **brazos** presionan las zapatas contra la superficie de frenado. Hay distintos mecanismos, adecuados para bicis de carretera o todoterreno.

(4) Los frenos de pivote tienen un solo **tornillo de fijación** del freno al cuadro. Los frenos *cantilever* y *V-brake* tienen un tornillo para cada brazo.

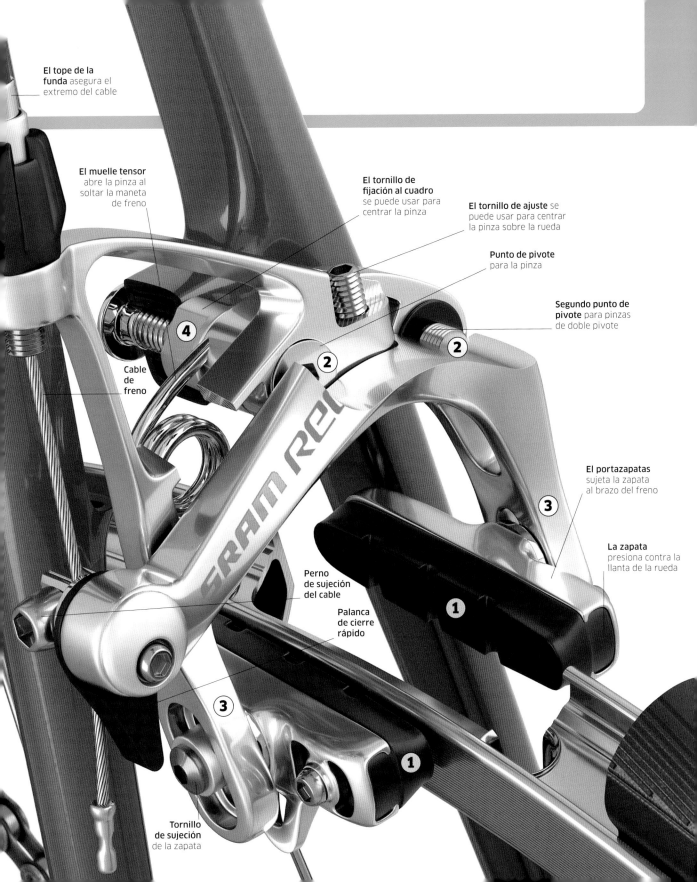

El tope de la **funda** asegura el extremo del cable

El **muelle tensor** abre la pinza al soltar la maneta de freno

El **tornillo de fijación al cuadro** se puede usar para centrar la pinza

El **tornillo de ajuste** se puede usar para centrar la pinza sobre la rueda

Punto de pivote para la pinza

Segundo punto de pivote para pinzas de doble pivote

Cable de freno

El **portazapatas** sujeta la zapata al brazo del freno

La zapata presiona contra la llanta de la rueda

Perno de sujeción del cable

Palanca de cierre rápido

Tornillo de sujeción de la zapata

Manillar de ruta

Los cables de freno se desgastan y estiran con el tiempo, reduciéndose el poder de frenada. Correctamente ajustados, deberían permitirte girar el manillar por completo en ambas direcciones, y frenar con firmeza sin holguras ni vibraciones al apretar las manetas.

ANTES DE EMPEZAR

- Consulta tu manual de usuario para saber los valores de par de apriete correctos de los pernos de sujeción del cable.
- Revisa el recorrido existente del cable para buscar sectores con tamaño incorrecto.
- Anota el recorrido actual del cable.
- Adquiere los cables adecuados para tu bici.

Perno de sujeción

Terminal del cable

1 **Corta con un cortacables** el terminal del cable existente para que el extremo del cable cortado salga con facilidad de su abrazadera.

2 **Abre la palanca de cierre rápido** y afloja la abrazadera del cable en la pinza con una llave Allen. Libera el cable.

Retira la cinta aislante

Desenrolla la cinta del manillar

3 **Desenrolla la cinta del manillar** para exponer la funda del cable. Suelta el cable del manillar cortando con un cúter la cinta que lo sujeta.

Soporte del cable de freno

Cable de freno

Maneta de freno

La ubicación del soporte del cable puede variar según la marca.

4 **Aprieta la maneta de freno** para exponer el soporte del cable, y tira del extremo del cable con unos alicates. Quizá debas plegar hacia delante la caperuza de la maneta para acceder al cable.

Libera la funda de los soportes del cuadro

5 **Libera el cable** por completo, trabajando en dirección a las manetas. Retira todos los tramos de funda, anotando dónde iba cada uno.

HERRAMIENTAS Y EQUIPAMIENTO

- Cortacables
- Juego de llaves Allen
- Alicates y cúter
- Funda de cable
- Cinta aislante
- Cinta de manillar

Consejo de taller: Lubricar el cable durante la instalación lo protege del agua y la corrosión, y permite que se deslice con suavidad durante más tiempo. Échate un poco de lubricante seco en los dedos y haz correr el cable entre ellos para extenderlo.

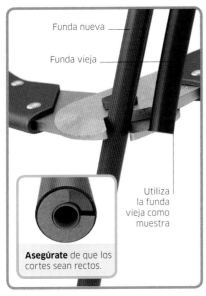

Funda nueva

Funda vieja

Utiliza la funda vieja como muestra

Asegúrate de que los cortes sean rectos.

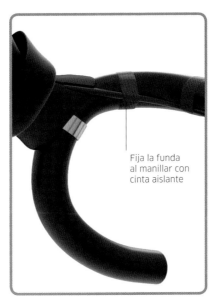

Fija la funda al manillar con cinta aislante

Soporte del cable

Presiona la maneta para exponer el soporte

6 **Corta tramos nuevos** de funda, usando las secciones de la vieja como plantilla. Para asegurar un corte limpio, no cortes en bisel.

7 **Sujeta la funda nueva** al manillar con cinta, siguiendo la trayectoria original, y ajusta la cinta de manillar sobre ella (pp. 62-63).

8 **Pasa cable nuevo** por el soporte del cable de freno en el mecanismo de la maneta; luego mételo a lo largo de la funda nueva.

Los terminales de cable encajan en los puntos de montaje

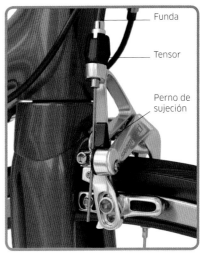

Funda

Tensor

Perno de sujeción

9 **Continúa introduciendo cable** en la funda a lo largo de la bici en dirección a los frenos. Ajusta los topes de funda donde sea necesario. Si el cable se atasca, no lo fuerces. Asegúrate de que el cable tenga bastante holgura para poder girar con libertad el manillar.

10 **Asegura el extremo** del cable a los frenos, según el tipo que tengas, y luego ajústalos (pp. 112-117).

▶ INSTALACIÓN DE CABLES DE FRENO
Manillar recto

Montar los cables de freno en un manillar recto es más sencillo que hacerlo en uno de ruta (pp. 102-103), pues el acceso a los cables es más fácil. El desgaste y los daños en los cables son más frecuentes en las bicicletas todoterreno, así que necesitarás reemplazarlos más a menudo.

(pp. 102-103)

🔧 ANTES DE EMPEZAR

- Adquiere cables nuevos adecuados para tu bici.
- Asegura la bicicleta en un pie de taller.
- Prepara un espacio en el que puedas extender los cables nuevos.
- Comprueba que las zapatas de freno estén en buen estado.

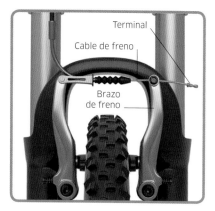

Terminal
Cable de freno
Brazo de freno

1 **Desengancha el cable** del brazo de freno, según el tipo que tengas (pp. 112-117). Corta el terminal del cable.

Ranura del cable
Gira el tensor

2 **Afloja el tensor** en la maneta de freno. Alinea las ranuras del tensor y del cuerpo de la maneta para liberar el cable.

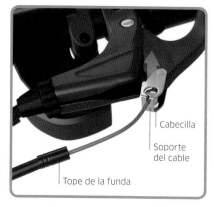

Cabecilla
Soporte del cable
Tope de la funda

3 **Aprieta la maneta** para exponer el soporte del cable. Separa el cable de las ranuras y libera la cabecilla del soporte.

Quita bridas y clips del cuadro
Retira cable y funda

4 **Anota la trayectoria original** antes de retirar el cable. Trabajando desde las manetas, tira del cable a través de la funda y desengancha cualquier sección de funda de los soportes del cuadro. Retira las bridas y conserva los clips que quieras reutilizar.

Cortacables
Funda nueva

Abre los extremos cortados de la funda con algo punzante.

5 **Corta la funda nueva** usando los tramos viejos como plantilla. Mete topes en los extremos de cada sección de funda nueva.

Consejo de taller: Antes de comprar cable de freno nuevo, comprueba qué tipo se recomienda para tu bici. El cable debe tener en un extremo la cabecilla adecuada para encajar en tus manetas de freno; en general, las todoterreno las usan cilíndricas, y las de carretera, de pera.

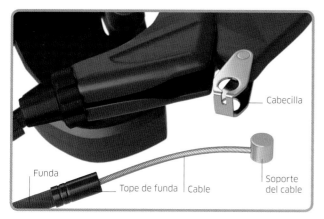

Cabecilla

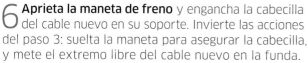

Funda
Tope de funda | Cable
Soporte del cable

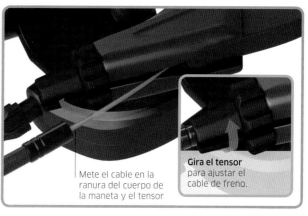

Mete el cable en la ranura del cuerpo de la maneta y el tensor

Gira el tensor para ajustar el cable de freno.

6 **Aprieta la maneta de freno** y engancha la cabecilla del cable nuevo en su soporte. Invierte las acciones del paso 3: suelta la maneta para asegurar la cabecilla, y mete el extremo libre del cable nuevo en la funda.

7 **Mete el cable** en la ranura del cuerpo de la maneta y el tensor. Presiona el tope de funda contra la ranura del tensor para introducirlo, y luego rota el tensor para bloquear la funda en su sitio.

La funda debe curvarse con suavidad, sin dobleces bruscos

Ajusta la funda en los soportes del cuadro

Corta el exceso de cable con un cortacables

Guía del cable

Aprieta la abrazadera con una llave Allen

Prensa un terminal sobre el extremo cortado del cable con unas tenazas.

8 **Trabajando en dirección a los frenos**, pasa el cable nuevo por el cuadro siguiendo la trayectoria original e introduciéndolo en las secciones de funda donde sea preciso. Repón los clips y las bridas.

9 **En la pinza de freno**, pasa el cable a través de la guía y el protector de goma, invirtiendo el paso 1: mete el cable en la abrazadera y aprieta el perno. Para ajustar el freno, consulta las pp. 112-117.

Los sistemas de freno hidráulicos suelen venir correctamente ajustados y listos para su uso, pero en algunos casos puede ser necesario cambiar o acortar un latiguillo. Los latiguillos también deberán sustituirse si resultan dañados o empiezan a tener pérdidas, lo que haría fallar los frenos.

ANTES DE EMPEZAR

- Asegura la bicicleta en un pie de taller.
- Limpia a conciencia las pinzas y las manetas de freno.
- Adquiere el latiguillo adecuado, líquido de frenos y un kit de purgado para tu sistema.
- Dispón los accesorios suministrados con el juego de latiguillos (pasos 4 a 6).
- Extiende un plástico, y ponte gafas y guantes.

Pinza de freno trasera

Maneta de freno

Pinza de freno delantera

Retira el pasador o perno de retención de la pastilla

Inserta un separador en la pinza (es parte del kit de purgado).

1 Mide cuánto latiguillo nuevo necesitarás tendiéndolo por el cuadro desde la maneta hasta la pinza de freno por la trayectoria del existente. Usa un cortamanguitos para cortarlo a la longitud adecuada.

2 Retira las pastillas de freno (pp. 120–121) para evitar que se contaminen con el líquido de frenos. Inserta un separador entre los pistones para impedir que se cierren cuando el sistema se rellene de líquido.

Tuerca de ajuste

Cubierta de goma

Maneta de freno

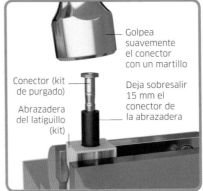

Golpea suavemente el conector con un martillo

Conector (kit de purgado)

Abrazadera del latiguillo (kit)

Deja sobresalir 15 mm el conector de la abrazadera

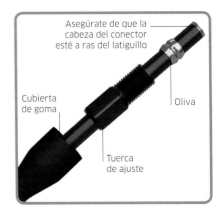

Asegúrate de que la cabeza del conector esté a ras del latiguillo

Cubierta de goma

Oliva

Tuerca de ajuste

3 Retira el latiguillo viejo: desliza hacia atrás la cubierta de goma en ambos extremos y desenrosca las tuercas de ajuste con una llave fija.

4 Encaja cada extremo del latiguillo nuevo en la abrazadera y sujétala en un tornillo de banco. Mete un conector en los extremos.

5 Prepara el extremo del latiguillo de la maneta ajustando en él la cubierta de goma, la tuerca de ajuste y la oliva, en ese orden.

HERRAMIENTAS Y EQUIPAMIENTO

- Pie de taller
- Kit de limpieza
- Juego de latiguillos
- Líquido de frenos
- Kit de purgado
- Plástico grande
- Gafas y guantes
- Cortamanguitos
- Juego de llaves fijas
- Tornillo de banco
- Martillo

¡Cuidado! Algunos sistemas de freno usan líquido DOT, que es corrosivo. Al aplicarlo, utiliza siempre guantes y gafas de seguridad, protege el cuadro con plásticos y limpia los derrames.

Mantén el latiguillo limpio para evitar contaminar el sistema de frenos

Tuerca de ajuste

Conector

La oliva se asienta por delante de la tuerca de ajuste

Tuerca de ajuste

Oliva

Punto de montaje

Aprieta bien la tuerca de ajuste, de modo que la oliva cree un sellado.

6 **Prepara el extremo del latiguillo** de la pinza del mismo modo que hiciste con el de la maneta (paso 5). Déjalo con cuidado en un lugar limpio hasta que lo necesites para que no se desajuste.

7 **Inserta el latiguillo nuevo** en el punto de montaje de la pinza y apriétalo con fuerza. Desliza la oliva y la tuerca de compresión latiguillo abajo. Enrosca la tuerca a la pinza con una llave fija.

Repón los clips del latiguillo donde sea necesario

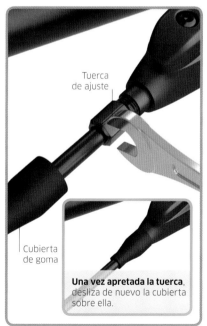

Tuerca de ajuste

Cubierta de goma

Una vez apretada la tuerca, desliza de nuevo la cubierta sobre ella.

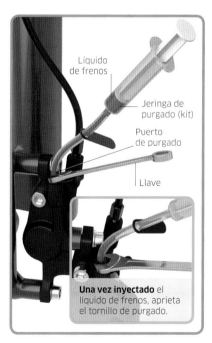

Líquido de frenos

Jeringa de purgado (kit)

Puerto de purgado

Llave

Una vez inyectado el líquido de frenos, aprieta el tornillo de purgado.

8 **Fija el latiguillo nuevo** a lo largo del cuadro. Asegúrate de que el manillar gire por completo en ambas direcciones sin retorcerlo.

9 **Inserta firmemente** el extremo del latiguillo en la maneta de freno. Aprieta la tuerca de ajuste con una llave, como en el paso 7.

10 **Inyecta líquido de frenos** por el puerto de purgado de la pinza hasta que el sistema esté lleno. Luego purga los frenos (pp. 108-109).

Purgado del sistema

Los frenos hidráulicos requieren un purgado para eliminar el aire del sistema, que puede entrar como resultado del mantenimiento, ajuste o reajuste de un latiguillo, o por filtración de humedad. El aire en los frenos hará que los notes esponjosos y reducirá su eficacia.

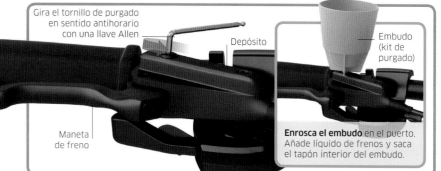

Gira el tornillo de purgado en sentido antihorario con una llave Allen

Depósito

Embudo (kit de purgado)

Maneta de freno

Enrosca el embudo en el puerto. Añade líquido de frenos y saca el tapón interior del embudo.

Desenrosca los tornillos de ajuste con una llave Allen

Separador (kit)

Pinza de freno

1 **Afloja y gira la maneta de freno** para que el depósito quede horizontal. Saca el tornillo de purgado del puerto del depósito. Enrosca el embudo al puerto. Vierte un poco de líquido en el embudo; usa guantes y gafas de seguridad si usas líquido DOT.

2 **Retira la pinza de freno** de la horquilla quitando los tornillos de ajuste. Deja la pinza colgando.

Aspira líquido de frenos con la jeringa

Manguito de purgado (kit)

Jeringa de purgado (kit)

Botella de líquido de frenos

Brida de soporte

Manguito

Sujeta la jeringa en vertical y presiona el émbolo.

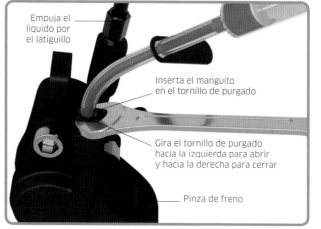

Empuja el líquido por el latiguillo

Inserta el manguito en el tornillo de purgado

Gira el tornillo de purgado hacia la izquierda para abrir y hacia la derecha para cerrar

Pinza de freno

3 **Inserta el manguito de purgado** en la jeringa y aspira líquido de frenos tirando del émbolo. Una vez llena, sujeta la jeringa en vertical para que cualquier burbuja que haya flote hacia el extremo del manguito.

4 **En la pinza de freno**, inserta el manguito de purgado en el tornillo. Abre el tornillo con una llave, inyecta líquido de frenos en la pinza y empújalo hasta el embudo de purgado en la maneta. Aprieta el tornillo de purgado.

¡Cuidado! Algunos sistemas de freno usan líquido DOT, que es corrosivo. Al aplicarlo, utiliza siempre guantes y gafas de seguridad, protege el cuadro con plásticos y limpia los derrames.

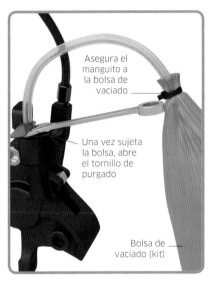

Asegura el manguito a la bolsa de vaciado

Una vez sujeta la bolsa, abre el tornillo de purgado

Bolsa de vaciado (kit)

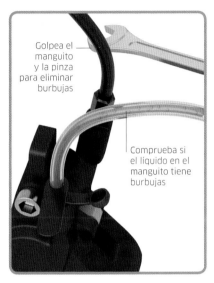

Golpea el manguito y la pinza para eliminar burbujas

Comprueba si el líquido en el manguito tiene burbujas

Líquido de frenos sobrante en el embudo

Aprieta con cuidado la maneta para evitar que el líquido salpique

5 **Deja el manguito** unido al tornillo de purgado y sustituye la jeringa por una bolsa de vaciado. Llena medio embudo con líquido de frenos.

6 **Presiona la maneta de freno** para llevar el líquido a la bolsa. Cuando el líquido del manguito quede sin aire, cierra el tornillo de purgado.

7 **Aprieta cuidadosamente** la maneta de freno unas pocas veces. Si la notas firme, has purgado con éxito el aire del sistema.

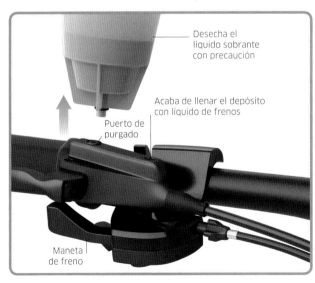

Desecha el líquido sobrante con precaución

Acaba de llenar el depósito con líquido de frenos

Puerto de purgado

Maneta de freno

Asegura la maneta de freno con una cinta

8 **Encaja el tapón** dentro del embudo de purgado y desenróscalo del puerto. Llena el depósito del todo con líquido y repón el tornillo de purgado. Reinstala la pinza de freno y devuelve la maneta a su posición.

9 **Si los frenos se notan** esponjosos, presiona la maneta y fíjala al manillar. Deja la bici erguida en el pie una noche para que el aire que pueda quedar en el sistema ascienda, y luego repite los pasos 1 a 8.

Sustituir zapatas

El frío y la humedad dañan las zapatas de freno. Cuando el polvo y el agua se mezclan, forman una pasta que desgasta gradualmente el caucho. Las zapatas gastadas hasta el portazapatas pueden provocar el fallo del freno y daños en la llanta. Un sonido rechinante al frenar indica que las zapatas se han gastado.

 ANTES DE EMPEZAR

- Asegura la bicicleta en un pie de taller.
- Desmonta la rueda (pp. 78-83). Cámbiala si los «puntos de desgaste» de la llanta han desaparecido.
- Afloja el tornillo de fijación de la zapata con aceite penetrante.

FRENOS DE DOBLE PIVOTE

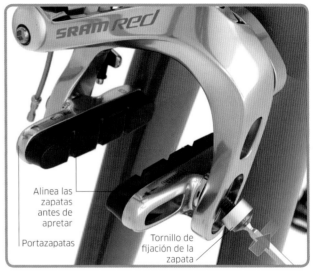

Alinea las zapatas antes de apretar

Portazapatas

Tornillo de fijación de la zapata

2 **Afloja los tornillos de fijación** de las zapatas con una llave Allen y retira las zapatas. Coloca las nuevas; fíjate en las marcas de «L» *(left)* y «R» *(right)*. Pon los tornillos y apriétalos.

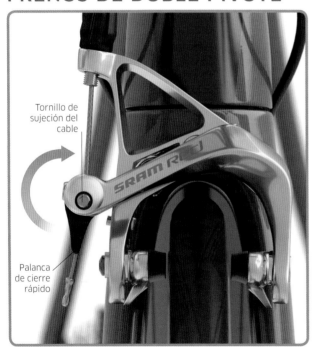

Tornillo de sujeción del cable

Palanca de cierre rápido

1 **Abre la palanca de cierre rápido** de la pinza de freno. Si la pinza no tiene cierre rápido, afloja el tornillo de sujeción del cable con una llave fija o Allen.

Cierra la palanca de cierre rápido

Aprieta el tornillo con una llave Allen

3 **Recoloca la rueda** (pp. 78-83). Sube o baja las zapatas hasta que coincidan con el borde exterior de la llanta. Sujetándolas en su sitio, aprieta los tornillos de fijación y luego ajusta la pinza (pp. 112-117).

Consejo de taller: Las zapatas son específicas para derecha e izquierda, y cada portazapatas lleva una «L» o una «R» para identificarlas. Busca la palabra «TOP» en zapatas o portazapatas para asegurarte de no montarlas al revés.

FRENOS V-BRAKE Y CANTILEVER

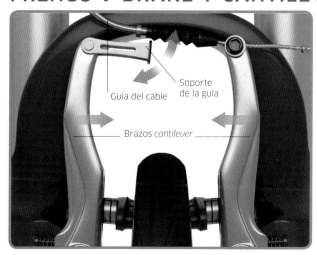

Soporte de la guía

Guía del cable

Brazos *cantilever*

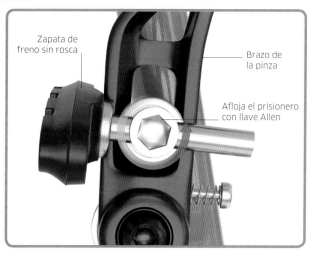

Zapata de freno sin rosca

Brazo de la pinza

Afloja el prisionero con llave Allen

1 **Aprieta los brazos** de la pinza y libera la guía del cable de su soporte. Los frenos *cantilever* tienen un cable de enlace que se desengancha del brazo izquierdo (pp. 114-115).

2 **Si estás cambiando** una zapata sin rosca, afloja el perno prisionero del brazo, saca la zapata y sustitúyela por la nueva. Alinea la zapata y aprieta un poco el prisionero.

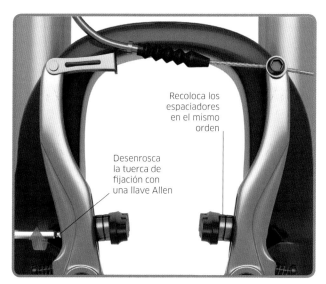

Recoloca los espaciadores en el mismo orden

Desenrosca la tuerca de fijación con una llave Allen

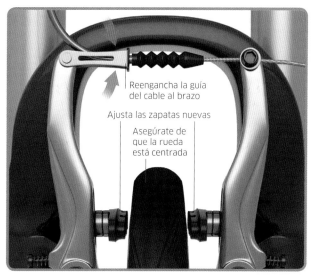

Reengancha la guía del cable al brazo

Ajusta las zapatas nuevas

Asegúrate de que la rueda está centrada

3 **Si estás cambiando** zapatas con rosca, afloja la tuerca de fijación del prisionero. Retira zapata y espaciadores. Mete la zapata nueva insertando el prisionero en el brazo. Aprieta la tuerca de fijación.

4 **Monta la rueda** y reengancha la guía del cable de freno al brazo de la pinza. Ajusta la posición de las zapatas para que queden alineadas, asegurándote de que no tocan la llanta. Aprieta la tuerca de fijación.

AJUSTE DE FRENOS MECÁNICOS
Frenos *V-brake*

Los frenos *V-brake* son comunes en bicicletas de montaña e híbridas, y están diseñados para aceptar cubiertas todoterreno más gruesas. Como en los otros sistemas de freno, las zapatas pierden alineación a medida que se gastan, lo que hará que notes los frenos esponjosos y que pierdan potencia. Estos frenos son de los más fáciles de instalar y ajustar, debido a su mecanismo de cierre rápido y su sencillo diseño. Las zapatas se pueden realinear en cuestión de minutos usando herramientas simples.

 ANTES DE EMPEZAR

- Revisa el indicador de desgaste de tus zapatas.
- Adquiere un repuesto apropiado si es necesario.
- Asegura la bicicleta en un pie de taller para poder girar la rueda con libertad.

Centra la rueda por completo antes de ajustar los frenos

1 **Revisa la rueda** para asegurarte de que esté centrada (gira libremente y a igual distancia de las barras de la horquilla). Asegúrate de que el cierre rápido no esté demasiado apretado en un lado.

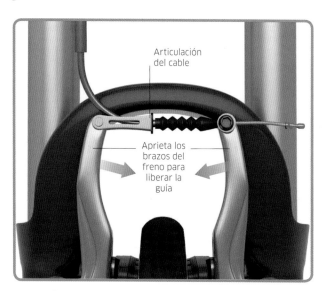

Articulación del cable

Aprieta los brazos del freno para liberar la guía

2 **Aprieta los brazos del freno** con una mano para juntarlos, de forma que las zapatas toquen la llanta. Esto liberará la tensión en la articulación del cable, permitiéndote desengancharla.

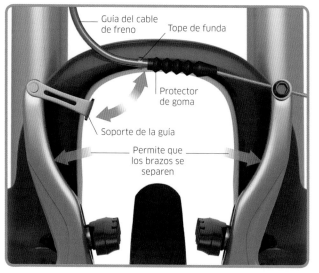

Guía del cable de freno

Tope de funda

Protector de goma

Soporte de la guía

Permite que los brazos se separen

3 **Desengancha el tope de funda** del soporte de la guía para separar la articulación del cable. Libera los brazos del freno, dejando que se separen de la rueda para poder acceder a las zapatas.

- Pie de taller
- Juego de llaves Allen
- Destornillador de estrella

Consejo de taller: Al ajustar los tornillos de tensión del resorte, cualquier cambio que hagas en un lado afectará al otro. Evita apretar muy a menudo los resortes como medio para equilibrar las zapatas, pues esto aumenta la tensión del cable. Ajústalos como se muestra aquí.

Deja el cable en su sitio

Llave Allen

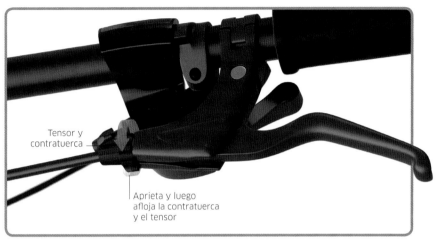

Tensor y contratuerca

Aprieta y luego afloja la contratuerca y el tensor

4 **Afloja el tornillo de sujeción** del cable con una llave Allen para dejar que el cable se deslice libremente dentro.

5 **En la maneta de freno**, desenrosca el tensor 2 o 3 vueltas completas para dar holgura al cable. En el brazo de freno, utiliza esta holgura para tirar del cable unos 5 mm a través del tornillo de sujeción, y mantenlo tenso con los dedos.

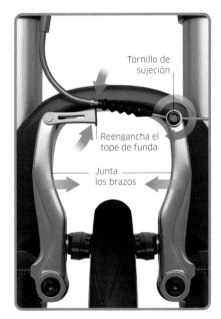

Tornillo de sujeción

Reengancha el tope de funda

Junta los brazos

Comprueba que las zapatas no rocen la rueda

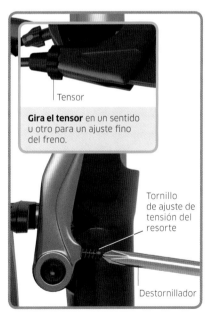

Tensor

Gira el tensor en un sentido u otro para un ajuste fino del freno.

Tornillo de ajuste de tensión del resorte

Destornillador

6 **Monta la articulación** del cable y sujeta las zapatas cerca de la llanta. Tira del cable para tensarlo y aprieta el tornillo de sujeción.

7 **Acciona la maneta** de freno 10–12 veces para asentar el cable. Gira la rueda varias veces para comprobar que las zapatas no rocen.

8 **Comprueba que las zapatas** quedan a la misma distancia, a 1,5 mm de la llanta. Ajusta los tornillos del resorte en ambos brazos.

Frenos *cantilever*

Diseñados para bicicletas de montaña, los brazos de estos frenos están orientados hacia fuera para dar más espacio a cubiertas anchas o con mucho resalte. Al accionar la maneta, las zapatas trazan un arco hacia abajo y hacia dentro. Su alineación con la llanta es clave para la eficacia del frenado.

ANTES DE EMPEZAR

- Para ver con más claridad, puedes desmontar la cubierta (pp. 78-83).
- Comprueba que la rueda está centrada en la horquilla.
- Limpia la suciedad o la acumulación de caucho alrededor de la zapata.
- Adquiere zapatas de repuesto si las actuales están gastadas.

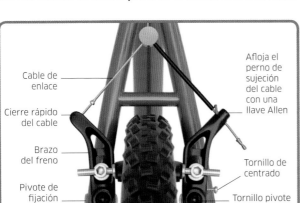

Cable de enlace

Cierre rápido del cable

Brazo del freno

Pivote de fijación

Afloja el perno de sujeción del cable con una llave Allen

Tornillo de centrado

Tornillo pivote

1 **Aprieta los brazos hacia dentro** y desengancha el cable de enlace del cierre rápido en el brazo izquierdo. Desenrosca el perno del brazo derecho y libera el cable de freno. Los brazos colgarán sueltos.

Tornillo pivote

Limpia los pivotes de la horquilla para eliminar polvo y grasa; reengrasa.

2 **Desenrosca los tornillos pivote** y suelta los brazos de los pivotes de la horquilla. Revisa los pasadores con muelle detrás de los brazos. Anota en qué orificio de los pivotes están insertados los muelles.

3 **Vuelve a poner los brazos** en los pivotes de la horquilla, asegurándote de reponer el pasador de cada uno en el orificio original. Aprieta los tornillos pivote. Los brazos deben moverse libremente.

Mete el terminal del cable de enlace en el cierre rápido

Une los brazos del freno

4 **Junta los brazos del freno** con una mano, y usa la otra para reponer el cable de enlace en la ranura del cierre rápido del brazo izquierdo. Empújalo hasta el fondo para asegurarlo.

HERRAMIENTAS Y EQUIPAMIENTO

- Paño
- Juego de llaves Allen
- Grasa
- Destornillador de estrella

Consejo de taller: Antes de ajustar los frenos, asegúrate de que las ruedas están asentadas en las punteras, con los cierres rápidos apretados. Las zapatas no deben quedar demasiado bajas respecto a la llanta, o se formará un reborde por abajo que hará imposible alinearlas.

Cable de freno

Perno de sujeción

Inserta el cable en el perno de sujeción hasta su posición original.

Asegúrate de que los brazos estén paralelos

Tornillo de centrado

5 **Con los brazos del freno aún unidos**, usa la mano libre para introducir el cable de freno en el perno de sujeción del brazo derecho. Una vez en su sitio, asegúralo apretando el perno.

6 **Regula el tornillo de centrado** de cada brazo para que ambos queden a la misma distancia de la llanta, aportando igual potencia de frenado. Los brazos deberían quedar paralelos a la llanta.

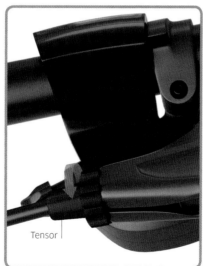

Tensor

Asegúrate de que las zapatas queden equidistantes

7 **Afloja y ajusta** las zapatas: deben quedar horizontales respecto a la llanta y presionarla por igual. Reaprieta las tuercas del todo.

8 **Gira el tensor** de la maneta de freno en sentido antihorario tres vueltas para que las zapatas queden a 2–3 mm de la llanta.

9 **Haz los últimos ajustes** de la posición de zapatas y brazos; asegúrate de que aquellas estén alineadas y estos, centrados.

Frenos de doble pivote

En un freno de doble pivote, la pinza tiene dos brazos que empujan las zapatas contra la llanta en ángulos ligeramente distintos. Con el tiempo y el uso, las zapatas se gastan y se mueven, y deberás ajustarlas para conservar su eficacia. Además, puede que tengas que centrar la pinza y ajustar la tensión del cable de freno para corregir holguras.

ANTES DE EMPEZAR

- Asegura la bicicleta en un pie de taller.
- Elimina la corrosión de las cabezas de los tornillos.
- Retira la suciedad o los residuos acumulados en las zapatas.
- Adquiere zapatas nuevas si las que usas están gastadas.

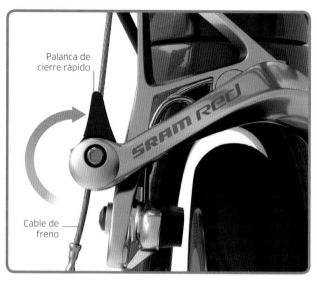

Palanca de cierre rápido

Cable de freno

2 **Libera el cable de freno** abriendo la palanca de cierre rápido o aflojando el perno de sujeción del cable. Los brazos de la pinza se moverán hacia fuera, alejándose de la llanta.

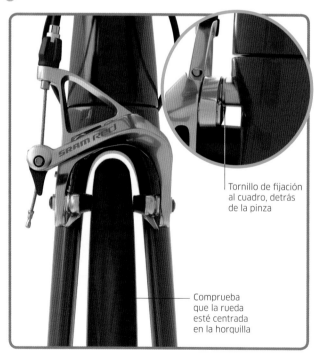

Tornillo de fijación al cuadro, detrás de la pinza

Comprueba que la rueda esté centrada en la horquilla

1 **Gira la rueda** para comprobar que esté centrada en la horquilla. El centro de la cubierta debería estar también alineado con el tornillo de fijación al cuadro. Ajusta la rueda si es necesario (pp. 78-83).

Afloja el perno media vuelta

Tornillo de sujeción

3 **Afloja los tornillos de sujeción** de las zapatas. Alinea el borde superior de la izquierda con la parte superior de la llanta. Alinea la base de la derecha con la base de la llanta. Aprieta los tornillos.

Consejo de taller: Los chirridos de freno son resultado de vibraciones entre zapatas y llanta. Para evitarlos, haz converger las zapatas hacia la llanta. Afloja el tornillo de sujeción de la zapata y rota la arandela trasera hasta que la superficie de la zapata esté paralela a la llanta.

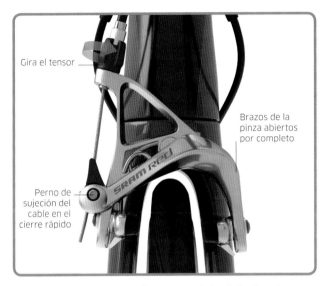

Gira el tensor

Brazos de la pinza abiertos por completo

Perno de sujeción del cable en el cierre rápido

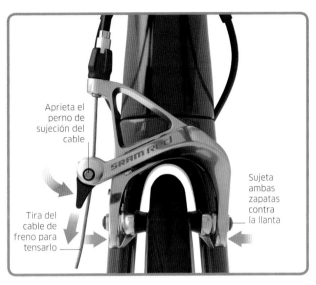

Aprieta el perno de sujeción del cable

Sujeta ambas zapatas contra la llanta

Tira del cable de freno para tensarlo

4 **Abre el tensor** con la mano, girándolo 3 o 4 veces en sentido horario. Afloja el perno de sujeción del cable, situado en el cierre rápido, con una llave Allen. Esto dejará libre el cable de freno.

5 **Aprieta las zapatas** contra la llanta con una mano; con la otra, tira del cable para tensarlo. Vuelve a apretar el perno de sujeción del cable. Acciona varias veces la maneta de freno para asentar el cable.

Usa una llave Allen para girar la trasera del tornillo y evitar que este se afloje.

Coloca la zapata sobre el centro de la rueda

Gira el tornillo de ajuste con una llave Allen

Comprueba la equidistancia

6 **Revisa que la pinza** esté centrada. Para ajustarla, afloja el tornillo de fijación al cuadro (paso 1) con una llave de cono. Inserta una llave Allen por detrás del tornillo y ajusta la pinza. Aprieta el tornillo.

7 **Algunas pinzas tienen** un tornillo de ajuste para el centrado. En ese caso, gira el tornillo en el sentido requerido hasta que la pinza esté centrada y las zapatas queden a la misma distancia de la llanta.

Frenos de disco hidráulicos

En los sistemas de freno de disco, dos pastillas montadas en una pinza actúan sobre un disco de freno en el buje de la rueda. Estos frenos se activan por cable o por fuerza hidráulica. En un sistema hidráulico, la presión la aporta un aceite mineral o líquido DOT contenido en latiguillos sellados. La maneta de freno aloja un «cilindro maestro» que, al apretarla, empuja el líquido hacia unos pistones en la pinza de freno, los cuales presionan las pastillas contra el disco. En un sistema por cable, la maneta tira del cable de freno, que actúa sobre los pistones de la pinza para cerrar las pastillas. El disco de freno se monta en un eje dentro de la rueda.

🔩 PARTES EN DETALLE

Los frenos de disco se montan en el buje de la rueda. Tanto los hidráulicos como los mecánicos usan pastillas fijadas a pinzas sujetas al cuadro.

① Al accionar la maneta de freno, cada **pistón** de la pinza de freno es presionado sobre las pastillas por el fluido hidráulico o la tensión mecánica.

② Mientras no se usan, las **pastillas de freno** se mantienen separadas del disco por un muelle; son presionadas contra él por los pistones.

③ El **disco de freno** está fijado al buje de la rueda; gira con esta, entre los brazos de la pinza, hasta que se acciona la maneta de freno.

④ El **cuerpo de la pinza** contiene los pistones y las pastillas. En un sistema hidráulico está sellado para mantener la presión del fluido.

La palanca de cierre **rápido** permite retirar la rueda sin utilizar herramientas

La horquilla **delantera** sujeta la pinza de freno

Válvula de
purgado

El latiguillo
lleva líquido de
frenos a la pinza

La tuerca de
compresión une
el latiguillo
a la pinza

Conducto del
líquido de
frenos

4

1

2

El muelle de retorno
mantiene las pastillas
separadas del disco
cuando se suelta la
maneta de freno

El pasador de
retención fija
las pastillas
en la pinza

Cámara
del pistón

El tornillo de
fijación al cuadro
sujeta la pinza a
la horquilla

3

SN-RT66-S

El cubo de freno
monta la pinza en el
brazo de la horquilla

MANTENIMIENTO DE FRENOS MECÁNICOS

Frenos de disco

Con el tiempo, las pastillas de freno se gastan, en especial en invierno, cuando recogen más mugre de carreteras húmedas y pistas embarradas. Un ruido chirriante al frenar indica que necesitan un reemplazo urgente para evitar daños al disco. Las pastillas deberían sustituirse cuando queden 1,5 mm de material.

 ANTES DE EMPEZAR

- Asegura la bicicleta en un pie de taller.
- Retira la rueda (pp. 78–83).
- Retira el disco de freno viejo.
- Ponte unos guantes limpios antes de manejar el freno nuevo.
- Limpia cualquier suciedad del disco de freno nuevo.

Atornilla los tornillos con una llave Allen

2 **Atornilla un poco cada tornillo** del disco de freno, y luego apriétalos todos por completo según el par de apriete recomendado. Trabaja trazando una estrella (del 1 al 6) para no deformar el disco.

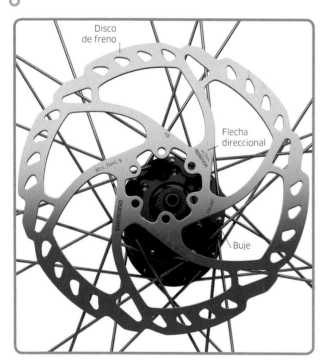

Disco de freno

Flecha direccional

Buje

1 **Localiza la flecha direccional** grabada en la superficie del disco nuevo; luego alinea el disco con el buje, ajustándolo según las instrucciones del fabricante.

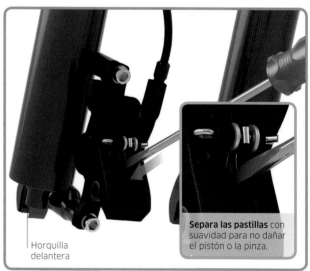

Horquilla delantera

Separa las pastillas con suavidad para no dañar el pistón o la pinza.

3 **Con un destornillador plano largo,** un desmontable o un separador de pastillas, sepáralas y reajusta los pistones. Luego saca las pastillas para dejar sitio a las nuevas, más gruesas.

HERRAMIENTAS Y EQUIPAMIENTO

- Pie de taller
- Paño y guantes
- Juego de llaves Allen
- Destornillador plano, desmontable o separador de pastillas
- Alicates de punta fina
- Desengrasante o limpiador de frenos y paño

Pastillas retenidas por un pasador partido o un perno

Extrae con cuidado las pastillas para evitar dañar la pinza.

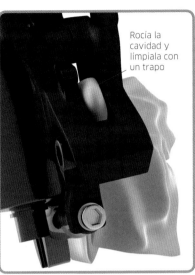

Rocía la cavidad y límpiala con un trapo

Pastillas

Muelle de retorno

Monta una pastilla nueva a cada lado del muelle de retorno.

Muelle de retorno

Pastillas de freno

4 **Retira el retenedor** de las pastillas –ya sea un perno o un pasador partido (en la imagen)– y saca las pastillas y el muelle.

5 **Limpia el interior de la pinza** rociando desengrasante o limpiador de frenos. Elimina grasa o polvo con un paño.

6 **Monta las pastillas** y el muelle (recuadro) y luego introdúcelos en la pinza. Encaja el pasador o perno retenedor de repuesto.

Disco de freno

Tornillo de fijación

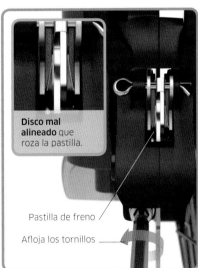

Disco mal alineado que roza la pastilla.

Pastilla de freno

Afloja los tornillos

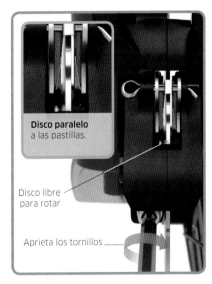

Disco paralelo a las pastillas.

Disco libre para rotar

Aprieta los tornillos

7 **Monta la rueda** y comprueba que el disco esté centrado entre las pastillas y que gire libremente sin roces.

8 **Si el disco roza**, afloja los tornillos de fijación al cuadro y ajusta la posición de la pinza para que el disco pueda girar libremente.

9 **Una vez alineada la pinza**, aprieta los tornillos. Acciona varias veces la maneta de freno para asentar las pastillas nuevas.

Frenos de tambor

Utilizados habitualmente en bicicletas urbanas, en las que su peso extra se ve compensado por su gran longevidad, los frenos de tambor se alojan en bujes especiales. La maneta de freno activa un brazo de freno en el exterior del buje, que empuja las pastillas internas contra la guarnición del freno en el interior del buje, frenando la rueda. Dado que la unidad de frenado está sellada dentro del buje, estos frenos ofrecen el mismo poder de frenada bajo cualquier condición, y sus partes se desgastan más despacio. La mayoría, como el Sturmey Archer XL-FD (mostrado aquí), son de construcción simple, pero su mantenimiento es difícil; no obstante, puedes ajustar la tensión del cable (pp. 124–125).

⚙ ACCIÓN DEL FRENO

El cable de freno tira del brazo de freno, empujando las pastillas contra la guarnición hasta que se libera la maneta de freno.

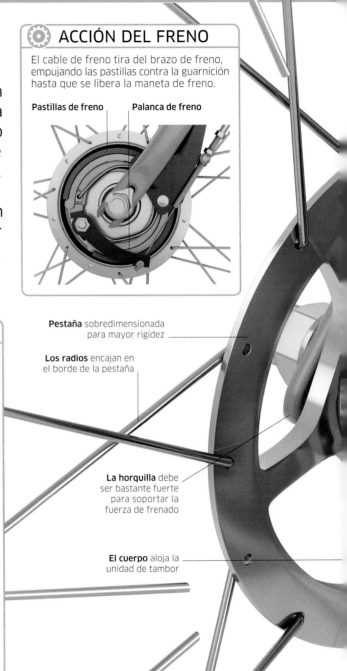

Pastillas de freno   Palanca de freno

Pestaña sobredimensionada para mayor rigidez

Los radios encajan en el borde de la pestaña

La horquilla debe ser bastante fuerte para soportar la fuerza de frenado

El cuerpo aloja la unidad de tambor

⚙ PARTES EN DETALLE

Los frenos de tambor requieren un buje especial y una horquilla o cuadro que acepte el brazo antipar, por lo que solo se pueden adaptar a algunas bicicletas.

① Las **pastillas** son de una aleación metálica duradera y se gastan muy lentamente. Una vez gastadas se debe cambiar el tambor.

② La **guarnición del freno** es la superficie con la que entran en contacto las pastillas dentro del tambor. Se gasta lentamente y no se puede sustituir.

③ El **brazo de freno** recibe el tirón del cable y acciona las pastillas. Cuando ajustes el cable, presiona el brazo hacia dentro.

④ El **tensor** permite hacer ajustes menores en el cable de freno, que se tensará con el tiempo (pp. 124–125).

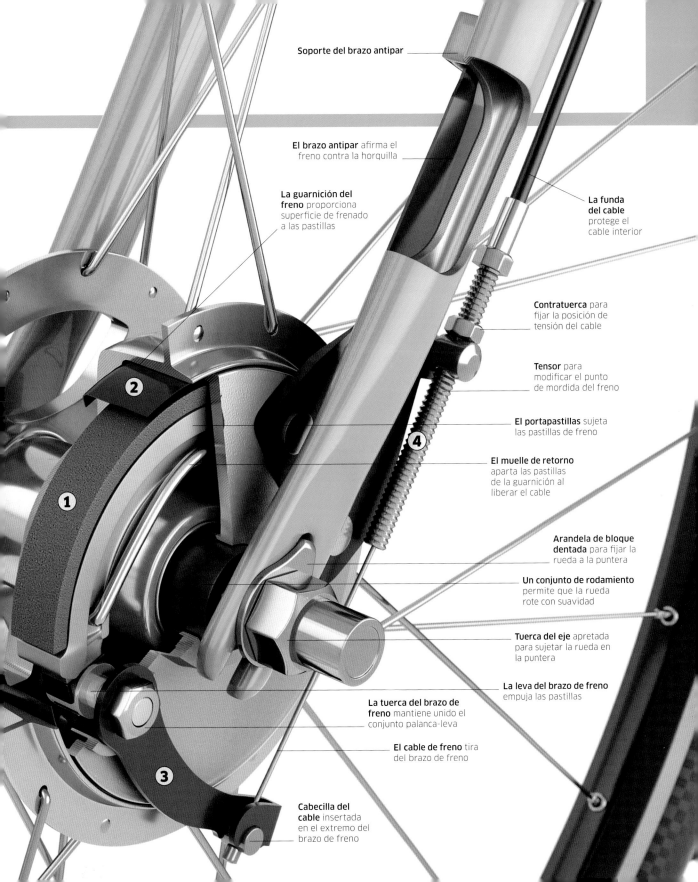

Soporte del brazo antipar

El brazo antipar afirma el freno contra la horquilla

La guarnición del freno proporciona superficie de frenado a las pastillas

La funda del cable protege el cable interior

Contratuerca para fijar la posición de tensión del cable

Tensor para modificar el punto de mordida del freno

El portapastillas sujeta las pastillas de freno

El muelle de retorno aparta las pastillas de la guarnición al liberar el cable

Arandela de bloque dentada para fijar la rueda a la puntera

Un conjunto de rodamiento permite que la rueda rote con suavidad

Tuerca del eje apretada para sujetar la rueda en la puntera

La leva del brazo de freno empuja las pastillas

La tuerca del brazo de freno mantiene unido el conjunto palanca-leva

El cable de freno tira del brazo de freno

Cabecilla del cable insertada en el extremo del brazo de freno

Frenos de tambor

Los frenos de tambor se montan sobre todo en bicis de uso urbano, y prácticamente no precisan mantenimiento. Si las pastillas se gastan, deberás cambiar la unidad entera. Pero si son los cables los que necesitan ajuste o sustitución, la tarea es bastante sencilla.

⍰ ANTES DE EMPEZAR

- Asegura la bicicleta en un pie de taller.
- Anota la trayectoria actual del cable.
- Retira el cable viejo siguiendo a la inversa los pasos 1 a 5 mostrados aquí.

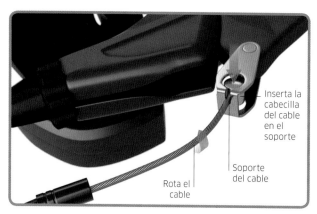

Inserta la cabecilla del cable en el soporte

Soporte del cable

Rota el cable

1 **Para montar un cable nuevo**, acciona la maneta de freno para exponer el soporte del cable. Empuja la cabecilla del cable en el soporte y rota el cable en sentido antihorario para que la cabecilla se bloquee.

Rota el tensor para asegurar el cable tras insertarlo en su sitio.

Tope de funda

2 **Alinea las ranuras** de la maneta y el tensor, e inserta el cable en ellas. Asienta el tope de funda dentro del tensor, y luego rota el tensor para fijar el cable en su sitio.

Comprueba que el manillar gire por completo

3 **Dirige el cable** a lo largo del cuadro desde la maneta hasta el buje, siguiendo la trayectoria original. Asegura el cable al cuadro, dejando holgura suficiente para poder girar por completo el manillar.

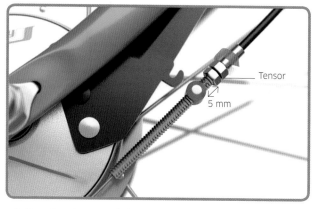

Tensor

5 mm

4 **En el extremo del cable** del tambor, rota el tensor hasta dejar visibles unos 5 mm de rosca por debajo de la contratuerca (esto permitirá ajustes finos después).

HERRAMIENTAS Y EQUIPAMIENTO

- Pie de taller
- Cortacables (ver Consejo de taller)

Consejo de taller: Algunos frenos de tambor necesitan un cable de freno con una cabecilla en cada extremo montada de fábrica: una cilíndrica para la maneta y una de pera para el brazo de freno. Para retirar este tipo de cable tendrás que cortar una de las cabecillas.

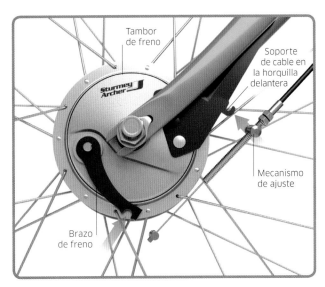

Tambor de freno

Soporte de cable en la horquilla delantera

Mecanismo de ajuste

Brazo de freno

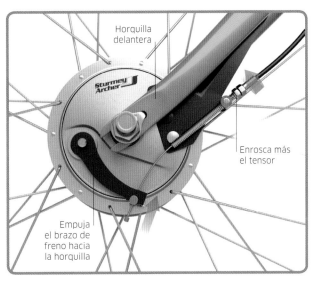

Horquilla delantera

Enrosca más el tensor

Empuja el brazo de freno hacia la horquilla

5 **Asegura el mecanismo de ajuste** en el soporte de la horquilla (freno delantero) o de la vaina (freno trasero). Empuja el brazo de freno hacia la horquilla y encaja la cabecilla del cable en su extremo.

6 **Vuelve a empujar el brazo** de freno hacia la horquilla y luego enrosca más fuerte el tensor para dejar holgura en el cable. Aprieta hasta que el freno se active cuando se gira la rueda.

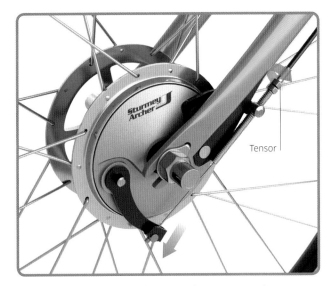

Tensor

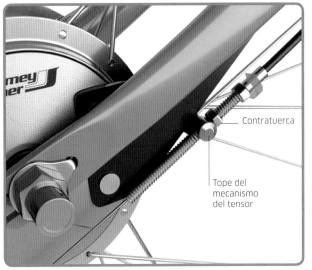

Contratuerca

Tope del mecanismo del tensor

7 **Suelta el brazo de freno** y desenrosca el tensor hasta que el freno se desactive al girar la rueda. Acciona la maneta para asegurarte de que el freno actúa, deteniendo la rueda.

8 **Acciona la maneta de freno** 10-12 veces para eliminar la holgura. Una vez a gusto con el punto de mordida del freno, enrosca la contratuerca contra el tope del mecanismo del tensor para tensar el cable.

TRANSMISIÓN

Sistemas de transmisión

Las escaladas y los descensos son más fáciles si se hace un uso esmerado de las marchas. Hay varios sistemas de transmisión para accionar el cambio de marchas. El más popular, y el preferido en bicis de carretera y utilitarias, es el desviador, frágil en apariencia pero eficaz. El cambio de marcha con desviador ha experimentado una gran evolución gracias a las manetas combinadas de freno y

TIPO	IDONEIDAD	FUNCIONAMIENTO
CAMBIO DE BUJE En este sistema, el mecanismo del cambio está dentro del buje de la rueda trasera, lo cual lo protege de las condiciones de la carretera y lo hace menos vulnerable al desgaste general de la conducción.	■ **Bicicletas utilitarias de bajo mantenimiento**, plegables y urbanas (como las utilizadas en los servicios públicos de bici compartida).	■ **Los cambios de buje** se accionan con un único mando de cambio en el manillar que mueve un engranaje planetario (varios engranajes en torno a un engranaje central) interno.
DESVIADORES Una palanca en el manillar se conecta mediante un cable con el desviador, el cual desplaza la cadena entre los piñones (en un cambio trasero) o entre los platos (en un desviador delantero).	■ **Todo tipo de ciclismo de carretera**, tanto con bicicletas de carreras como de turismo y urbanas.	■ **En un cambio (o desviador) trasero**, el cable de la maneta tira del mecanismo para desplazar la cadena de un piñón a otro. Dos roldanas (o poleas) mantienen la tensión de la cadena. ■ **Un desviador delantero** dispone de una jaula que guía la cadena al ser desplazada.
MARCHA FIJA El sistema monomarcha original es el de piñón fijo (*fixie*); al no tener piñón libre, los pedales siguen girando aunque no se pedalee.	■ **Ciclismo en pista**, bicis urbanas básicas y bicis de entrenamiento para mejorar el pedaleo.	■ **El piñón** está fijado al buje trasero y gira con la rueda. Existen también los llamados bujes «*flip-flop*», con un piñón fijo por un lado y un piñón libre por el otro (hay que cambiar la rueda de posición manualmente para que funcione uno u otro).
CAMBIO ELECTRÓNICO En este sistema, las marchas se cambian presionando un botón o pulsador eléctrico en vez de una maneta mecánica. Sujeto al manillar, el pulsador acciona un conmutador conectado por cable a una batería y a un pequeño motor eléctrico que impulsa el desviador.	■ **Carreras** y competiciones deportivas en carretera (aunque las marchas electrónicas empiezan a estar disponibles para una amplia gama de bicicletas). ■ **No aconsejables** para cicloturismo o ruta, ya que tienen la limitación de que las baterías se deben recargar.	■ **Unos pulsadores** o unas pequeñas palancas fijados a la maneta de freno o al manillar accionan pequeños motores en los desviadores. ■ **La energía es suministrada por** una sola batería en las unidades con cable, y por pilas individuales en los inalámbricos.

cambio, aunque hoy están siendo superadas por los mecanismos de cambio electrónico. Una alternativa fiable al sistema con desviador es el cambio de buje, que apenas requiere mantenimiento. Las bicis monomarcha son sencillas de manejar y necesitan poco mantenimiento, pero no facilitan las subidas pronunciadas ni permiten una gran velocidad en las bajadas.

COMPONENTES CLAVE

- **El conjunto de engranajes** (satélites) que giran en torno a uno central (planeta) fijado al eje, todo ello dentro de una corona dentada mayor.

- **Un cambio trasero** está formado por un cuerpo, tornillos que limitan el rango de movimiento, un tensor para regular la tensión del cable y una patilla de cambio.
- **Un desviador delantero** tiene un cuerpo sin partes extras.

- **El piñón fijo** situado en el buje trasero.
- **Algunos bujes** también tienen un piñón libre, o bien uno fijo y otro libre («*flip-flop*»).

- **Los cambios electrónicos** aún usan mecanismos delanteros y traseros convencionales.
- **Los cables se conducen** por el cuadro hasta el mecanismo.
- **Se requiere un cargador** para la batería.

VARIACIONES

- **Los cambios de buje** pueden tener de 3 a 14 velocidades, y normalmente funcionan con un solo plato delantero.

- **Los cambios traseros** más modernos para bicis de carretera trabajan con una amplia gama de piñones; los más antiguos, indexados, solo pueden trabajar con un número limitado.
- **Los desviadores delanteros** se usan con plato doble o triple.

- **Los sistemas monomarcha de piñón fijo** ofrecen un desarrollo más grande (o marcha más larga) en las versiones para pista que en las de carretera.

- **Los cambios electrónicos** funcionan con transmisiones de 10 y 11 velocidades.
- **Los de gama alta** se fabrican para el ciclismo profesional, pero ya existen algunos de precio medio para bicis de carretera.

AJUSTES

- **Gira el tensor** en el buje para modificar la tensión del cable.

- **Gira los tornillos** del cambio trasero para ajustar el margen de movimiento y la posición sobre el piñón más grande.
- **Gira los tornillos** del desviador delantero para fijar la posición y el margen de movimiento.

- **Desliza la rueda trasera** adelante y atrás en los extremos de las punteras para ajustar la tensión de la cadena.

- **Tras su regulación** por un mecánico experto, ambos desviadores se autoajustarán automáticamente tras cada cambio.
- **Las baterías necesitan ser recargadas** cada trimestre; las pilas de los sistemas inalámbricos se deben recargar con más frecuencia.

Mandos manuales

Los mandos de cambio te permiten cambiar de marcha mientras pedaleas. El mando derecho controla el cambio trasero, y el izquierdo mueve el desviador delantero. Los mandos de bicicletas de carretera están integrados en la parte interior de la maneta de freno. Los cambios para bicis de montaña e híbridas se acoplan por separado al manillar. Hay dos tipos principales de cambio: de palanca y de puño. Los de palanca se pueden acoplar a distintas posiciones, permitiendo al ciclista adaptar la disposición en el manillar a sus preferencias individuales. Shimano fabrica un mando integrado de freno y cambio, conocido como STI.

Un pasador de anclaje sujeta el cable del freno

El cable del freno es movido por la maneta, cerrando así la pinza del freno

El pasador pivotante de la maneta de freno permite que esta tire del cable de freno

③

Un pivote permite que la palanca de cambio se repliegue al accionar la maneta de freno

La palanca de cambio hace rotar la rueda dentada con trinquete móvil al tirar del cable de cambio

La maneta de freno se acciona para activar los frenos

 PARTES EN DETALLE

Los mandos de cambio están «indexados» por un mecanismo que se acciona presionando la palanca o girando el puño.

① La **rueda dentada con trinquete** tira del cable de cambio siguiendo incrementos preestablecidos, lo cual hace que el desviador se desplace y guíe la cadena a una nueva posición.

② Los **anclajes del cable** aseguran el extremo de este en el mecanismo de cambio. El cable debe estar anclado firmemente para proporcionar tensión.

③ Los **pasadores pivotantes** de la maneta le permiten hacer palanca y tirar así del cable de cambio sometido a tensión.

④ El **cuerpo y la capucha de la maneta** alojan el mecanismo interno del mando de cambio, lo mantienen sujeto y lo protegen.

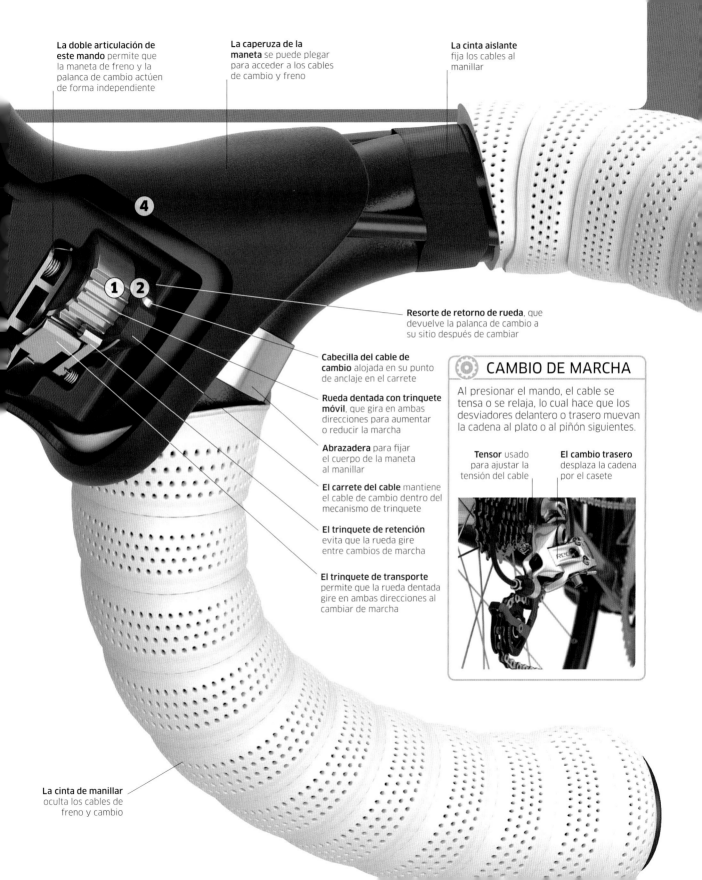

La doble articulación de este mando permite que la maneta de freno y la palanca de cambio actúen de forma independiente

La caperuza de la maneta se puede plegar para acceder a los cables de cambio y freno

La cinta aislante fija los cables al manillar

4

1 **2**

Resorte de retorno de rueda, que devuelve la palanca de cambio a su sitio después de cambiar

Cabecilla del cable de cambio alojada en su punto de anclaje en el carrete

Rueda dentada con trinquete móvil, que gira en ambas direcciones para aumentar o reducir la marcha

Abrazadera para fijar el cuerpo de la maneta al manillar

El carrete del cable mantiene el cable de cambio dentro del mecanismo de trinquete

El trinquete de retención evita que la rueda gire entre cambios de marcha

El trinquete de transporte permite que la rueda dentada gire en ambas direcciones al cambiar de marcha

⚙ CAMBIO DE MARCHA

Al presionar el mando, el cable se tensa o se relaja, lo cual hace que los desviadores delantero o trasero muevan la cadena al plato o al piñón siguientes.

Tensor usado para ajustar la tensión del cable

El cambio trasero desplaza la cadena por el casete

La cinta de manillar oculta los cables de freno y cambio

▶ INSTALACIÓN DE CABLES DE CAMBIO
Cables externos

Los cables se estiran por el uso, y ello afecta a la tensión. En los cables de cambio montados en el cuadro se puede formar óxido dentro de la funda, y la consiguiente fricción dificulta el cambio de marcha. La solución es poner cables y fundas nuevos.

🔧 ANTES DE EMPEZAR

- Asegura la bicicleta en un pie de taller.
- Desenrolla los cables y las fundas nuevos.
- Localiza el mando de cambio que aloja el cable que quieres cambiar.

Piñón más pequeño

Salida del cable

Localiza la salida del cable bajo la caperuza de la maneta.

Perno de sujeción del cable

1 Para reducir tensión en la cadena, cambia a la marcha más alta en el casete usando el mando de cambio. Así te aseguras de que el cable engrane bien con el mecanismo de cambio cuando lo instales.

Cable interno de cambio

Corta el terminal del cable

2 Afloja con una llave Allen el perno de sujeción del cable en el cambio trasero, y corta el terminal del cable interno. Con esto liberas el cable y permites que se deslice a través de la funda.

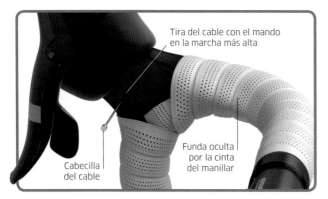

Tira del cable con el mando en la marcha más alta

Funda oculta por la cinta del manillar

Cabecilla del cable

3 Repliega la caperuza y aprieta la palanca de cambio. Empuja la funda en el punto por donde sale del manillar, y luego tira del cable desde el mecanismo de cambio de la maneta.

4 Trabajando desde atrás hacia delante, retira del cuadro la funda del cable (la funda oculta por la cinta del manillar se suele poder utilizar de nuevo, ya que está menos expuesta a los elementos).

Consejo de taller: Los cables de cambio Shimano tienen una cabecilla ligeramente mayor que los Campagnolo. Los cables no son compatibles entre sistemas, así que asegúrate de adquirir los correctos.

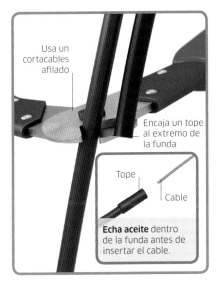

Usa un cortacables afilado

Encaja un tope al extremo de la funda

Tope

Cable

Echa aceite dentro de la funda antes de insertar el cable.

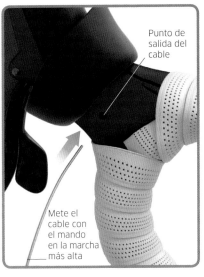

Punto de salida del cable

Mete el cable con el mando en la marcha más alta

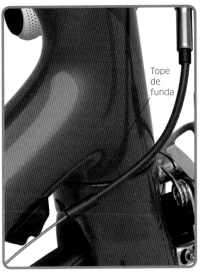

Tope de funda

5 **Utilizando la funda usada** como guía, corta los tramos de la nueva y encaja topes de funda en los extremos. Echa aceite al cable nuevo.

6 **Inserta el cable** por completo en el mando y la funda, y ancla la cabecilla del cable en el mando. Prueba todas las marchas.

7 **Pasa el cable** con cuidado por la funda montada en el manillar, y sácalo en dirección al primer soporte del cuadro.

Tope de funda

Soporte de cable del cuadro

8 **Inserta el cable** a través de cada sección de funda, fijando los topes en cada extremo de funda y en los soportes del cuadro. Pasa el cable a lo largo de la bici y a través de la guía del eje de pedalier. Ajusta el resto de la funda y fíjala en los soportes traseros del cuadro.

9 **Pasa el cable** por la abrazadera, ténsalo y aprieta el tornillo. Acciona el mando de cambio para tirar del cable ya en su sitio.

▶ INSTALACIÓN DE CABLES DE CAMBIO
Cables internos

Si tu bici empieza a parecer lenta en los cambios o si las palancas de cambio tardan en retornar a su posición, los cables de cambio se han oxidado, y necesitas poner unos nuevos. El método mostrado aquí es para cablear el cambio trasero, pero también se aplica al delantero.

ANTES DE EMPEZAR

- Asegura la bicicleta en un pie de taller.
- Desenrolla el cable nuevo para eliminar la tensión.
- Repliega la caperuza de la maneta que aloja el cable que quieres cambiar.

Piñón más pequeño del casete

Tensor

Perno de sujeción

Usa un cortacables afilado para dejar un corte limpio en el cable.

1 **Ajusta la marcha** a los piñones más pequeños en el plato y el casete, y corta el cable de cambio actual por delante de la abrazadera. Con una llave Allen, afloja el perno de sujeción y libera el cable.

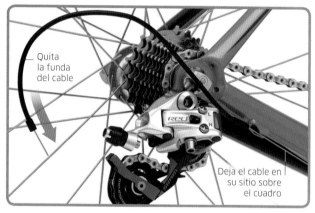

Quita la funda del cable

Deja el cable en su sitio sobre el cuadro

2 **Dejando el cable existente** en su sitio, desliza la sección trasera de la funda por el extremo del cable. Separa la funda de los soportes del cuadro, y conserva los topes de funda si piensas reutilizarlos.

3 **Para guiar el cable nuevo** a través del cuadro, pasa un tubo fino por el extremo del cable existente y deslízalo con cuidado hasta el extremo del mismo, a través de los orificios de entrada y salida del cuadro.

Tubo de plástico

Cinta

Fija los extremos del tubo donde entra y sale del cuadro.

4 **Asegura los extremos** del tubo en ambos extremos del cuadro con cinta. Tira del cable viejo a través del cuadro desde delante. Una vez liberado, suéltalo del mando de cambio (pp. 132-133).

HERRAMIENTAS Y EQUIPAMIENTO

- Pie de taller
- Cortacables afilado
- Juego de llaves Allen
- Tubo delgado de plástico
- Cinta adhesiva
- Topes de funda
- Punzón
- Aceite
- Imán

Consejo de taller: El tubo fino debe ser lo bastante largo para llegar del punto de entrada al de salida del cuadro. Si aun así pierdes el extremo del cable dentro del cuadro, usa un imán para guiarlo hasta el punto de salida.

Funda nueva

Un corte limpio ayudará a deslizar el cable

Funda vieja

Tope | Funda

Encaja topes en los extremos de la funda. (Estos anclan la funda a los soportes de la bicicleta.)

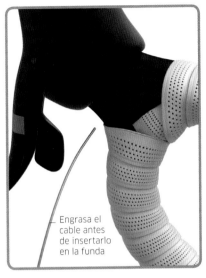

Engrasa el cable antes de insertarlo en la funda

Pasa el cable por el tubo guía en la entrada del cuadro y empújalo.

5 **Usando la funda existente** como guía, corta los tramos de la nueva. Usa un cortacables afilado para que los cortes sean limpios.

6 **Sujetando el cable** con un mano y el mando de cambio con la otra, mete el cable en el mando hasta pasarlo a través de él por completo.

7 **Pasa el cable a través** de la funda oculta en el manillar. Insértalo con cuidado en el tubo guía del cuadro (paso 4).

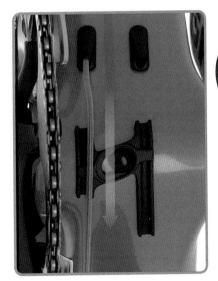

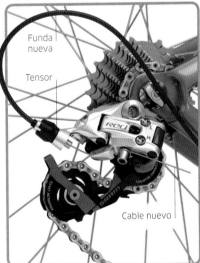

Funda nueva

Tensor

Cable nuevo

Abrazadera del cable

Corta y encaja un terminal

8 **Una vez encaminado el cable nuevo** a través del cuadro, tira del tubo guía desde atrás para liberarlo del extremo del cable.

9 **Encaja topes** en los extremos de un tramo de funda y pasa el cable por ella. Asegura la funda en el soporte del cuadro y el desviador.

10 **Pasa el cable** por la abrazadera, ténsalo y aprieta el perno. Corta el extremo del cable. Indexa las marchas (pp. 148–149).

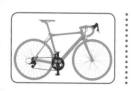
Cambio electrónico

El cambio de marchas electrónico, al principio reservado para profesionales, se puede ver cada vez más en bicis de carretera, de montaña y urbanas. Los desviadores electrónicos funcionan como los mecánicos, pero se activan con un motor eléctrico, en vez de por medio de un cable tensor. El motor es alimentado por una batería recargable y se activa al presionar el mando. Una vez está ajustado (pp. 138-139), el cambio electrónico es rápido y preciso, lo cual reduce el desgaste de la cadena; además, no hay cable tensor que se elongue. Shimano y Campagnolo usan cables eléctricos para conectar mando y desviador; el sistema de SRAM es inalámbrico.

 PARTES EN DETALLE

Un cambio trasero electrónico es igual que uno mecánico, excepto por el motor. Los cambios SRAM incluyen una batería desmontable.

① Un **motor** dentro del desviador desplaza con precisión el brazo. A diferencia de los sistemas manuales, cada cambio mueve el desviador exactamente la misma distancia.

② El **brazo del desviador** desplaza la cadena en el casete hacia dentro y hacia fuera, según la marcha puesta. Además, mantiene la tensión de la cadena.

③ Las **roldanas** realizan dos tareas esenciales: la superior guía la cadena al cambiar de marcha, y la inferior mantiene tensa la cadena.

④ Los **pivotes** del desviador permiten mover el brazo en sentido vertical (para mantener la cadena tensa) y a lo largo del casete (para cambiar de marcha).

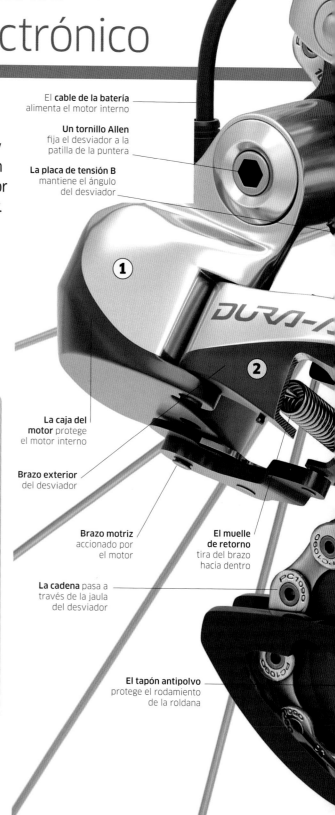

El **cable de la batería** alimenta el motor interno

Un **tornillo Allen** fija el desviador a la patilla de la puntera

La placa de tensión B mantiene el ángulo del desviador

La **caja del motor** protege el motor interno

Brazo exterior del desviador

Brazo motriz accionado por el motor

El **muelle de retorno** tira del brazo hacia dentro

La cadena pasa a través de la jaula del desviador

El **tapón antipolvo** protege el rodamiento de la roldana

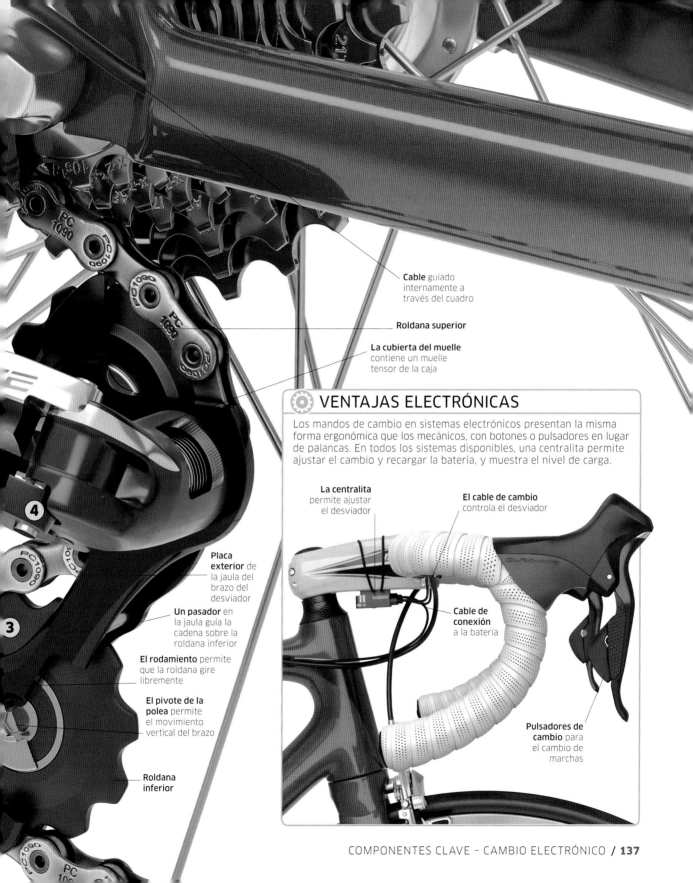

Cable guiado
internamente a
través del cuadro

Roldana superior

La cubierta del muelle
contiene un muelle
tensor de la caja

VENTAJAS ELECTRÓNICAS

Los mandos de cambio en sistemas electrónicos presentan la misma
forma ergonómica que los mecánicos, con botones o pulsadores en lugar
de palancas. En todos los sistemas disponibles, una centralita permite
ajustar el cambio y recargar la batería, y muestra el nivel de carga.

La centralita
permite ajustar
el desviador

El cable de cambio
controla el desviador

**Cable de
conexión**
a la batería

**Placa
exterior** de
la jaula del
brazo del
desviador

Un pasador en
la jaula guía la
cadena sobre la
roldana inferior

El rodamiento permite
que la roldana gire
libremente

**El pivote de la
polea** permite
el movimiento
vertical del brazo

**Roldana
inferior**

**Pulsadores de
cambio** para
el cambio de
marchas

▶ AJUSTE DE UN CAMBIO ELECTRÓNICO
Sistemas Shimano Di2

Una transmisión electrónica ofrece fiabilidad y precisión: un motor cambia la cadena a la misma velocidad e intervalo cada vez. Como el cableado es electrónico, y no tensor, no hay que preocuparse por la elongación de los cables. Si el cambio se pone lento o si acoplas un casete nuevo, puede que necesites ajustar el sistema.

 ANTES DE EMPEZAR

- Comprueba que la batería tiene la carga completa.
- Asegura la bicicleta en un pie de taller.
- Comprueba si hay desgastes en el casete y la cadena.

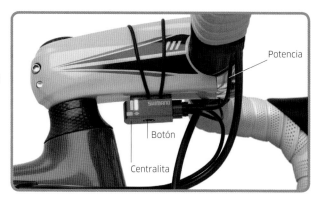

Potencia

Botón

Centralita

2 **Localiza la centralita**, que puede estar en la potencia o debajo del sillín, según tu modelo de bici. Mantén presionado el botón hasta que se encienda la luz de «modo de ajuste».

Cadena en un piñón medio del casete

1 **Usa los pulsadores** del mando de cambio para mover la cadena a uno de los piñones medios del casete trasero. Es indiferente en qué plato se encuentre la cadena.

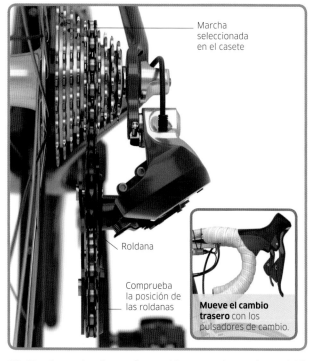

Marcha seleccionada en el casete

Roldana

Comprueba la posición de las roldanas

Mueve el cambio trasero con los pulsadores de cambio.

3 **Usa los pulsadores de cambio** para ajustar la posición del cambio trasero en relación con el casete. Los dientes de las roldanas deberían alinearse verticalmente con los del piñón de la marcha seleccionada.

Consejo de taller: El desviador Di2 tiene un elemento de protección integrado. Si la bici se cae, habrá que reiniciar el sistema. Mantén presionado el botón de la centralita hasta que la luz roja parpadee, y pedalea cambiando de marchas: el desviador se moverá y se reiniciará.

Presiona el botón hasta que se apague la luz

Comprueba que la cadena cambia sin ruidos

Tornillo de tope «L»

El tope «L» (low) impide que el desviador sobrepase el piñón más grande

4 **Devuelve la centralita** al «modo normal». La luz se apagará. Usa los pulsadores del mando para cambiar de marcha otra vez.

5 **Gira los pedales** y aumenta y reduce marchas. Si la cadena traquetea, el desviador no está alineado. Sigue con los ajustes.

6 **Cambia a la marcha más baja** en el casete. Gira el tornillo de tope «L» para alinear los dientes de las roldanas con los del piñón.

El tope «H» (high) impide que el desviador sobrepase el piñón más pequeño

Gira el tornillo de tope «H» con una llave Allen

7 **Cambia a la marcha más alta** en el casete. Gira el tornillo de tope «H» en el desviador para alinear verticalmente los dientes de las roldanas con los del piñón más pequeño. El desviador se moverá hacia dentro.

8 **Pedalea** para asegurarte de que todo funciona correctamente. Cambia las marchas, de la más alta a la más baja y viceversa, para verificar que el cambio es rápido y suave. Reajusta el desviador si es necesario.

Desviador delantero

El desviador delantero desplaza la cadena lateralmente entre los platos. Cuando se selecciona una marcha, el cable de cambio es sometido a tensión y tira del brazo del desviador para mover la jaula en el mecanismo. La jaula empuja la cadena lateralmente, lo que hace que esta gire con ángulo y caiga sobre los dientes de un plato más pequeño o engrane con los de un plato mayor. El desviador delantero está unido al cuadro mediante una abrazadera alrededor del tubo vertical (o del sillín) o directamente («*braze on*»). Sus componentes pueden ser de aluminio, acero, plástico o fibra de carbono.

CAMBIO DE MARCHA

Al presionar el mando de cambio, el cable de cambio se tensa o relaja, haciendo que el desviador delantero se desplace de lado y mueva la cadena entre los platos.

La cadena se desplaza entre los platos

Desviador controlado por el cable de cambio

PARTES EN DETALLE

El desviador delantero tiene un brazo, una jaula para guiar la cadena y un anclaje que fija el mecanismo al cuadro.

(1) La **jaula** se compone de dos placas entre las cuales pasa la cadena. La placa interior empuja la cadena hacia fuera, y la exterior hacia dentro.

(2) Los **pasadores de cambio** en el interior de los platos mayores recogen la cadena y la levantan para que los eslabones engranen en el plato más grande.

(3) El **anclaje del desviador** al cuadro puede ser de abrazadera (imagen) o de tipo «*braze on*», que va atornillado a una pletina soldada al tubo vertical. Ambos tipos son comunes.

(4) Los **tornillos de tope** evitan que el desviador se mueva en exceso y empuje la cadena fuera de los platos. Pueden requerir ajuste (pp. 142-143).

Llanta de la rueda

Cadena guiada por el desviador delantero

Radio

Vaina

③

Un tornillo sujeta el extremo libre del cable de cambio

El muelle de retorno tira del desviador hacia dentro

④

El brazo sujeta y mueve el mecanismo de la jaula

El cable de cambio puede entrar en el desviador por arriba o por abajo

④

Los pivotes por encima y por debajo del brazo permiten su movimiento

El tubo vertical es la ubicación habitual de anclaje, tanto de abrazadera como «*braze on*»

①

Placa exterior de la jaula del desviador

Placa interior de la jaula del desviador

②

Desviador delantero

El desviador delantero desplaza la cadena de un plato a otro. Si la cadena traquetea o se sale cuando cambias a marchas más altas, el mecanismo de resorte puede haberse atascado, y tendrás que ajustar o cambiar el desviador.

Placa exterior del desviador delantero

Holgura de 1-3 mm

ANTES DE EMPEZAR

- Asegura la bicicleta en un pie de taller.
- Quita la cadena (pp. 158-159) y el cable de cambio.
- Quita el cable del desviador (paso 8 a la inversa).
- Desmonta el desviador (paso 1 a la inversa).

2 **Ajusta la altura** del desviador delantero sobre los platos. Revisa las instrucciones del fabricante para saber la altura correcta: normalmente, la placa exterior se sitúa entre 1 y 3 mm por encima del plato mayor.

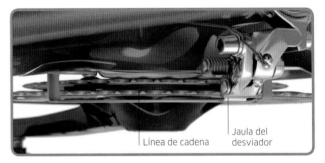

Línea de cadena

Jaula del desviador

3 **Mira desde arriba** la línea de la cadena. Mueve el mecanismo con la mano, acercándolo o alejándolo del cuadro. Asegúrate de que las placas interior y exterior estén paralelas a los platos.

Tornillo de anclaje

Placa exterior

Placa interior

Plato más grande

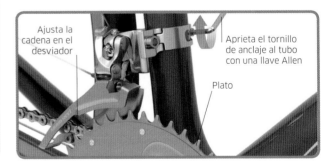

Ajusta la cadena en el desviador

Aprieta el tornillo de anclaje al tubo con una llave Allen

Plato

1 **Sitúa el desviador** de modo que la placa exterior quede encima y paralela al plato más grande. Con una llave Allen, ajusta el tornillo de anclaje para que todo quede sujeto pero pueda moverse a mano.

4 **Cuando el desviador** esté bien colocado, aprieta del todo el tornillo de anclaje al tubo para fijarlo; consulta las instrucciones del fabricante para ver el par de apriete correcto. Reinstala la cadena (pp. 158-159).

Consejo de taller: Los cables de cambio oxidados, sucios o raídos dificultarán el correcto cambio de marchas, así que es buena idea sustituir los cables viejos (pp. 132-135) al mismo tiempo que montas un desviador delantero nuevo.

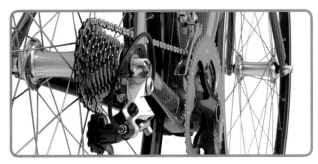

5 **Usa los mandos de cambio** para montar la cadena en el plato más pequeño y en el piñón más grande del casete (la marcha más baja). Este es el recorrido máximo que necesitará la cadena.

Deja libre el extremo del cable

Sigue la trayectoria del cable existente

6 **Si estás montando** un cable de cambio nuevo, ajusta el desviador delantero en la marcha más baja y extiende el cable desde el desviador siguiendo su ruta original (pp. 132-135). No ajustes aún el cable.

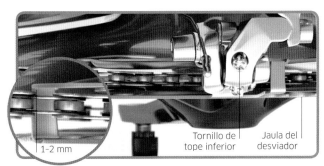

1-2 mm

Tornillo de tope inferior | Jaula del desviador

7 **Con un destornillador de estrella**, gira el tornillo de tope inferior (marcado «L» en algunos modelos) del desviador delantero hasta que la placa interior esté a 1-2 mm del interior de la cadena.

Abrazadera del cable

8 **Cierra cualquier tensor** con los dedos. Pasa el extremo del cable por la abrazadera del desviador y luego fíjalo en su sitio con una llave Allen. Corta el sobrante de cable y ponle un terminal.

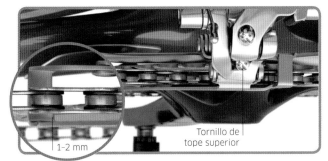

1-2 mm

Tornillo de tope superior

9 **Usa los mandos de cambio** para montar la cadena en el plato más grande y en el piñón más pequeño. Gira el tornillo de tope superior («H») hasta que la placa exterior del desviador esté a 1-2 mm de la cadena.

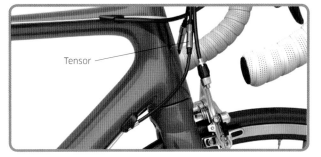

Tensor

10 **Usa el mando de cambio** para pasar de un plato a otro. Si la cadena no se mueve con suavidad entre platos, gira los tensores en incrementos pequeños para ajustar el cable.

► **COMPONENTES CLAVE**
Cambio trasero

El cambio (o desviador) trasero mueve la cadena entre piñones en el casete. Tiene un brazo con un mecanismo en paralelogramo que se articula mediante pivotes, y es controlado por la tensión del cable de cambio. Cuando accionas el mando de cambio, el desviador libera tensión en el cable. Entonces, el muelle de retorno del desviador obliga al paralelogramo a moverse, recobrando la tensión del cable y tirando de la parte inferior de la cadena lateralmente. Cuando no estás cambiando de marcha, la tensión del cable mantiene el desviador en su sitio. Hay desviadores traseros de distintas medidas: los casetes con más cantidad de marchas requieren modelos más largos.

PARTES EN DETALLE

El cambio trasero incluye un brazo con pivotes para mover la cadena, y dos roldanas para guiar y mantener la tensión de la cadena.

(1) Las **roldanas** están contenidas en la jaula, fijada al brazo del cambio. Guían y mantienen la cadena tensa mientras se desplaza entre los piñones del casete.

(2) En la **patilla** de la puntera se sujeta el cambio al cuadro. En algunas bicis es un componente separado, y en otras forma parte del cuadro.

(3) Los **tornillos de tope** en el cambio ajustan el límite de movimiento en cada extremo de su recorrido, evitando así que la cadena se desplace en exceso. Deben ajustarse bien (pp. 148-149).

(4) Los **pivotes** permiten que el cambio se mueva adentro y afuera por debajo del casete.

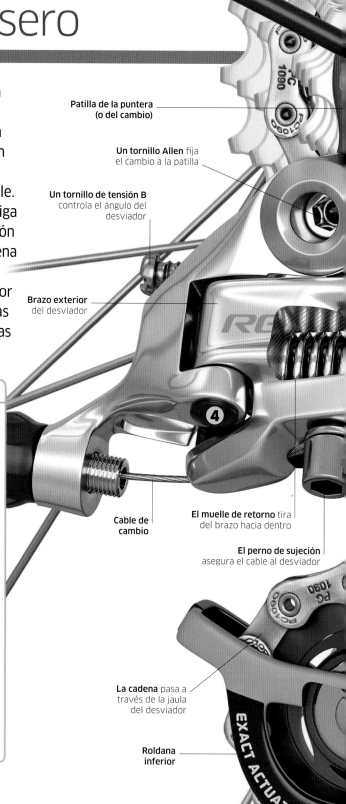

Patilla de la puntera
(o del cambio)

Un tornillo Allen fija el cambio a la patilla

Un tornillo de tensión B controla el ángulo del desviador

Brazo exterior del desviador

Cable de cambio

El muelle de retorno tira del brazo hacia dentro

El perno de sujeción asegura el cable al desviador

La cadena pasa a través de la jaula del desviador

Roldana inferior

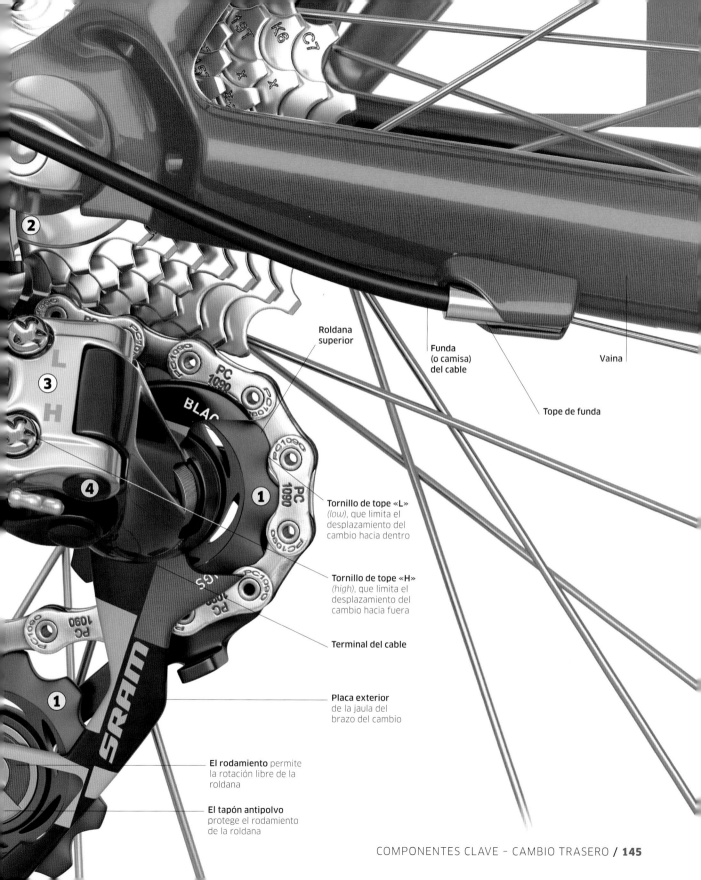

Roldana
superior

Funda
(o camisa)
del cable

Vaina

Tope de funda

Tornillo de tope «L»
(low), que limita el
desplazamiento del
cambio hacia dentro

Tornillo de tope «H»
(high), que limita el
desplazamiento del
cambio hacia fuera

Terminal del cable

Placa exterior
de la jaula del
brazo del cambio

El rodamiento permite
la rotación libre de la
roldana

El tapón antipolvo
protege el rodamiento
de la roldana

INSTALACIÓN DE UN CAMBIO

▶ INSTALACIÓN DE UN CAMBIO
Cambio trasero

El cambio (o desviador) trasero mueve la cadena entre piñones en el casete cuando cambias de marcha. Si el mecanismo de resorte se desgasta, se puede atascar y hacer que la cadena resbale entre marchas, así que deberás sustituir el cambio.

ANTES DE EMPEZAR

- Asegura la bicicleta en un pie de taller.
- Retira la cadena (pp. 158-159).
- Desmonta el cambio usado, desconectando el cable e invirtiendo el paso 2.

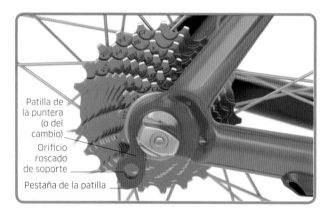

Patilla de la puntera (o del cambio)
Orificio roscado de soporte
Pestaña de la patilla

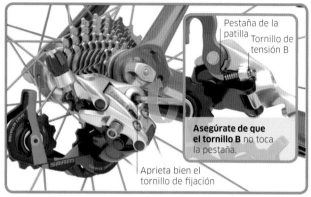

Pestaña de la patilla
Tornillo de tensión B

Asegúrate de que el tornillo B no toca la pestaña.

Aprieta bien el tornillo de fijación

1 **Engrasa el interior del orificio roscado** en la patilla de la puntera para que el desviador se mueva con libertad. Si tu patilla va atornillada, comprueba que se asiente recta y se ajuste con firmeza.

2 **Inclina el desviador** 90° respecto a su posición normal y aprieta su tornillo de fijación en el orificio de soporte con una llave Allen. Para comprobar que está fijo, empújalo y mira si recupera su posición.

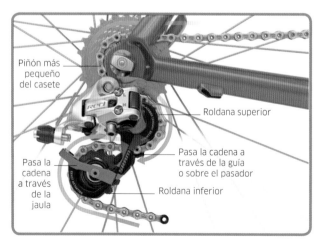

Piñón más pequeño del casete
Roldana superior
Pasa la cadena a través de la guía o sobre el pasador
Pasa la cadena a través de la jaula
Roldana inferior

Inserta la funda en el tensor
Monta el cable a lo largo de la bici

3 **Apoya un extremo** de la cadena en el plato más pequeño. Pasa el otro extremo por detrás del piñón más pequeño, por delante de la roldana superior y por detrás de la roldana inferior.

4 **Conecta el cable de cambio** (pp. 132-135) y guíalo a lo largo del cuadro, añadiendo funda donde sea necesario. Pasa el cable por el tensor y asegura en este la última sección de funda.

HERRAMIENTAS Y EQUIPAMIENTO

- Pie de taller
- Grasa
- Juego de llaves Allen
- Tronchacadenas o eslabón rápido
- Destornillador
- Aceite

Consejo de taller: Una vez hayas fijado el cambio trasero a la patilla, pulveriza un poco de aceite sobre los puntos de pivotes y las roldanas.

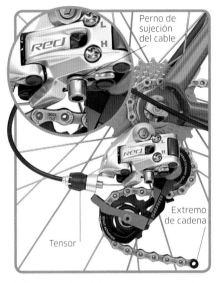

Perno de sujeción del cable

Extremo de cadena

Tensor

Desviador delantero

Plato más pequeño

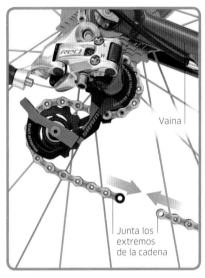

Vaina

Junta los extremos de la cadena

5 **Pasa el cable** por su perno de sujeción en el desviador. Tira para tensarlo y aprieta el perno con una llave Allen.

6 **Pasa el otro extremo** de la cadena a través del desviador delantero y por encima del plato más pequeño.

7 **Junta los dos extremos** de la cadena por debajo de la vaina. La gravedad ayudará a mantenerla en su sitio sobre la bici.

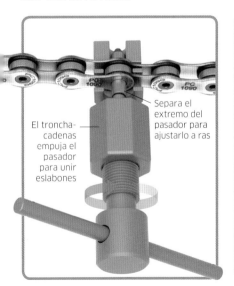

El troncha- cadenas empuja el pasador para unir eslabones

Separa el extremo del pasador para ajustarlo a ras

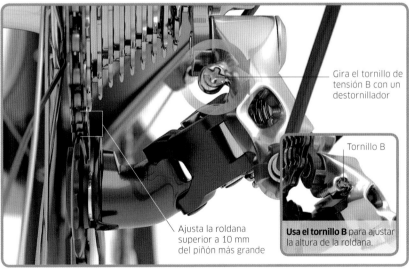

Gira el tornillo de tensión B con un destornillador

Tornillo B

Ajusta la roldana superior a 10 mm del piñón más grande

Usa el tornillo B para ajustar la altura de la roldana.

8 **Une los extremos** de la cadena según el tipo que utilices. La mayoría usa pasadores (imagen) o eslabones rápidos.

9 **Cambia al piñón más grande** del casete. Ajusta el tornillo de tensión B en el desviador trasero para que la roldana superior quede a unos 10 mm del piñón mayor. Esto asegura que el desviador actuará de forma eficaz, sin interferir con los piñones.

Cambio trasero

Los cambios mecánicos son controlados por la tensión del cable de cambio. Cuando este esté correctamente ajustado, las marchas cambiarán con suavidad. Si la cadena traquetea o se desliza a otro engranaje mientras estás pedaleando, o si la marcha no cambia, ello quiere decir que la tensión en el cable se ha alterado, y tendrás que indexar el cambio (o desviador) trasero.

 ANTES DE EMPEZAR

- Sustituye el cable de cambio si está estropeado (pp. 132-135).
- Limpia el desviador trasero y aplica aceite al muelle.
- Pon la bici en un pie de taller, con la rueda trasera levantada.
- Sitúa la cadena en el plato más pequeño.

Perno de sujeción

Tensor

2 **Afloja el perno de sujeción** con una llave Allen para liberar el extremo del cable y soltarlo. Gira el tensor en el sentido horario hasta que deje de girar, y luego en sentido contrario una vuelta completa.

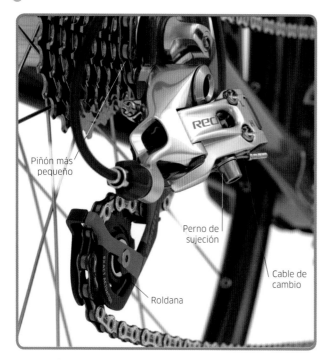

Piñón más pequeño

Perno de sujeción

Cable de cambio

Roldana

1 **Usa los mandos de cambio** para montar la cadena en el piñón pequeño del casete (marcha más alta) y en el plato grande. Esto reducirá la tensión en el cable de cambio y le dará cierta distensión.

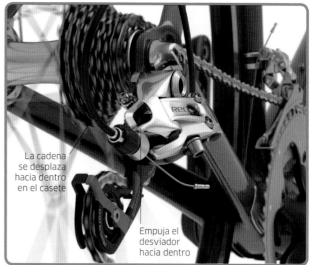

La cadena se desplaza hacia dentro en el casete

Empuja el desviador hacia dentro

3 **Gira los pedales** lentamente con una mano. Usa la otra para empujar el cuerpo del desviador trasero hacia dentro a fin de que la cadena se mueva al segundo piñón más pequeño del casete.

HERRAMIENTAS Y EQUIPAMIENTO

- Paño
- Aceite
- Pie de taller
- Juego de llaves Allen
- Destornillador de estrella

Consejo de taller: El tornillo de tensión B controla el ángulo del desviador y la distancia entre la roldana superior y los piñones. Debería estar muy cerca del casete, pero sin tocarlo. Para ajustarlo, cambia al piñón más grande; gira el tornillo para acercar la rueda.

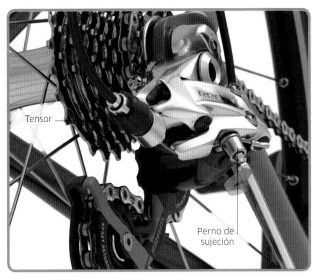

Tensor

Perno de sujeción

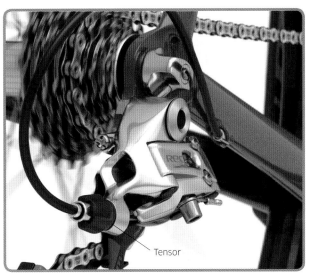

Tensor

4 **Pasa el cable de cambio** por el perno de sujeción, ténsalo y aprieta el perno. La roldana superior debe estar alineada con el segundo piñón más pequeño; si no lo está, gira el tensor en sentido antihorario.

5 **Gira los pedales** y cambia las marchas de la menor a la mayor. Si la cadena se salta una marcha, gira el tensor en sentido horario. Si se mueve muy despacio, gíralo en sentido contrario.

Gira el tornillo «H» con un destornillador de estrella

Gira el tornillo «L» con un destornillador de estrella

6 **Ajusta el tornillo de tope «H»** en el desviador para evitar que la cadena se salga del piñón pequeño. Cambia a la marcha más alta y gira el tornillo hasta que la roldana superior quede debajo del piñón más pequeño.

7 **Ajusta el tornillo de tope «L»** para evitar que la cadena sobrepase el casete en la marcha más baja. Cambia a la marcha más baja y gira el tornillo hasta que la roldana superior quede debajo del piñón más grande.

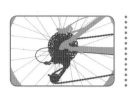

Cambio de buje

Un cambio de buje (interno) se compone de un conjunto de engranajes alojado en una unidad sellada conectada a la rueda trasera. Los engranajes pueden ser de 2 a 3 en un buje tradicional Sturmey-Archer, de 6 a 8 en un Shimano, y hasta de 14 en un Rohloff. El conjunto está formado por engranajes «satélites» que rotan en torno a uno central, o «planeta», todo ello dentro de una corona dentada. Este cambio funciona en casi todas las bicicletas, aunque es pesado para las de carreras. Es famosa su fiabilidad y duración, pues los componentes se conservan limpios y secos dentro de la carcasa (o cuerpo) del buje. Un cambio de buje es fácil de ajustar, pero requiere de mantenimiento profesional debido a su complejidad.

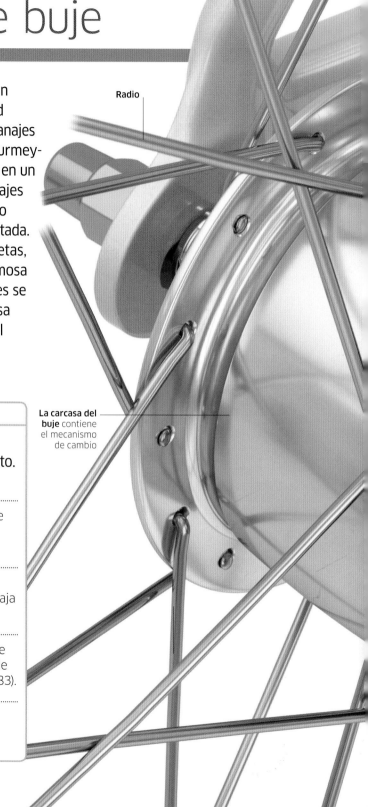

Radio

La carcasa del **buje** contiene el mecanismo de cambio

 PARTES EN DETALLE

Los cambios de buje como el Alfine 8 de Shimano (dcha.) precisan poco mantenimiento. Solo el cable necesita ajustes (pp. 152–155).

① Las **barras amarillas** visibles en la ventana de observación pierden su alineamiento cuando el cable de cambio necesita un ajuste.

② La **polea** guía del cable cambia el engranaje dentro del buje cuando el cable se tensa o se relaja por la acción del mando de cambio del manillar.

③ El **orificio de servicio** en la polea guía permite destensar el cable de cambio y quitar el tornillo de fijación del cable para desmontar la rueda (pp. 82–83).

④ El **soporte del cable**, en la unión del casete, sujeta la funda, permitiendo que el cable de cambio se ajuste a la tensión correcta.

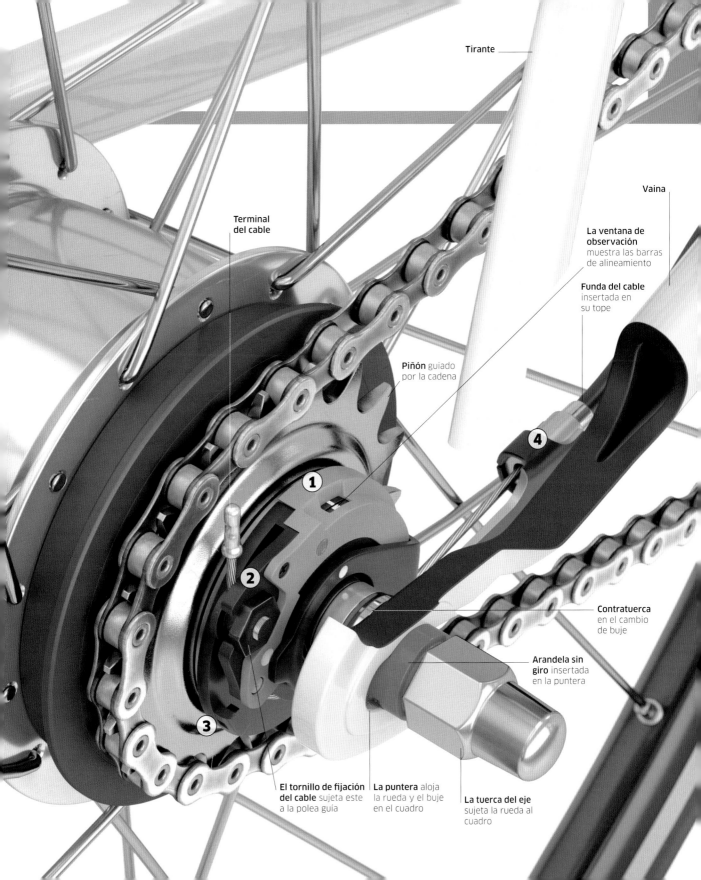

Tirante

Vaina

Terminal
del cable

La ventana de
observación
muestra las barras
de alineamiento

Funda del cable
insertada en
su tope

Piñón guiado
por la cadena

④

①

②

Contratuerca
en el cambio
de buje

③

Arandela sin
giro insertada
en la puntera

El tornillo de fijación
del cable sujeta este
a la polea guía

La puntera aloja
la rueda y el buje
en el cuadro

La tuerca del eje
sujeta la rueda al
cuadro

▶ AJUSTE DE UN CAMBIO DE BUJE
Alfine 8 de Shimano

Los cambios de buje son muy fiables y, una vez instalados, requieren poco mantenimiento. Pero, con el tiempo, los cables de cambio se elongan, lo que causa problemas al cambiar de marcha. Es algo fácil de arreglar, y no exige herramientas.

ANTES DE EMPEZAR

- Limpia el cambio de buje con un limpiador a base de alcohol.
- Si tu bici es un modelo antiguo, sujétala con las ruedas hacia arriba; si es moderna, con las ruedas en el suelo.
- Prepara un espacio despejado y amplio para trabajar.

1 Localiza la ventana de observación en el cambio de buje: debería estar en la parte inferior o en la superior del propio buje, y deberías ver dos barras amarillas. Limpia la ventana si es necesario.

Cambia de marchas, de primera a cuarta

2 Pon el buje en «modo de ajuste» cambiando a la primera marcha en el mando de cambio y luego subiendo hasta la cuarta. En algunos modelos, la cuarta se muestra con el número 4 en el mando.

Las barras alineadas indican que el cambio no necesita más ajustes.

3 Observa las dos barras amarillas en la ventana. Si están desalineadas (imagen grande), el buje no está alineado, y tendrás que ajustar el cable. Si están alineadas (recuadro), no necesitarás ajustarlo.

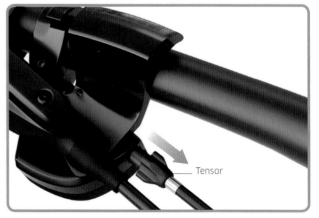

Tensor

4 Para ajustar la alineación del buje, localiza el tensor del cable, que normalmente está en el mando de cambio. Destraba el mecanismo tensor tirando del aro hacia fuera. Ahora el tensor girará.

■ Limpiador a base de alcohol
■ Paño

¡Cuidado! Si tu cambio sigue teniendo problemas incluso con las barras amarillas alineadas, lleva la bici a un taller. Los cambios de buje son complejos, y no están diseñados para ser abiertos. Si intentas repararlo tú mismo, podrías dañar el buje de forma permanente.

Gira el tensor en sentido horario o antihorario para alinear las barras

Sal del «modo de ajuste» del mando cambiando a la primera marcha

5 **El giro de la llave del tensor** desplaza la barra de la derecha en la ventana de observación del buje. Gira el tensor en sentido horario o antihorario hasta que las barras estén alineadas.

6 **Una vez satisfecho** con el ajuste, sal del «modo de ajuste» del mando de cambio pasando a la primera marcha. Luego, cambia a la marcha más alta antes de volver a meter la cuarta.

Barras alinea-das

Las barras desalineadas indican que el cambio aún no está bien alineado.

7 **Comprueba de nuevo la alineación** de las barras en la ventana de observación. Si aún están desalineadas, repite los pasos 2 a 6, girando el tensor y cambiando las marchas hasta que las barras estén alineadas. Da luego un paseo con la bici y vuelve a revisar las barras.

VARIACIONES

Shimano comercializa cambios de buje Alfine con 4, 7, 8 u 11 marchas, y todos los modelos se ajustan del mismo modo. Pero hay ligeras diferencias a tener en cuenta. También deberías consultar el manual del fabricante.

■ Los bujes Alfine con 4, 7 u 8 marchas se ajustan con el mando en cuarta. El modelo de 11 velocidades se ajusta en sexta.

■ Las barras de alineación del Alfine 8 son amarillas. En otros modelos son rojas o verdes.

AJUSTE DE UN CAMBIO DE BUJE
Sturmey-Archer de 3 marchas

Los Sturmey-Archer se han utilizado durante décadas en muy diversas bicis. Este cambio de buje es muy fiable, pero su reparación precisa de un profesional. Solo el estiramiento del cable por el uso, que dificulta el cambio de marcha, es un problema fácil de arreglar en casa.

El número de marcha está indicado en el mando

1 **Pon el buje** en «modo de ajuste» seleccionando la segunda marcha en el mando de cambio (esta marcha se usa normalmente como marcha de ajuste en los mandos modernos).

12,5 cm

Abrazadera del fulcro

3 **Si la bici tiene** una abrazadera del fulcro separada, comprueba que esté segura y situada al menos a 12,5 cm del buje. Para ajustarla, afloja su tornillo de ajuste, reubica la abrazadera y aprieta el tornillo.

- Asegura tu bicicleta en un pie de taller.
- Revisa que la rueda trasera esté centrada en la horquilla.
- Elimina toda la suciedad o la grasa que haya en la zona que rodea el buje.
- Revisa el cable de cambio en busca de deterioros.

Cubierta protectora

2 **La conexión del buje** y el fulcro pueden estar ocultos bajo una cubierta protectora en bicis modernas. Si es así, retira la cubierta para acceder a la conexión; trata de no partir los clips de retención.

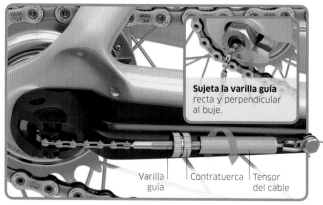

Sujeta la varilla guía recta y perpendicular al buje.

Varilla guía | Contratuerca | Tensor del cable

4 **Afloja el tensor del cable** de la varilla guía para desconectarlo por completo. Sujeta la varilla en perpendicular al buje, gírala en sentido horario para apretarla del todo y luego aflójala media vuelta.

HERRAMIENTAS Y EQUIPAMIENTO

- Pie de taller
- Desengrasante o líquido limpiador
- Paño
- Destornillador pequeño
- Grasa

¡Cuidado! Si usas el buje con las marchas desalineadas, puedes dañarlo. Si tienes problemas para seleccionar una marcha, o el buje patina, comprueba que la tensión del cable de cambio sea la correcta. Si los problemas persisten, lleva la bici a un taller.

Contratuerca

Varilla guía

Eje | El vástago de la guía queda a ras con el final del eje

Gira el tensor del cable para ajustar en su posición la varilla guía.

5 **Revisa la varilla guía** en busca de daños. Limpia y engrasa los eslabones, y enróscala de nuevo al tensor a mano. Afloja la contratuerca de la varilla un par de vueltas.

6 **Con la segunda marcha aún seleccionada**, gira el tensor del cable hasta que el extremo del vástago de la guía esté al mismo nivel que el extremo del eje cuando se mira por la ventana de observación.

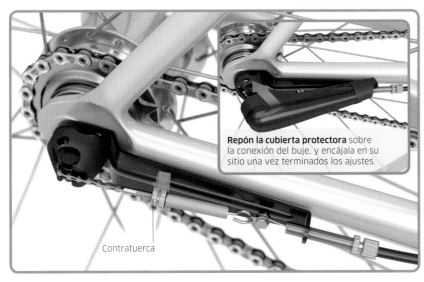

Repón la cubierta protectora sobre la conexión del buje, y encájala en su sitio una vez terminados los ajustes.

Contratuerca

BUJE DE 5 MARCHAS

Un cambio de buje Sturmey-Archer de 5 marchas se ajusta de modo similar al modelo de 3.

- Selecciona la segunda marcha en el mando y gira el tensor del cable hasta que el vástago de la guía sobresalga del extremo del eje 2,5 mm como mucho.

- Aprieta la contratuerca contra el tensor del cable.

- Selecciona la quinta marcha, gira los pedales y vuelve a meter segunda.

- Comprueba la posición de la varilla guía; reajusta si es preciso.

7 **Aprieta la contratuerca** del tensor del cable para fijar el nuevo ajuste. Cambia de marchas para comprobar que funcionan sin patinar. Repón la cubierta en la conexión del buje. Da un paseo de prueba con la bici en una zona segura, y haz cualquier ajuste adicional si fuera necesario.

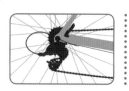

▶ COMPONENTES CLAVE
Cadena y casete

La cadena y el casete –el bloque de piñones en el buje trasero– transmiten el impulso del grupo pedalier a la rueda trasera, convirtiendo la energía de tu pedalada en movimiento. Una cadena está formada por más de cien eslabones, cada uno de ellos compuesto por dos placas unidas por pasadores y rodillos que permiten que los eslabones roten y se flexionen. Su anchura depende del número de piñones en el casete, que van de 8 a 12. Cada eslabón encaja a ambos lados de un diente del piñón, que está estampado con «rampas», relieves que permiten que la cadena cambie con más suavidad de un piñón a otro.

⚙ PARTES EN DETALLE

Un casete está compuesto por hasta 12 piñones con un número variable de dientes (de 10 a 50).

① El **anillo de bloqueo** sujeta el casete a la rueda libre. Si vas a cambiar el casete, necesitarás una herramienta especial para retirarlo (pp. 160–161).

② El casete está formado por un conjunto de **piñones** de distintos tamaños. Cada uno genera un desarrollo (o marcha) diferente: el más pequeño ofrece la marcha más alta.

③ Los casetes tienen **espaciadores** que aseguran la distancia correcta entre los piñones. El número de espaciadores depende del tipo de casete.

④ El **cambio trasero** no forma parte del casete, pero realiza la función vital de desplazar la cadena por el mismo, lo cual permite cambiar de marcha.

Palanca de cierre del eje de liberación rápida de la rueda

La puntera aloja la rueda en el cuadro

La carcasa (o cuerpo) del buje contiene los rodamientos de la rueda

Radios

Piñones montados en la araña del casete

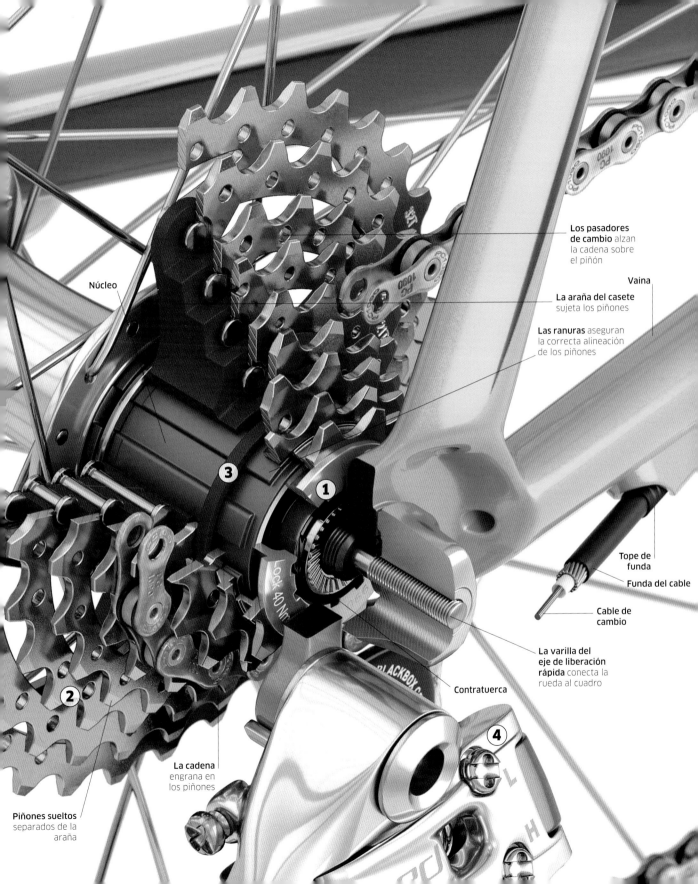

Los pasadores de cambio alzan la cadena sobre el piñón

Vaina

La araña del casete sujeta los piñones

Las ranuras aseguran la correcta alineación de los piñones

Núcleo

3

1

Tope de funda

Funda del cable

Cable de cambio

La varilla del eje de liberación rápida conecta la rueda al cuadro

Contratuerca

2

4

La cadena engrana en los piñones

Piñones sueltos separados de la araña

QUITAR Y PONER UNA CADENA
Cadena de bicicleta

La cadena sufre mucho desgaste, ya que está sometida a torsión y tensión constantes. Para funcionar bien precisa aceite, que atrae el polvo y la suciedad. Unas marchas que patinan pueden ser un signo de que necesitas cambiar tu cadena.

ANTES DE EMPEZAR

- Para destensar la cadena, asegúrate de que esté en el piñón y en el plato más pequeños.
- Revisa la cadena con un indicador de desgaste. Los dientes del indicador deben encajar en los eslabones; si no, la cadena se ha elongado.

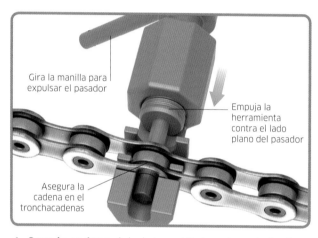

Gira la manilla para expulsar el pasador

Empuja la herramienta contra el lado plano del pasador

Asegura la cadena en el tronchacadenas

1 **Saca la cadena** del plato y déjala sobre el eje de pedalier. Elige un eslabón del tramo inferior y coloca la cadena en el tronchacadenas. Gira la manilla para expulsar el pasador, y retira la cadena.

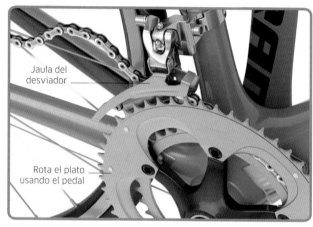

Jaula del desviador

Rota el plato usando el pedal

2 **Pasa un extremo** de la cadena nueva por la jaula del desviador delantero hasta que engrane en los dientes del plato. Gira los pedales para dirigir la cadena hacia abajo.

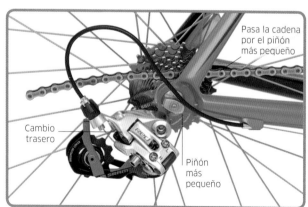

Pasa la cadena por el piñón más pequeño

Cambio trasero

Piñón más pequeño

3 **Tira del otro extremo** de la cadena hacia el cambio trasero de forma que descanse sobre el piñón más pequeño. Ahora estará lista para pasarla a través del desviador.

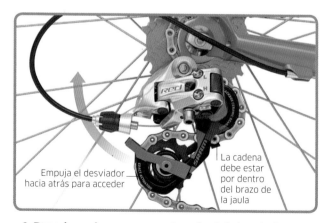

Empuja el desviador hacia atrás para acceder

La cadena debe estar por dentro del brazo de la jaula

4 **Pasa la cadena nueva** a través del desviador trasero. Introdúcela hacia abajo con cuidado: en sentido horario sobre la roldana superior, y antihorario sobre la roldana inferior.

HERRAMIENTAS Y EQUIPAMIENTO

- Indicador de desgaste de cadena
- Tronchacadenas (asegúrate de que su tamaño sea el correcto)
- Grasa y aceite
- Alicates de punta fina
- Eslabones y pasadores

Consejo de taller: Tal vez necesites acortar la cadena nueva; si fuera demasiado larga, podría salirse del plato. Cada bici precisa su longitud de cadena. Para saber la de la tuya, tensa la cadena alrededor del plato y del piñón más grandes, y súmale dos eslabones.

Junta los extremos de la cadena para conectar los eslabones

Pasador de recambio

Sujeta la cadena mientras insertas el pasador. Engrásalo para introducirlo mejor.

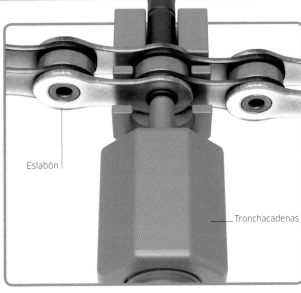

Eslabón

Tronchacadenas

5 **Junta los dos extremos** de la cadena por debajo de la vaina. Empuja el extremo delgado del pasador de recambio en el agujero de los dos eslabones para unir la cadena.

6 **Encaja la parte de la cadena** a unir en la guía del tronchacadenas. Gira la maneta de la herramienta para empujar el pasador y unir firmemente los extremos de la cadena.

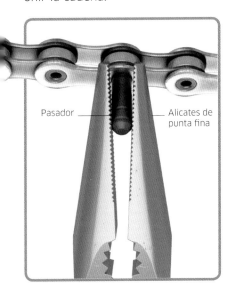

Pasador

Alicates de punta fina

Empuja la cadena para que forme una «V» invertida

Flexiona con cuidado los eslabones hasta que se muevan con suavidad; si quedaran rígidos, la cadena podrían salirse de los piñones

ESLABONES

Muchos fabricantes producen conectores de cadena especiales que facilitan su sustitución.

- **PowerLink, de SRAM:** dos mitades con pasadores integrados. Coloca en su sitio el eslabón y fíjalo a presión. El eslabón se puede liberar a mano.

- Las cadenas **Shimano** tienen un pasador de conexión reforzado, con un extremo acampanado para añadir solidez.

- **Ultralink, de Campagnolo:** se ofrece con un segmento de cadena para poder sustituir varios eslabones de una vez.

7 **Quiebra el extremo** sobrante del pasador con unos alicates. Algunos tronchacadenas tienen un orificio para esta función.

8 **La cadena estará algo rígida** en la unión. Aplica aceite al eslabón y manipula la cadena hasta que el eslabón se mueva libremente.

Casete trasero

Los casetes son propensos al desgaste, sobre todo si permites que acumulen polvo, grasa y arenilla, lo que hará que la cadena patine y salte. Aunque los casetes se pueden limpiar puestos, es mejor retirarlos para hacer un trabajo más a fondo.

ANTES DE EMPEZAR

- Prepara un espacio despejado para dejar las piezas.
- Retira la rueda trasera de la bicicleta (pp. 80-81).
- Selecciona la herramienta de anillo de bloqueo (o de fijación) correcta para tu casete.

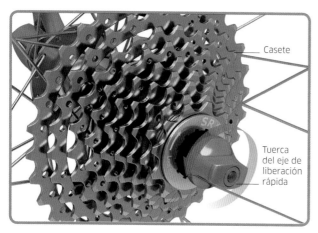

Casete

Tuerca del eje de liberación rápida

1 **Retira la varilla** del eje de liberación rápida desenroscando del todo la tuerca para acceder al anillo de bloqueo. Saca la varilla del buje, con cuidado de no perder los muelles cónicos de cada lado.

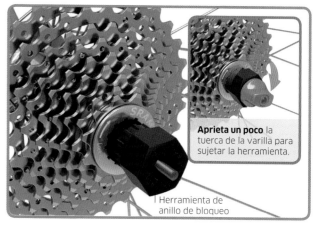

Aprieta un poco la tuerca de la varilla para sujetar la herramienta.

Herramienta de anillo de bloqueo

2 **Usando la herramienta de anillo de bloqueo** correcta, inserta el borde serrado de la misma en el anillo. Repón la tuerca del eje de liberación rápida en su sitio para sujetar la herramienta mientras gira.

Gira la herramienta de anillo en sentido antihorario.

Extremo de la llave de cadena

3 **Encaja una llave de cadena** en el tercer piñón más grande. Sujetando la llave de cadena para evitar que gire el casete, desenrosca la herramienta de anillo de bloqueo usando una llave inglesa.

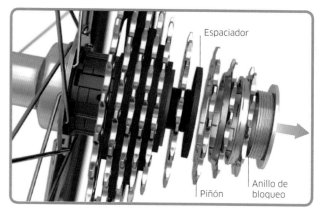

Espaciador

Piñón

Anillo de bloqueo

4 **Quita la tuerca del eje de liberación rápida**, y retira la herramienta y el anillo de bloqueo. Saca el casete del cuerpo del mismo. Pueden soltarse algunos piñones; anota su orden y el de cualquier espaciador intermedio.

HERRAMIENTAS Y EQUIPAMIENTO

- Herramienta de anillo de bloqueo
- Llave de cadena
- Llave inglesa
- Cepillo metálico
- Desengrasante
- Agua jabonosa

Consejo de taller: Aplica una capa fina de grasa a las estrías del cuerpo del casete para evitar su oxidación. Si ya hay algo de corrosión, pasa con suavidad un cepillo de cerdas metálicas para quitarla.

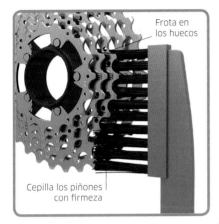

Frota en los huecos

Cepilla los piñones con firmeza

PARTES EN DETALLE

Muchos casetes son compatibles solo con bujes específicos; compruébalo antes de comprar componentes nuevos.

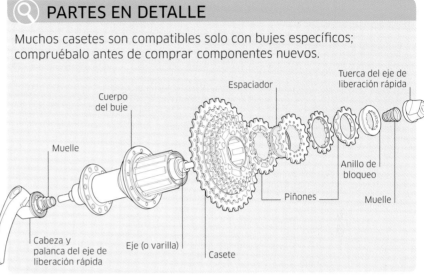

Cuerpo del buje

Espaciador

Tuerca del eje de liberación rápida

Muelle

Anillo de bloqueo

Piñones

Muelle

Cabeza y palanca del eje de liberación rápida

Eje (o varilla)

Casete

5 **Limpia el casete** y los dientes de los piñones con desengrasante y un cepillo de cerdas metálicas. Aclara con agua jabonosa.

Las estrías del cuerpo del casete aseguran el alineamiento de los piñones.

Al encajar los piñones, asegúrate de que no toquen los radios

Vuelve a poner los espaciadores en su orden correcto

6 **Alinea el bloque del casete**, conocido como araña, con los surcos del cuerpo del casete. Solo encajará en una posición.

7 **Empuja el casete** y los piñones en el cuerpo de la rueda libre. Reubica los espaciadores en el orden correcto.

8 **Reajusta el casete** en el buje con la herramienta de anillo de bloqueo y una llave inglesa. Repón la rueda y la cadena.

El pedalier (o grupo pedalier) comprende las bielas, los platos y el eje de pedalier. Para elegir un grupo pedalier debes considerar el tamaño de los platos y su número de dientes (lo cual afecta a las marchas) y escoger un largo de biela que se ajuste a la longitud de tus piernas, para pedalear así con mayor facilidad. Además, deberías elegir un pedalier adecuado al estilo de

TIPO	IDONEIDAD	COMPONENTES CLAVE
DE CARRETERA Los grupos pedalier de bicis de carretera deben ser ligeros pero muy rígidos. A menudo montan platos más grandes, y ofrecen una gama de velocidades más amplia para el ciclismo de carreras.	■ **Carreras** y otras pruebas de competición en carretera.	■ **La biela derecha y la araña** conforman una sola pieza. ■ **Los dos platos** deben funcionar con cadenas de 10 a 11 velocidades. ■ **El eje** va encajado en ranuras en el lado derecho y asegurado con un perno de fijación en el izquierdo.
DE ENTRENAMIENTO/DE CICLOCROSS/DEPORTIVO Este pedalier de nivel medio ofrece un rendimiento similar a las versiones más caras, así que es adecuado para un ciclismo más general, aunque es más rígido y suele ser más pesado que los modelos de gama alta.	■ **Ciclismo de carretera** en general, de entrenamiento o deportivo. ■ **Ciclocross de competición.** ■ **Gravel.**	■ **La biela derecha y la araña** suelen conformar una sola pieza. ■ **Los dos platos** deben funcionar con cadenas de 10 a 11 velocidades. ■ **El eje** va encajado en ranuras en el lado derecho y asegurado con un perno de fijación en el izquierdo.
DE PISTA/DE PIÑÓN FIJO/MONOMARCHA Estos grupos pedalier tienen un solo plato, que es de dientes más anchos. Son muy rígidos, pues deben soportar fuerzas de pedaleo elevadas.	■ **Ciclismo de pista** y de competición. ■ **Ciclismo urbano** con bicis monomarcha.	■ **La biela derecha y la araña** suelen conformar una sola pieza. ■ **El plato más ancho** normalmente solo es compatible con una cadena de más de 3,18 mm. ■ **El eje** suele ir encajado en el cuadro con el eje de pedalier.
DE BICICLETA DE MONTAÑA Van desde los grupos pedalier de tres platos, que proporcionan más variedad de marchas, a los de dos platos, de menor peso, y los de un solo plato, preferidos a menudo por su simplicidad.	■ **Ascensos**, si la bicicleta tiene un grupo pedalier con tres platos que incluya marchas bajas. ■ **Descensos** con grupo pedalier de un solo plato.	■ **La biela derecha y la araña** suelen conformar una sola pieza. ■ **Los dos platos** deben funcionar con cadenas de 10 a 11 velocidades. ■ **El eje** va encajado en ranuras en el lado derecho y asegurado con un perno de fijación en el izquierdo.

ciclismo que pretendas practicar. La mayoría de sus partes son de aluminio ligero, pero hay bicis de carretera de gama alta que las tienen de carbono para reducir peso. Si tu idea es hacer ciclismo de montaña, necesitarás un grupo pedalier más resistente para evitar el riesgo de que las piedras dañen o incluso rompan la cadena en mitad del recorrido.

MATERIALES	VARIACIONES	MANTENIMIENTO
■ **Las bielas y la araña** suelen ser de aluminio. Las bielas son huecas. ■ **Los grupos pedalier de gama alta** tienen bielas de fibra de carbono y platos de aleación de aluminio endurecido. ■ **El eje** es hueco y de acero ligero.	■ **Las bielas** tienen 165-175 mm para distintas longitudes de pierna. Normalmente son de 172,5 mm. ■ **Los platos más comunes** tienen 53-39 dientes, y los *mid-compact*, 52-36 dientes.	■ **Las roturas** son raras, pero después de un golpe deberías revisar la biela por si hay fisuras. ■ **Los platos con dientes ganchudos** indican un desgaste excesivo y se deberían cambiar.
■ **Las bielas y la araña** suelen ser de aluminio. ■ **Las bielas** son a menudo huecas, pero en los modelos económicos pueden ser macizas. ■ **El eje** es hueco y de acero ligero. ■ **Las bicis de nivel básico** pueden montar un EP de cuadradillo.	■ **Las bielas** tienen 165-175 mm para distintas longitudes de pierna. Normalmente son de 172,5 mm. ■ **Los platos *compact*** más habituales tienen 50-34 dientes. ■ **Los platos de ciclocross** pueden usar 46-34 dientes.	■ **Las roturas** son raras, pero después de un golpe deberías revisar la biela por si hay fisuras. ■ **Los platos con dientes ganchudos** indican un desgaste excesivo y se deberían cambiar.
■ **Las bielas y la araña** suelen ser de aluminio. ■ **El eje** es hueco y normalmente de acero ligero. ■ **El plato** puede estar hecho de aluminio o acero.	■ **Las bielas** tienen 165-175 mm de largo. ■ **Los pedalieres** más largos pueden golpear el suelo al pedalear en curva cerrada o en repecho en una senda. ■ **Los platos más comunes** tienen 48-49 dientes.	■ **El ciclismo todoterreno o de montaña** acelera el desgaste de los platos; revisa estos y la cadena regularmente. ■ **Revisa las bielas** en busca de daños o fisuras.
■ **Las bielas y la araña** suelen ser de aluminio. ■ **Las bielas** suelen ser huecas, pero en modelos económicos pueden ser macizas. ■ **El eje** es cónico cuadrado y usa un eje de pedalier de cuadradillo.	■ **Las bielas** tienen 165-175 mm para distintas longitudes de pierna. Normalmente son de 172,5 mm. ■ **Los platos más comunes** tienen 40-28 dientes, mientras que los *mid-compact* tienen 38-26 dientes. ■ **Los de tres platos** tienen 40, 32 y 22 dientes, respectivamente.	■ **Las roturas** son raras, pero después de un golpe deberías revisar la biela por si hay fisuras. ■ **Un eje de pedalier con holgura** y una cadena floja deberían ser revisados y cambiados.

Grupo pedalier

Cuando giras los pedales, el pedalier rota en torno al eje de pedalier (EP); el grupo pedalier incluye dicho eje, los brazos de la biela y los platos. Las unidades de cuadradillo (pp. 168-169) se encuentran atornilladas al EP, mientras que los pedalieres modernos (pp. 166-171) están unidos a un eje de una o dos piezas. Las bicis de turismo y algunas todoterreno tienen tres platos para ofrecer más marchas. Las de carretera tienen dos, para reducir peso, mientras que algunas de ciclocross, gravel y montaña usan un solo plato. Los pedalieres son de fibra de carbono o bien de una pieza sólida de aluminio.

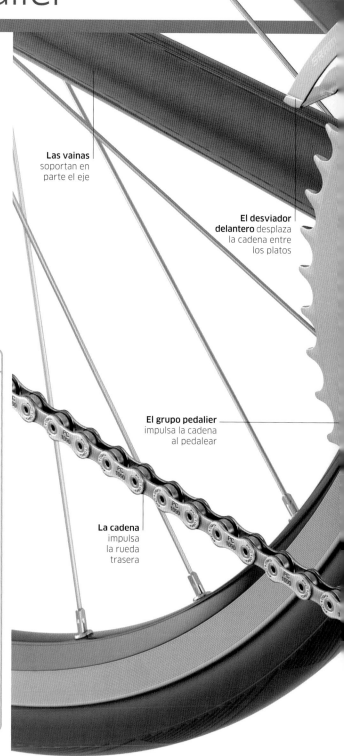

Las vainas soportan en parte el eje

El desviador delantero desplaza la cadena entre los platos

El grupo pedalier impulsa la cadena al pedalear

La cadena impulsa la rueda trasera

PARTES EN DETALLE

El pedalier está formado por el juego de bielas y de 1 a 3 platos, que tienen entre 22 y 53 dientes en los que engranan los eslabones de la cadena.

(**1**) Las **bielas** transmiten el pedaleo del ciclista al plato y la cadena, que a su vez hace rotar el casete y la rueda trasera.

(**2**) La **araña** es parte de la biela derecha (motriz) y está formada por cierta cantidad de brazos sobre los que se atornillan los platos.

(**3**) El **eje** une las bielas y está atornillado al EP o integrado en él. Un eje de mayor diámetro aumentará la rigidez del pedalier.

(**4**) Las **cazoletas del EP** van en el cuadro a rosca o a presión, y sujetan el eje, permitiendo que el pedalier rote suavemente y sin pérdida de giro.

El **tubo vertical (o del sillín)** es donde se sujeta el desviador delantero

El **plato exterior** proporciona la relación de marchas más alta

El **plato interior** proporciona la relación de marchas más baja

Biela izquierda (no motriz)

1

4

2

4

3

SRAM RED

1

Los **tornillos del plato** lo sujetan a la araña

ESLABONES

Las cadenas deben ser robustas y flexibles para impulsar la transmisión. Todas son similares.

Placa interior del eslabón

Placa exterior del eslabón

Pasador   Rodillo

Los **rodamientos** permiten el giro libre del eje y las bielas

La caja (o tubo) del pedalier aloja el eje y el EP

Biela derecha (motriz)

Soporte roscado para el eje del pedal

HollowTech II de Shimano

El grupo pedalier HollowTech presenta un eje hueco conectado de forma permanente con la biela derecha, y al cual se conecta también la biela izquierda. Si quieres sustituir o hacer el mantenimiento del eje de pedalier (EP), tendrás que quitar el grupo pedalier.

ANTES DE EMPEZAR

- Asegura la bicicleta en un pie de taller.
- Coloca debajo una tela para no manchar el suelo con la grasa.
- Prepara un espacio despejado para dejar las piezas.
- Consulta las instrucciones del fabricante para comprobar el par de apriete del perno de fijación.

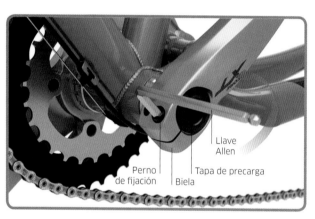

Llave Allen

Perno de fijación

Biela

Tapa de precarga

1 **Con una llave Allen de 5 mm**, afloja poco a poco y alternativamente ambos pernos de fijación de la biela izquierda. En principio, no necesitarías sacarlos completamente de su rosca.

Empuja la pestaña de seguridad hacia arriba con un destornillador.

Herramienta de tapa

2 **Quita la tapa de precarga** con la herramienta específica para tapas desenroscando en sentido antihorario. Con un destornillador plano, desacopla la pestaña de seguridad empujando hacia arriba.

Cazoleta

Saca la biela de las ranuras del eje hueco

Eje hueco

3 **Con la pestaña de seguridad desacoplada**, desliza la biela izquierda fuera del eje ranurado. Si no se desplaza con facilidad, tal vez necesites desatascarla moviéndola de lado a lado.

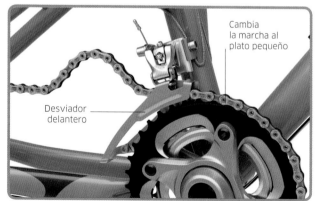

Cambia la marcha al plato pequeño

Desviador delantero

4 **Cambia el desviador delantero** al plato más pequeño. Levanta la cadena del plato y déjala colgar suelta para que no se retuerza cuando retires el pedalier del cuadro.

Consejo de taller: Para facilitarte las cosas cuando quitas el brazo izquierdo de la biela, retira por completo los pernos de fijación y la pestaña. Esto eliminará toda tensión en la abrazadera.

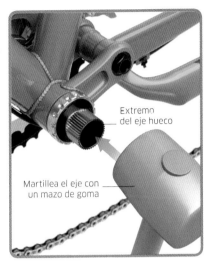

Extremo del eje hueco

Martillea el eje con un mazo de goma

5 **Con un mazo de goma**, da al eje hueco unos golpes cuidadosos pero firmes hasta que pase a través del eje de pedalier (EP).

Saca el pedalier suelto del EP

6 **Tira con cuidado del pedalier** desde el lado derecho del EP. Deja que la cadena descanse sobre el EP para que no toque el suelo.

ÚTILES SHIMANO

Reponer un HollowTech II requiere tanto información como herramientas originales.

- La herramienta para la tapa de precarga se suministra con el grupo pedalier, y es esencial para ponerla y quitarla. Si has perdido la tuya, tendrás que comprar un recambio.

- Si ajustas el pedalier con una llave dinamométrica, el par de apriete viene impreso junto con los pernos de sujeción. Si se ha perdido, búscalo en http://si.shimano.com/#/.

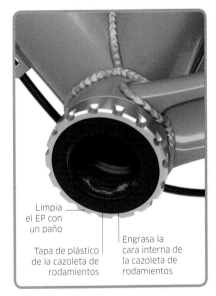

Limpia el EP con un paño

Tapa de plástico de la cazoleta de rodamientos

Engrasa la cara interna de la cazoleta de rodamientos

7 **Limpia las superficies internas** de las cazoletas de rodamientos del EP, donde se asienta el eje hueco, y aplica grasa nueva.

8 **Empuja el pedalier derecho** a través del EP, todo lo que puedas a mano y, si es necesario, acabando con el mazo de goma.

Aprieta el perno

Empuja hacia abajo la pestaña de seguridad

Perno de sujeción

Aprieta la tapa de precarga con su herramienta particular

9 **Repón la biela izquierda** y recoloca la tapa de precarga. Encaja la pestaña de seguridad y aprieta los pernos de sujeción.

▶ QUITAR Y PONER UN PEDALIER
Modelos de cuadradillo

Los pedalieres de cuadradillo son comunes en la bicis más antiguas, y encajan con ejes cónicos cuadrados (pp. 178-179). El juego de platos y las bielas encajan en el eje cuadrado del eje de pedalier; necesitarás un extractor de bielas para quitarlos. Desmonta el grupo pedalier siempre que vayas a manipular o sustituir el EP.

 ANTES DE EMPEZAR

- Asegura la bicicleta en un pie de taller.
- Prepara un espacio despejado para dejar las piezas.
- Limpia toda la zona del EP.
- Rocía aceite en los tornillos de las bielas para aflojarlos mejor.

Limpia las roscas

2 **Limpia y lubrica la rosca** interna de la biela. Usa un paño para limpiar también el tornillo. Comprueba que el tornillo y cualquier arandela estén en buenas condiciones, y aplica grasa nueva al tornillo.

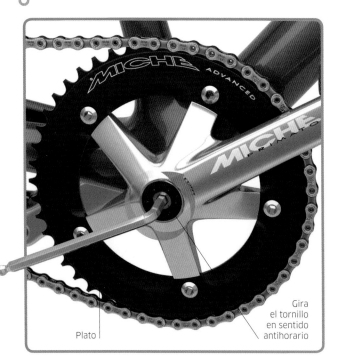

Plato

Gira el tornillo en sentido antihorario

Extractor de bielas

1 **Si los tornillos de la biela** tienen tapas de plástico, quítalas de ambos lados. Con una llave Allen, saca el tornillo del brazo derecho, así como las arandelas, si las hay. Sujeta bien la biela mientras trabajas.

3 **Asegurándote de que el extremo** del extractor está completamente desenroscado, enrosca con cuidado dicho extremo en la biela a mano. Apriétalo firmemente -en sentido horario- con los dedos.

HERRAMIENTAS Y EQUIPAMIENTO

- Pie de taller
- Paño
- Aceite
- Juego de llaves Allen
- Grasa y pincel
- Extractor de bielas
- Juego de llaves fijas

¡Cuidado! Para evitar dañar las roscas de la biela, comprueba que estén limpias antes de insertar el extractor. Asegúrate igualmente de colocar la herramienta perpendicular a las roscas para evitar trasroscados.

Inserta una llave Allen en el extractor

Deja la cadena sobre el EP

Saca la cadena

4 **Con el extractor de bielas** encajado en la misma, usa una llave fija o Allen para girar la herramienta en sentido horario. El extractor empujará la biela fuera del cuadro y la sacará de la caja del EP.

5 **Una vez que el extractor** haya extraído el plato de la caja del EP, separa el plato de la bicicleta con cuidado de no dejarlo caer. Saca la cadena del plato y déjala sobre el EP.

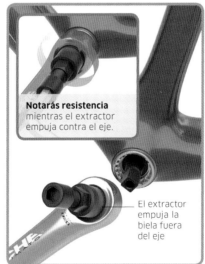

Notarás resistencia mientras el extractor empuja contra el eje.

El extractor empuja la biela fuera del eje

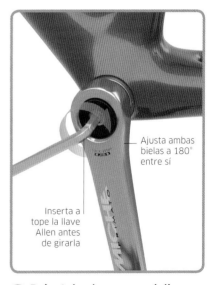

Ajusta ambas bielas a 180° entre sí

Inserta a tope la llave Allen antes de girarla

6 **Desenrosca el extractor de bielas** del pedalier con una llave fija o Allen. Limpia las roscas del extractor.

7 **En el lado izquierdo**, quita el tornillo de la biela, enrosca el extractor y apriétalo como en el paso 4 para sacar la biela izquierda.

8 **Reinstala el grupo pedalier**, comenzando por la biela izquierda e invirtiendo los pasos 1 a 7 mostrados aquí.

► **QUITAR Y PONER UN PEDALIER**
Ultra-Torque de Campagnolo

El uso de transmisiones Campagnolo es habitual. Sus grupos pedalier Ultra-Torque y Power Torque emplean tecnologías similares y se ajustan del mismo modo. Si observas chirridos u holgura en el pedalier, deberías retirarlo para resolver el problema. También necesitarás quitarlo cuando sustituyas un eje de pedalier.

ANTES DE EMPEZAR

- Si el tornillo de la biela está oxidado, rócialo con aceite penetrante.
- Pon la cadena en el plato exterior.

Quita el tornillo del todo; límpialo y engrásalo antes de volver a utilizarlo.

Llave Allen

2 **Introduce una llave Allen de 10 mm**, de brazo largo, en el centro del eje de la biela derecha. Comprueba que esté bien trabada, y gira en sentido antihorario para aflojar el tornillo central de la biela.

Pinza de retención

1 **Deja un momento la bici** sobre un costado para acceder más fácilmente a la pinza de retención. Retírala con alicates de punta fina y déjala en un lugar seguro. Luego, monta la bici en un pie de taller.

Quita la cadena del plato

Gira el plato a medida que quitas la cadena

3 **Retira la cadena** del plato levantando el desviador trasero para reducir la tensión de la cadena. Gira el plato y levanta la cadena de él. Apoya la cadena desmontada sobre el EP.

- Aceite penetrante
- Alicates de punta fina
- Pie de taller
- Llave Allen de 10 mm
- Paño y agua jabonosa
- Grasa

Consejo de taller: Aplica grasa a la rosca del tornillo de la biela antes de reponerlo. Esto evitará que se oxide o degrade con el tiempo, y facilitará futuras extracciones. Sujeta con firmeza la biela derecha (motriz) cuando aflojes o aprietes el tornillo.

La cadena colgará suelta

4 **Libera la biela derecha** (junto con los platos) del EP. Ten cuidado de no dañarla ni dejar caer alguna de las piezas.

PARTES EN DETALLE

Existen varios sistemas de grupos pedalier, y a menudo las piezas de fabricantes distintos son incompatibles entre sí.

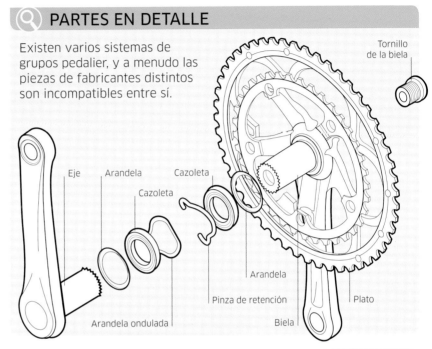

Tornillo de la biela

Eje · Arandela · Cazoleta · Cazoleta · Arandela · Pinza de retención · Plato · Biela · Arandela ondulada

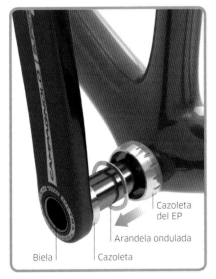

Cazoleta del EP
Arandela ondulada
Biela · Cazoleta

5 **Retira la biela** izquierda y la arandela ondulada (de color marrón en el pedalier Power Torque, de Campagnolo).

Asegúrate de que la cadena está bien engranada

Vuelve a poner y ajustar la pinza de retención antes de salir a rodar.

6 **Para reponer el pedalier**, primero limpia la caja y el eje de pedalier, y vuelve a engrasarlos. Revisa que la arandela ondulada (o marrón) no se haya aplastado con el uso; sustitúyela si es necesario. Reinstala el pedalier invirtiendo los pasos 1 a 5.

▶ **QUITAR Y PONER UN PEDALIER**

SRAM Red

Hecho con ligera fibra de carbono, el pedalier SRAM Red presenta un eje hueco conectado de forma permanente a la biela derecha (motriz), y en el cual encaja la biela izquierda. Necesitarás quitar el grupo pedalier si tienes que limpiar o cambiar el eje de pedalier (EP). En el segundo caso, asegúrate de que el EP nuevo es de la talla correcta para el pedalier SRAM.

◔ ANTES DE EMPEZAR

- Asegura la bicicleta en un pie de taller.
- Prepara un espacio despejado para dejar las piezas.

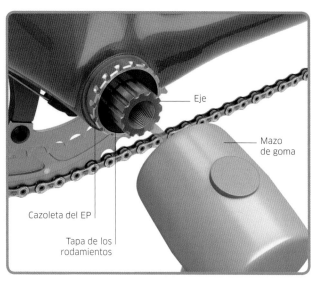

Eje

Mazo de goma

Cazoleta del EP

Tapa de los rodamientos

2 **Golpea suavemente el eje** con un mazo de goma para expulsar el pedalier del EP. La tapa de los rodamientos podría salirse de la cazoleta del EP al sacar el eje. Si esto sucede, empújala con los dedos.

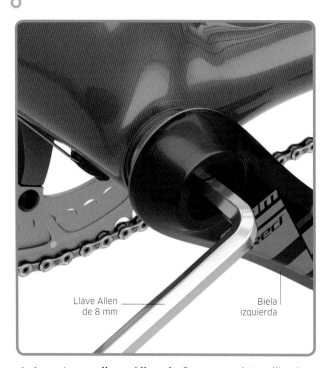

Llave Allen de 8 mm

Biela izquierda

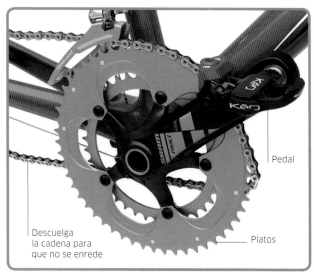

Pedal

Descuelga la cadena para que no se enrede

Platos

1 **Inserta una llave Allen de 8 mm** en el tornillo de la biela izquierda (no motriz), y gíralo en sentido antihorario para soltar la biela del eje. Retira la biela y déjala a un lado.

3 **Desengancha la cadena** del plato y deja que cuelgue libremente. Esto es importante, pues debes evitar que la cadena se retuerza al empujar el pedalier a través del EP. Apoya la cadena en el EP.

■ Pie de taller
■ Llave Allen de 8 mm
■ Mazo de goma
■ Paño y desengrasante
■ Grasa

Consejo de taller: Si las bielas giran con menos libertad al reinstalarlas, puede ser debido a la grasa nueva en los retenes del EP. Esto se resolverá a medida que el EP se asiente.

Eje

Rodamientos protegidos por la tapa de rodamientos

Cazoleta del EP | Grasa | Tapa de rodamientos

4 **Tira del plato** para sacar el eje del EP. Si hay algún signo de holgura o falta de rigidez en las bielas, o bien ruidos en los rodamientos, puede que debas reemplazar el EP (pp. 176–177 y 180–181).

5 **Limpia a fondo el EP** con desengrasante y un paño. Aplica abundante grasa nueva a las superficies interiores del EP, incluidas las tapas de rodamientos donde se asienta el eje.

Eje

Grasa

Empuja el plato de frente para que el eje pase recto por el EP.

Grasa

Aprieta el tornillo de la biela girando la llave Allen en sentido horario.

Biela izquierda

6 **Engrasa el eje** para ayudar a que el pedalier se deslice con facilidad y evitar la corrosión. Empuja el pedalier a través del EP desde el lado derecho (motriz), pasándolo antes por dentro de la cadena.

7 **Engrasa el eje** del lado de la biela izquierda (no motriz), asegurándote de que las ranuras están alineadas. Aprieta el tornillo de la biela con una llave Allen. Engrana la cadena sobre el plato.

Eje de pedalier

El eje de pedalier (EP) fija los brazos (o manivelas) del juego de bielas al cuadro a través de un eje soportado por rodamientos que permiten su libre rotación. Los EP de cuadradillo (cónicos cuadrados, pp. 178-179) y los Octalink de Shimano usan un eje integrado dentro de un «cartucho» en el que encajan las bielas. Los sistemas de eje de gran diámetro, como Power Torque y Ultra-Torque de Campagnolo (pp. 176-177), HollowTech de Shimano (pp. 180-181) y SRAM GXP, tienen un eje incorporado a la biela que se desliza en las cazoletas de rodamientos situadas a cada lado de la caja del EP en el cuadro. Estos sistemas usan rodamientos sellados más duraderos.

 PARTES EN DETALLE

Los ejes de pedalier van roscados o a presión en la caja del EP del cuadro, y permiten la libre rotación de la biela.

① El **tornillo de la biela** se asienta en el eje; une las bielas izquierda (no motriz) y derecha (motriz).

② El **eje** se asienta dentro de la caja y las cazoletas del EP, y rota cuando gira el juego de bielas. Puede estar integrado en un cartucho (pp. 178-179) o en la biela derecha (pp. 180-181). En algunos casos puede estar dividido en dos mitades unidas a cada biela (pp. 176-177).

③ Las **cazoletas del EP** alojan los rodamientos, y van a rosca o a presión a cada lado de la caja del EP.

④ Los **rodamientos** están dentro de las cazoletas, contenidos en unidades selladas.

La biela derecha (motriz) incluye la araña, donde se ajusta el plato

El plato exterior tiene más dientes, y proporciona la relación de marchas superior

El plato interior tiene menos dientes, y proporciona la relación de marchas inferior

La cadena transmite impulso desde los platos a la rueda trasera

Pinza de retención exclusiva de los EP Campagnolo

Arandela ondulada exclusiva de los EP Campagnolo

La caja del EP aloja el eje y el EP

Un eje de gran diámetro mejora la transferencia de fuerza

La biela izquierda (no motriz) conecta el pedal al eje del EP

▶ SUSTITUCIÓN DE RODAMIENTOS
Ultra-Torque de Campagnolo

Los pedalieres Ultra-Torque tienen cazoletas de rodamientos que se asientan en la caja del EP, en el cuadro, con cazoletas reemplazables encajadas alrededor del eje. Las vibraciones o los ruidos indican que los rodamientos necesitan sustituirse.

🔧 ANTES DE EMPEZAR

- Asegura la bicicleta en un pie de taller.
- Prepara un espacio despejado para dejar las piezas.
- Retira el pedalier del EP (pp. 170–171).
- Adquiere cazoletas de repuesto si las actuales están gastadas.

Paño

Eje

1 Limpia a fondo con un paño y desengrasante la biela derecha. Elimina la mugre y el polvo del eje, y límpialo por dentro. Frota el interior de la caja del EP para retirar la grasa y el polvo.

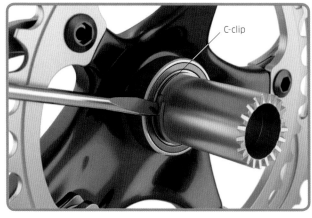

C-clip

2 La biela derecha tiene una pinza de retención (c-clip) para impedir que el eje se mueva lateralmente en el EP. Apaláncala de la cazoleta con un destornillador plano y sácala del eje con los dedos. No la pierdas.

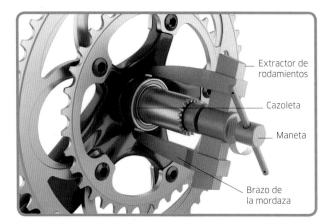

Extractor de rodamientos

Cazoleta

Maneta

Brazo de la mordaza

3 Encaja el extractor en el eje hasta que las puntas de la mordaza pellizquen por debajo la cazoleta. Gira la maneta en sentido horario. A medida que se presiona el eje, los brazos de la mordaza tiran y sacan la cazoleta.

Eje

Cazoleta

Platos

4 Una vez suelta la cazoleta, retira el extractor y saca la cazoleta del eje con los dedos. Si observas algún daño en la superficie del eje, puede que debas sustituir el grupo pedalier.

Consejo de taller: Pon un paño por debajo de la biela antes de usar el extractor y el instalador de rodamientos. Eso protegerá el brazo de arañazos durante el proceso de retirada y reajuste.

Brazo izquierdo de la biela

Extractor de rodamientos

Asegura el engarce completo de la mordaza con el rodamiento

Eje

Cazoleta de rodamientos

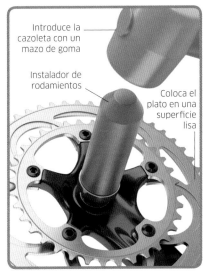

Introduce la cazoleta con un mazo de goma

Instalador de rodamientos

Coloca el plato en una superficie lisa

5 **Encaja el extractor** en el lado izquierdo (no motriz) del eje, con la mordaza engarzada a la cazoleta, y libera esta según los pasos 3 y 4.

6 **Usa un paño** para limpiar con desengrasante ambos lados del eje y las cazoletas de rodamientos. Revisa si hay signos de desgaste.

7 **Desliza la cazoleta nueva** sobre el eje derecho. Acopla sobre el eje el instalador de rodamientos y usa el mazo para poner la cazoleta.

C-clip

Engrasa el rodamiento

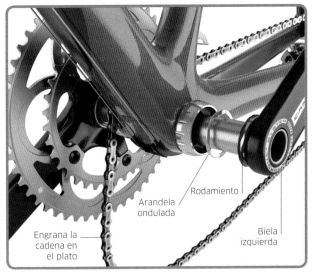

Rodamiento

Arandela ondulada

Biela izquierda

Engrana la cadena en el plato

8 **Cuando el rodamiento** esté bien asentado en el eje, aplica grasa a la cazoleta y alrededor de ella. Coloca la pinza c-clip: deslízala por el eje y apriétala en la cazoleta hasta que encaje ajustada.

9 **Encaja el segundo rodamiento** en la biela izquierda (no motriz) usando el instalador como en el paso 7. Deja la cadena colgando del EP y repón el pedalier y el brazo izquierdo de la biela (pp. 170–171).

▶ SUSTITUCIÓN DEL EJE DE PEDALIER
Modelos de cartucho

Las unidades de eje de pedalier de cartucho tienen una cámara sellada para los rodamientos. Estos pueden secarse y gastarse con el uso, haciendo que el EP rechine al pedalear. Un cartucho gastado no admite mantenimiento y debe ser sustituido.

ANTES DE EMPEZAR

- Asegura la bicicleta en un pie de taller.
- Retira el pedalier (pp. 168-169).
- Asegura la cadena en la vaina.
- Prepara un espacio despejado para dejar las piezas.

Encaja los dientes del extractor en las ranuras de la cazoleta

Asegúrate de que el extractor engrane bien antes de usar la llave.

Extractor del eje de pedalier

1 **Encaja el extractor del eje de pedalier** en la cazoleta del lado izquierdo del EP. Ajusta una llave inglesa sobre el extractor y gírala en sentido antihorario para aflojar la cazoleta del EP.

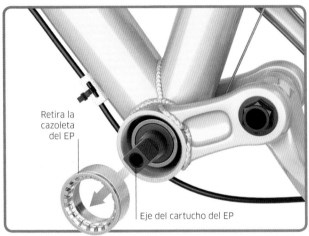

Retira la cazoleta del EP

Eje del cartucho del EP

2 **Sigue aflojando la cazoleta del EP** con la llave inglesa hasta que puedas desenroscarla con la mano. Retira la cazoleta usada del lado izquierdo (no motriz) del cuadro.

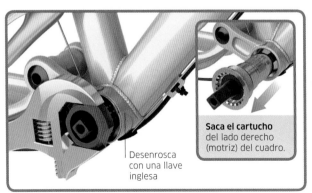

Desenrosca con una llave inglesa

Saca el cartucho del lado derecho (motriz) del cuadro.

3 **Encaja el extractor del EP** en el lado derecho. Las cazoletas están marcadas con una flecha que indica la dirección de apriete. Para aflojarlas, gira la llave en sentido contrario.

Medidas impresas en la carcasa

SHIMANO
BB-UN55
VIA SINGAPORE
68
BC1.37 x 24
L—LL113—R

Ancho de la carcasa (normalmente 68, 70 o 73 mm)

Ancho del eje (normalmente 107-127,5 mm)

4 **Comprueba el ancho** de la carcasa y del eje del EP viejo. Si estas cifras no están en la carcasa, mide las anchuras con un calibre (debes sustituir la unidad del EP por otra de las mismas dimensiones).

HERRAMIENTAS Y EQUIPAMIENTO

- Pie de taller
- Extractor del eje de pedalier
- Llave inglesa
- Calibre
- Paño o pincel
- Desengrasante
- Grasa

¡Cuidado! La rosca del EP puede ser italiana o inglesa, y cada una se aprieta en direcciones opuestas. Las flechas en la cazoleta del EP indican la dirección de apriete.

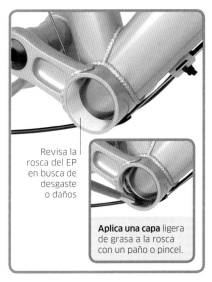

Revisa la rosca del EP en busca de desgaste o daños

Aplica una capa ligera de grasa a la rosca con un paño o pincel.

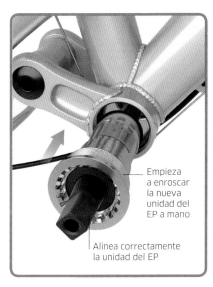

Empieza a enroscar la nueva unidad del EP a mano

Alinea correctamente la unidad del EP

Gira el extractor al revés hasta oír un clic al asentar la rosca

5 **Revisa la rosca del EP** en busca de daños y retira la suciedad y los restos con un desengrasante y un paño o pincel.

6 **Quita la cazoleta izquierda** de la unidad nueva del EP (marcada «L»). Inserta la unidad en el lado derecho (motriz) del cuadro.

7 **Usa el extractor** para enroscar la unidad. Para evitar trasroscados, gira primero al «contrario» hasta que las roscas se asienten.

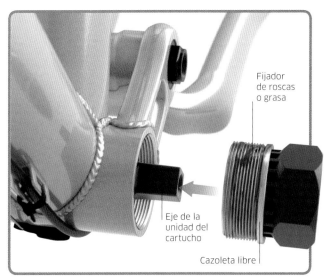

Fijador de roscas o grasa

Eje de la unidad del cartucho

Cazoleta libre

Aprieta el lado no motriz (izquierdo) en sentido contrario al motriz (derecho)

8 **Engrasa la rosca** de la cazoleta libre. Comprueba que el cartucho esté centrado en el cuadro de la bici: debería haber el mismo espacio en todo su derredor. Enrosca la cazoleta a mano todo lo posible.

9 **Una vez apretadas** ambas cazoletas a mano, utiliza el extractor del EP y una llave inglesa para apretar todo lo posible cada lado. Reinstala finalmente el pedalier (pp. 166-173).

SUSTITUCIÓN DEL EJE DE PEDALIER

SUSTITUCIÓN DEL EJE DE PEDALIER
HollowTech II de Shimano

El eje de pedalier HollowTech II, de Shimano, viene montado en muchas bicicletas modernas y funciona en conjunto con el pedalier HollowTech II (pp. 166-167). Ruidos, asperezas y movimientos laterales indican que tu EP se ha desgastado.

ANTES DE EMPEZAR

- Asegura la bicicleta en un pie de taller.
- Retira el pedalier (pp. 166-167).
- Limpia la zona del EP.
- Engrasa ligeramente la rosca de las cazoletas.

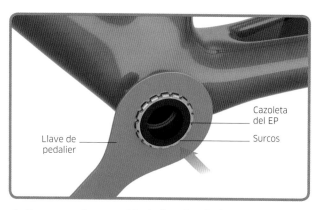

Cazoleta del EP

Llave de pedalier

Surcos

1 **Empezando por el lado izquierdo** (no motriz) del cuadro, encaja la llave de pedalier en los surcos de la cazoleta del EP. Afloja la cazoleta girando en dirección opuesta a la flecha de apriete impresa en ella.

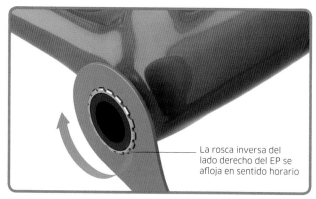

La rosca inversa del lado derecho del EP se afloja en sentido horario

2 **Haz lo mismo en el lado derecho** (motriz) de la bici, esta vez girando la llave en sentido horario. El lado motriz tiene rosca inversa, lo que evita que la cazoleta se desenrosque mientras se está pedaleando.

PARTES EN DETALLE

Un EP HollowTech II se compone de las siguientes piezas.

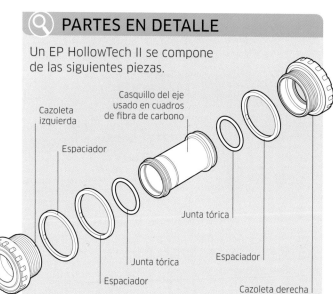

Cazoleta izquierda

Casquillo del eje usado en cuadros de fibra de carbono

Espaciador

Junta tórica

Junta tórica

Espaciador

Espaciador

Cazoleta derecha

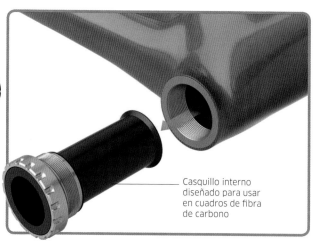

Casquillo interno diseñado para usar en cuadros de fibra de carbono

3 **Desenrosca ambas cazoletas** externas hasta que salga la unidad del EP completa; una vez lo bastante flojas, desenróscalas a mano. La del lado derecho puede ir unida a un casquillo de eje, si la unidad lo monta.

HERRAMIENTAS Y EQUIPAMIENTO

- Pie de taller
- Paño
- Grasa
- Llave de pedalier
- Desengrasante

¡Cuidado! Si observas algún daño en las roscas de la caja del EP, o si lo trasroscas accidentalmente, tal vez debas llevar el cuadro a un mecánico profesional para que refiletee la rosca.

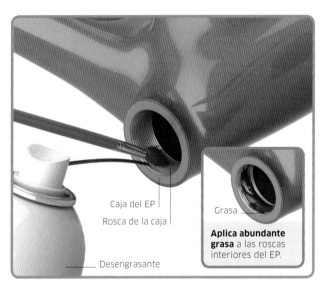

Caja del EP
Rosca de la caja
Grasa
Aplica abundante grasa a las roscas interiores del EP.
Desengrasante

Alinea la cazoleta del EP para evitar trasroscados

El casquillo del eje se asienta dentro de la caja del EP

4 **Limpia en profundidad las roscas** de la caja del EP con un paño y desengrasante, y sécalo. Revisa la caja en busca de corrosión y elimínala; luego, engrasa generosamente las roscas.

5 **Enrosca el lado derecho** del EP nuevo a la caja, girándolo en sentido antihorario. Hazlo a mano tanto como puedas, pues un apriete excesivo puede dañar las roscas si no están correctamente alineadas.

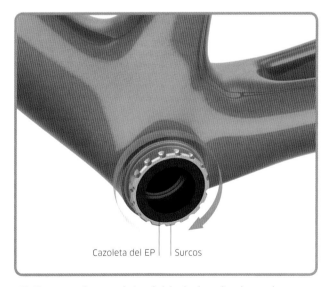

Cazoleta del EP Surcos

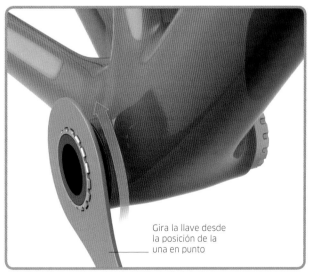

Gira la llave desde la posición de la una en punto

6 **Enrosca la cazoleta** del lado izquierdo en la dirección de la flecha de apriete impresa en ella. Asegúrate de alinearla con la rosca de la caja. Aprieta la cazoleta a mano todo lo posible.

7 **Usando la llave de pedalier**, aprieta del todo las cazoletas del EP de ambos lados. Asegúrate de que la llave esté calzada en los surcos, ya que, si se resbala al ser sometida a presión, puede dañarlos.

GUÍA PARA ELEGIR
Pedales

Muchas bicis nuevas llevan pedales planos básicos, algunos con calapiés y correas. Sin embargo, muchos pedales modernos están diseñados para anclarse a la suela de la zapatilla de ciclismo mediante calas; ello permite generar fuerza a lo largo de la revolución completa de la pedalada, lo cual mejora enormemente su eficiencia. Una vez trabada la zapatilla, el anclaje se puede ajustar

TIPO	IDONEIDAD	FUNCIONAMIENTO
PEDALES PLANOS Los pedales básicos no tienen medios para sujetar el pie. Son muy fáciles de utilizar, y especialmente populares en bicis de descenso, ya que permiten un mayor control de la bicicleta a través de los pedales.	■ **Bicis urbanas** o de desplazamiento diario en recorridos cortos. ■ **Bicis de montaña y todoterreno**, sobre todo para descensos técnicos. ■ **Bicis de carga**, ya que ofrecen mayor control al ciclista, permitiéndole contrapesar su carga.	■ **Hechos con una sola plataforma** de pedal, sin opción para correas. ■ **A pesar de la simplicidad** de su diseño, es posible pisar tan fuerte sobre un pedal plano como sobre cualquier otro.
AUTOMÁTICO (DE CALAS) DE CARRETERA El tipo más popular de pedal automático. Solo se puede usar con una zapatilla de suela rígida y una cala montada, específica de la marca de pedal usado.	■ **Todo tipo de bicis de carretera de carreras**, deportivas y de entrenamiento.	■ **El sistema automático** está montado en una cara del pedal, normalmente con una lengüeta de retención delante y un mecanismo de bloqueo con resorte por detrás. ■ **El sistema** hace posible personalizar el grado de flotación.
AUTOMÁTICO (DE CALAS) DE DOBLE CARA El anclaje por ambos lados hace este pedal muy fácil de enganchar. Preferido en el ciclismo todoterreno, también es popular en el de carretera o ruta, pues el calzado que se usa con él tiene una suela de buen agarre para caminar.	■ **Ciclismo general de carretera o ruta**, de uso diario o todoterreno, ya que el pedal está diseñado para soltar el barro; además, usa calas más pequeñas –en algunas zapatillas, embutidas en la suela–, lo que las hace más adecuadas para caminar.	■ **El mecanismo automático** funciona con una pequeña cala de metal que se conecta a la zapatilla con dos tornillos y retrae sobre el pedal una lengüeta de retención. ■ **El automático** tiene varios grados de flotación, y algunos ofrecen opciones de tensión para liberación rápida.
CALAPIÉS DE PUNTERA Y CORREA Con frecuencia los ciclistas noveles prefieren empezar con estos pedales porque se pueden usar con calzado no especializado y no bloquean la zapatilla en el pedal. Las correas se pueden dejar sueltas para ir menos sujeto.	■ **Nuevos ciclistas** que buscan potencia pero se sienten inseguros con pedales automáticos. ■ **Ciclismo de larga distancia**, pues la puntera y la correa permiten recorrer largos recorridos con calzado de suela rígida.	■ **Las punteras** evitan que el pie resbale hacia delante, y las correas se pueden apretar para sujetar el pie al pedal. ■ **Se puede insertar** una cala en la parte trasera para un uso más serio en carretera.

para que se destrabe según distintos grados de «flotación» –o distancia que tu pie puede moverse sobre el pedal sin destrabarse– y en función de tu pedalada. Hay versiones de pedales de calas automáticas para carretera y montaña adaptados a cada nivel de ciclista; y, para los que prefieren opciones más tradicionales, también existen pedales con calapiés simples y correas.

COMPONENTES CLAVE	TIPO DE CALZADO	AJUSTES
■ **El cuerpo** es de aleación de acero o plástico con placas atornilladas delante y detrás. ■ **En las bicis de montaña**, los pedales suelen tener una plataforma mayor con pequeñas puntas atornilladas para añadir agarre.	■ **Cualquier calzado de suela plana**, aunque las suelas de cuero o muy duras pueden agarrar mal y hacer que el pie resbale del pedal, desequilibrando así al ciclista.	■ **En un pedal plano** no hay opciones de ajuste.
■ **El cuerpo** es de fibra de carbono, con un cierre rápido integrado de acero, plástico o material compuesto. ■ **El mecanismo de enganche** es accionado por muelle o tensión.	■ **Zapatillas ligeras de carretera** con suela rígida lisa hecha de fibra o material compuesto, y perforada con inserciones roscadas para tres pernos de cala universal. ■ **Con rejillas de ventilación** para mantener el pie fresco.	■ **El grado de flotación** se cambia de distintas formas, según el modelo de pedal, pero normalmente se hace mediante un tornillo Allen en el mecanismo del muelle o una placa tensada.
■ **El cuerpo** es de aleación de acero o titanio, con un mecanismo accionado por muelle. ■ **El diseño minimalista** evita que el barro obstruya el pedal.	■ **Estilos de carretera o MTB**, con suelas rígidas con rebordes o adherentes para caminar o correr en competición de ciclocross. ■ **Una cala deslizante para dos** pernos embutida en la suela permite al corredor enganchar sus zapatillas si lo desea.	■ **Se puede personalizar** para aumentar o reducir el grado de flotación de varias formas, según el tipo de pedal.
■ **El cuerpo** es de aleación de acero o plástico, con apoyos atornillados delante y detrás. ■ **La puntera y las correas** sujetan el calzado en su sitio.	■ **Se puede usar cualquier calzado** en pedales planos y en los de puntera y correas, pero no zapatillas con calas. ■ **Si los pedales tienen calapiés**, se deben usar zapatillas de ciclismo tradicionales con suela de cuero.	■ **Las correas** se abrochan sobre el calzado y se pueden apretar o soltar usando un cierre rápido de la correa.

Rodamientos del eje

Los pedales giran miles de veces en cada carrera o salida, y cuando están cerca del suelo quedan expuestos al agua y al polvo, lo cual los desgasta. Este desgaste impide su giro libre, reduciendo la eficacia del pedaleo. Su mantenimiento es sencillo y rápido, y deberías revisarlos cada 12-18 meses.

ANTES DE EMPEZAR

- Inspecciona cada pedal para asegurarte de que el cuerpo no esté agrietado.
- Comprueba que el eje no esté doblado; si lo está, sustitúyelo.
- Cambia la cadena al plato más grande.
- Si el pedal está rígido, rocíalo con aceite penetrante.
- Prepara un espacio despejado para dejar las piezas.

Biela

Llave Allen

Eje del pedal

1 Retira los pedales de las bielas con una llave Allen o fija, según los pedales que uses. El pedal derecho (motriz) se afloja en sentido antihorario; el izquierdo (no motriz), en sentido horario.

Tornillo de retención

Caja del pedal

Tapón antipolvo

2 Retira las cajas de los pedales con una llave Allen, desenroscando los tornillos de retención en sentido antihorario. Si están duros, rocíalos con aceite penetrante. Limpia tornillos y roscas, y déjalos aparte.

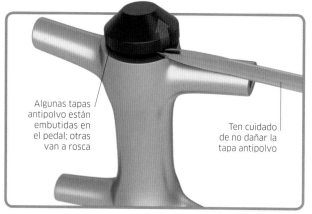

Algunas tapas antipolvo están embutidas en el pedal; otras van a rosca

Ten cuidado de no dañar la tapa antipolvo

3 Sujeta el pedal en vertical con la tapa antipolvo hacia arriba y el eje abajo. Apalanca la tapa con un destornillador de punta plana para acceder a los rodamientos. Deja la tapa en un lugar seguro.

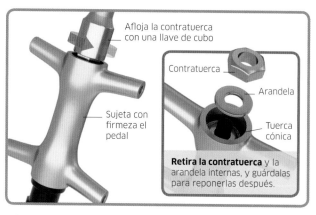

Afloja la contratuerca con una llave de cubo

Contratuerca

Arandela

Sujeta con firmeza el pedal

Tuerca cónica

Retira la contratuerca y la arandela internas, y guárdalas para reponerlas después.

4 Inserta una llave de tubo en la contratuerca interna. Sujeta con fuerza el pedal y gira en sentido antihorario. Quita la contratuerca y la arandela metálica inferior para acceder a la tuerca cónica.

Asienta bien la llave de cubo

Gira en sentido antihorario para sacar la tuerca de cono

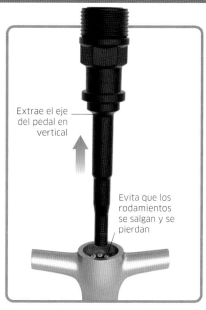

Extrae el eje del pedal en vertical

Evita que los rodamientos se salgan y se pierdan

Usa un imán si los rodamientos están sueltos, o pinzas si están en anillo

Revisa el desgaste y sustituye si es necesario

Pista de rodamientos

5 **Con una llave de cubo**, desenrosca la tuerca de cono del extremo del eje en sentido antihorario. Sujeta bien el eje.

6 **Dale la vuelta al pedal**, y tira del eje para sacarlo del cuerpo. Ten cuidado de no desalojar los rodamientos del interior.

7 **Saca los rodamientos** con un imán o con pinzas. Limpia los rodamientos, el eje y la pista de rodamientos interior del pedal.

La grasa ayuda a sujetar los rodamientos

Pistola engra-sadora

Contra-tuerca

Arandela

Tuerca cónica

Asegúrate de reponer tuerca, arandela y contratuerca en orden.

Ten cuidado de no desalojar los rodamientos al introducir el eje

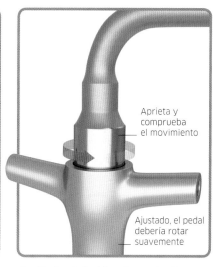

Aprieta y comprueba el movimiento

Ajustado, el pedal debería rotar suavemente

8 **Engrasa el interior** del pedal. Devuelve los rodamientos a las pistas en ambos lados del pedal y aplica más grasa.

9 **Introduce el eje** en el cuerpo del pedal. Encaja la tuerca de cono, sin apretarla del todo. Repón la arandela y la contratuerca.

10 **Aprieta bien la contratuerca** y repón la caja del pedal. Engrasa la rosca del eje del pedal antes de encajarlo en la biela.

Zapatillas y calas

Si usas pedales automáticos, necesitarás acoplar calas a tus zapatillas. Normalmente, las calas se suministran con los pedales. Asegúrate de que las calas nuevas son compatibles con tus zapatillas y tus pedales. Para pedalear con eficacia y evitar lesiones de rodilla, deberás establecer la posición y el ángulo de las calas adecuados a tus pies.

ANTES DE EMPEZAR

- Retira las calas usadas y limpia los orificios roscados con un pincel pequeño.
- Móntate en la bici con los calcetines que suelas usar.
- Recorre el borde interior de cada pie hasta localizar el nudillo óseo situado sobre la base del dedo gordo.
- Ponte las zapatillas y localiza ese mismo nudillo.

Sitúa el pie correctamente respecto al pedal para alinear el nudillo del dedo gordo con el eje del pedal.

Asegúrate de que el pie está recto y tu tobillo por encima del pedal

Apoya el pie en la parte inferior del recorrido del pedal

1 **Móntate en la bici** con las zapatillas puestas; tal vez necesites apoyarte en una pared o un soporte. Pon los pies en los pedales con el nudillo del dedo gordo alineado verticalmente con el eje del pedal.

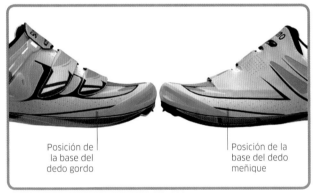

Posición de la base del dedo gordo

Posición de la base del dedo meñique

2 **Para determinar la posición** de las calas, con las zapatillas puestas, señala en cada una, con un marcador no permanente, la posición de las bases de los dedos gordo y meñique. Quítate las zapatillas.

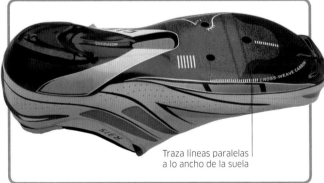

Traza líneas paralelas a lo ancho de la suela

3 **Con una regla**, dibuja dos líneas horizontales paralelas en la suela, una tomando como guía la marca del dedo gordo, y otra, la del meñique. El centro de la cala debería asentarse entre estas líneas.

HERRAMIENTAS Y EQUIPAMIENTO

- Juego de llaves Allen
- Zapatillas de ciclismo
- Pincel pequeño
- Marcador no permanente
- Regla
- Grasa

¡Cuidado! Asegúrate de que las calas son compatibles con tus zapatillas. Hay dos modelos principales: las de dos pernos se usan sobre todo en bicis de montaña, y las de tres, en bicis de carretera. Algunas de dos pernos tienen dos pares de orificios para un ajuste más preciso.

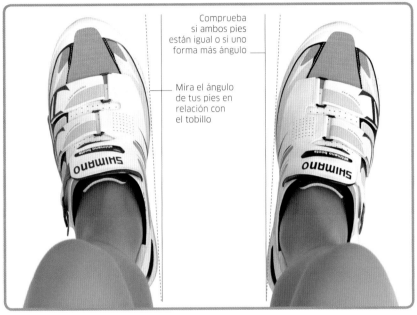

Comprueba si ambos pies están igual o si uno forma más ángulo

Mira el ángulo de tus pies en relación con el tobillo

4 **Para determinar el ángulo** de fijación de las calas, siéntate con los pies colgando. Comprueba si ambos apuntan de forma natural hacia fuera (pie abducto), hacia dentro (pie aducto) o al frente (neutro). Anota el ángulo aproximado de cada pie.

AJUSTE FINO

Puedes hacer ajustes que se acomoden a tu estilo de marcha.

- Mover la cala lateralmente afectará a la distancia de tu pie a la línea central de la bici. Si abres las rodillas en la parte alta de la pedalada, mueve las calas hacia dentro para que los pies se asienten hacia fuera. Si llevas las rodillas más juntas, mueve las calas hacia fuera.

- Las calas tienen un código de color que indica el grado de flotación (movimiento posible del pie con la cala acoplada). Las calas de flotación cero, o fijas, mantienen el pie trabado; las de 6° o 9° permiten que el pie gire mientras pedaleas.

5 **Engrasa las roscas** de los tornillos y atornilla las calas sin apretar, alineando el centro de cada una con las marcas en la suela.

6 **Gira cada cala** para que la base se asiente entre las líneas del paso 3. Inclina el frente para que coincida con el ángulo de tu pie.

7 **Aprieta los tornillos** por igual, uno a uno. Prueba las calas montándote en la bici como en el paso 1. Ajústalas si es preciso.

SUSPENSIÓN

Suspensión

La función de la suspensión es absorber impactos y mejorar la tracción sobre terrenos abruptos; por ello se usa principalmente en bicis todoterreno y en algunas híbridas. Puede incluir horquilla telescópica, amortiguadores traseros, suspensión en tija del sillín o potencia, y cuadro flexible. Como siempre, antes de adquirir alguna de estas piezas,

TIPO	IDONEIDAD	FUNCIONAMIENTO
HORQUILLAS DE SUSPENSIÓN Casi todas las MTB, y muchas híbridas, llevan horquilla telescópica. Las MTB que solo tienen suspensión delantera se llaman «rígidas». Las horquillas se miden por su recorrido (longitud del tubo en compresión).	■ **Ciclismo todoterreno** sobre suelo abrupto o rocoso. ■ **Bicis de descenso y *freeride*** con suspensión de recorrido largo (hasta 230 mm). ■ **Bicis de campo a través** con horquilla de recorrido corto (80-100 mm).	■ La **suspensión** es aportada por aire comprimido o muelles metálicos; a menudo es ajustable e incluye una función de bloqueo. ■ Normalmente, la **horquilla** se puede ajustar al peso del ciclista mediante un regulador de precarga.
AMORTIGUADORES TRASEROS Muchas MTB tienen suspensión delantera y trasera (doble suspensión). Esta varía según el recorrido, los muelles usados y el sistema de pivotes (los más comunes son monopivote y de cuatro barras).	■ **Ciclismo todoterreno** en suelos muy abruptos o rocosos, especialmente en descensos técnicos.	■ El **triángulo posterior**, o brazo basculante, sujeta la rueda trasera y va unido al menos a un punto de pivote del triángulo principal. ■ Un **amortiguador** controla el movimiento en el triángulo posterior. ■ Muchos **amortiguadores** se pueden bloquear para rodar en liso o escalar.
EJE FLOTANTE Este sistema de suspensión trasera emplea múltiples pivotes y bieletas, y un eje de pedalier fijado a un eje entre los triángulos delantero y trasero que le permite moverse con la suspensión.	■ **Para gran variedad de terrenos**; un eje flotante proporciona una tracción muy sensible y permite un pedaleo muy eficiente.	■ El **triángulo posterior**, o brazo basculante, va unido a puntos de pivote en el triángulo principal. ■ Un **amortiguador** controla el movimiento en el triángulo posterior. ■ El **EP y el pedalier** se asientan sobre un eje separado entre los triángulos delantero y posterior.
SUSPENSIÓN EN TIJA Y SILLÍN La suspensión en tija y sillín es un medio fácil y económico de mejorar la calidad de la marcha para un uso general. Unos simples muelles bajo el sillín ofrecen absorción básica para bicis domésticas.	■ **Marcha por carreteras difíciles**, sobre adoquinado o superficies desiguales con grava. ■ **Recorridos largos**. ■ **Bicis de montaña rígidas**, si no se desea un sistema de suspensión trasera.	■ La **forma más básica** de absorción de impactos es la aportada por muelles de metal debajo del sillín. ■ Las **tijas con suspensión** tienen un resorte sobre un pistón para la absorción de impactos.

plantéate el tipo de ciclismo que practicarás. Aunque solo planees salidas ocasionales por carreteras irregulares, añadir suspensión a la tija del sillín puede hacer tu marcha más fácil y cómoda. Para circular por senderos, o incluso para el descenso y el campo a través, deberías pensar en una horquilla telescópica o incluso en un juego de suspensión completa.

COMPONENTES CLAVE

- El **cuerpo de la horquilla** comprende tubo, corona, barras, botellas y un eje.
- Los **muelles** usan cámaras internas de aire a presión o resortes de metal.

VARIACIONES

- Las **horquillas de corona simple**, usadas en muchas MTB, tienen una corona en la base del tubo de la horquilla.
- Las **horquillas de doble corona** tienen una segunda corona en lo alto del tubo de la horquilla. Aportan rigidez extra en las bicis de descenso.

MANTENIMIENTO

- Las **barras** se deben revisar en busca de raspones, mellas o agujeros, que pueden indicar daño en los retenes.
- **Tras un impacto frontal**, se debe revisar la horquilla en busca de torsiones o daños.

- El **amortiguador** tiene muelles neumáticos a presión o un resorte de metal.
- El **sistema de pivotes** permite la articulación independiente del triángulo posterior respecto al resto del cuadro.

- Los **monopivotes** tienen un brazo basculante que conecta el triángulo principal a un punto de pivote, normalmente justo encima del EP.
- Un sistema de **cuatro barras** tiene pivotes gemelos con una bieleta. Entre esta y un soporte fijado al cuadro hay un amortiguador.

- El **amortiguador** se debe revisar para que el aceite no se filtre por los retenes.
- **No debería haber desgaste** en puntos de pivote, bieletas o rodamientos del cuadro.
- Los **tubos del brazo basculante** pueden sufrir daños y necesitar reparación después de un choque.

- El **amortiguador** usa muelles neumáticos a presión o resortes de metal.
- Un **sistema de pivotes** permite la articulación del triángulo trasero con el resto del cuadro.

- **Existen varios tipos**, entre ellos los sistemas i-Drive, Freedrive y Monolink.

- El **amortiguador** se debe revisar para que el aceite no se filtre por los retenes.
- **No debería haber desgaste** en puntos de pivote, bieletas o rodamientos del cuadro.
- El **brazo basculante** o las bieletas pueden sufrir daños y necesitar reparación después de un choque.

- El **cuerpo de la tija** puede incluir un espaciador interno, muelle interno, pistón y carcasa exterior.
- En **algunas tijas**, brazos y pivotes permiten que el sillín se mueva hacia abajo y hacia atrás.

- La **tija con suspensión** tiene un tubo con amortiguador integrado. Las tija suele ser de aluminio, con pivotes de acero.
- La **amortiguación por elastómeros** se puede acoplar a la tija o usarse por sí sola.
- **Sillín sencillo con muelles**.

- En las **tijas con suspensión**, el muelle debe lubricarse de forma regular para evitar rigidez y chirridos.
- Las **inserciones de elastómeros** se deben cambiar si se desgastan o endurecen con el tiempo, o si se requiere una marcha más rígida o más blanda.

Horquilla de suspensión

La horquilla de suspensión actúa por compresión y rebote para absorber la vibración y los baches. Ayuda a mantener la rueda delantera en contacto con el suelo sobre terreno abrupto y alivia el cansancio. La horquilla contiene un resorte de acero o un muelle neumático. Un pistón dentro de un depósito de aceite controla la velocidad de acción del muelle. La amortiguación y la acción del muelle se pueden ajustar en función del terreno y del peso y las preferencias del ciclista. Deberías conservar la horquilla limpia y hacer un mantenimiento cada 20 horas de conducción (pp. 198–199). Algunas necesitan mantenimiento especializado una vez al año.

El tubo inferior une el tubo de dirección con el del sillín

El soporte del cable fija el cable al cuadro

Cable de cambio

⚙ PARTES EN DETALLE

La horquilla de suspensión tiene un muelle neumático (como aquí) o un resorte metálico, unas barras fijas y unas botellas móviles.

① Las **barras** están fijas a la corona y alojan el mecanismo de suspensión, que incluye el pistón amortiguador y una cámara de aire o resorte.

② Las **botellas** están conectadas a la rueda delantera, y mueven arriba y abajo las barras al comprimirse y descomprimirse la suspensión.

③ La **cámara de aire** aporta presión dentro de la barra. Esta presión puede aumentarse o reducirse para ajustar la suspensión (pp. 194–195).

④ En muchas horquillas, un mecanismo de **bloqueo** traba la suspensión para que la horquilla no se comprima. Así se ahorra energía de pedaleo al rodar sobre superficies lisas.

⚙ SAG DELANTERO

La suspensión se comprime un poco bajo el peso del ciclista. Esto es visible en la junta tórica (pp. 194–195), y puede ajustarse.

Tubo de dirección

Corona de la horquilla

Barra

Puente

Junta tórica

Botella

Juego de dirección

Una válvula de aire permite añadir o liberar aire de la cámara

Tapa superior en el extremo de la cámara de aire

Cámara de aire usada para presurizar la suspensión

La corona de la horquilla une las barras al tubo de la horquilla

4

El dial de bloqueo traba la horquilla

1

3

Junta tórica utilizada para ajustar el sag de la suspensión

Cubierta

El cartucho de bloqueo permite bloquear la suspensión

El muelle del retén impide la entrada de suciedad

El retén de la horquilla protege la suspensión de suciedad

2

Cabeza del pistón en el extremo de la botella

La cámara de aceite contiene el aceite de suspensión

El pistón amortiguador comprime el aceite en la cámara

Retén del pistón sobre la cámara de aire

La válvula de control regula la velocidad de rebote

El eje del amortiguador empuja el pistón

Disco de freno

Retén de la cabeza del amortiguador en la base del pistón

Pinza del freno de disco

La puntera sujeta el eje de la rueda

El control de rebote permite ajustar el rebote de la horquilla

AJUSTE DE LA SUSPENSIÓN DELANTERA
Regular el sag delantero

El sag (hundimiento) es la compresión que sufre la suspensión por el peso del ciclista, y puede ajustarse a distintos estilos de conducción o terrenos. El procedimiento aquí descrito es para horquillas de aire, las más comunes. Las de resorte se pueden ajustar con el regulador de precarga.

ANTES DE EMPEZAR

- Añade aire a los amortiguadores hasta alcanzar la presión recomendada por el fabricante para tu peso.
- Reproduce tu peso de marcha habitual: ponte tu ropa de ciclismo, calzado, casco y mochila, y acopla a la bici bidones, portaequipajes, etc.

Junta tórica o goma

Base de la barra de la horquilla

1 **Desliza la junta tórica** hasta la base de la barra. Si esta no dispone de junta, ata una goma elástica o brida de plástico a la base. No uses alambre, ya que podría arañar la barra.

Carga el peso del cuerpo sobre el manillar

Horquilla comprimida

2 **Acciona a tope el freno delantero** para evitar que la bici avance. Inclínate sobre el manillar con todo tu peso para comprimir la horquilla de suspensión tanto como puedas.

50% 100%
25% 75%

La junta indica el desplazamiento

Mide con una cinta métrica cuánto se ha desplazado la junta por la barra.

3 **Libera la horquilla de tu peso**, dejando que la suspensión vuelva a su posición original, y luego mide la distancia desde la base de la barra a la posición actual de la junta tórica.

Junta tórica en la base de la barra

4 **Empuja la junta** de vuelta a la base de la barra. Móntate en la bici y recorre una distancia corta de pie sobre los pedales y apoyando el peso sobre el manillar. No uses el freno ni hagas bombear la horquilla.

HERRAMIENTAS Y EQUIPAMIENTO

- Bomba de amortiguador
- Equipación habitual de ciclismo
- Manual de usuario
- Goma elástica
- Cinta métrica

¡Cuidado! Si la horquilla tiene un dial de ajuste del recorrido, colócalo en *«full»* antes de realizar estos pasos. Si tiene mecanismo de bloqueo, ábrelo para permitir que la horquilla se comprima y descomprima por completo.

Nueva posición de la junta

25% de la extensión total del recorrido de la horquilla

Aumenta la presión del aire 10 psi cada vez

Conecta la bomba de amortiguador a la válvula

5 **Desmonta con cuidado** y anota la nueva posición de la junta tórica. Para campo a través o sendero, debería estar en un 20-25 % del sag total medido en el paso 2; para descenso, en un 30 %.

6 **Si el sag es mayor** de lo que requiere tu ajuste, conecta una bomba de amortiguador a la válvula de la barra y bombea aire en incrementos de 10 psi. Repite los pasos 3 a 5 para comprobar el nuevo ajuste.

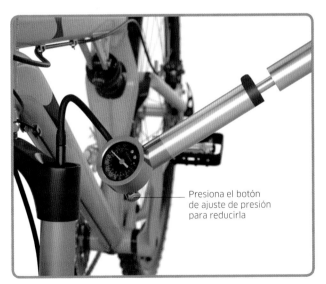

Presiona el botón de ajuste de presión para reducirla

Sag deseado

Válvula superior de la barra

Posición de la junta tórica

7 **Si el sag está por debajo** de tus preferencias, libera algo de aire de la horquilla -10 psi cada vez- presionando el botón de la bomba. Repite los pasos 3 a 5 para comprobar el nuevo ajuste.

8 **Da un paseo de prueba** y después revisa de nuevo el sag repitiendo los pasos 3 a 5. Si es necesario, ajusta la presión del aire una vez más, siguiendo los pasos 6 a 7.

Calibrar la horquilla

La horquilla se puede ajustar para proporcionarte una conducción más cómoda y controlada de acuerdo con el terreno. Un método de ajuste es el *damping* para controlar las velocidades de compresión (recorrido descendente) y rebote (retorno a la posición normal). Esta corrección te asegura que la horquilla responderá con rapidez y suavidad sobre terreno abrupto.

ANTES DE EMPEZAR

- Consulta las instrucciones del fabricante para ver los ajustes de la suspensión recomendados.
- Prepara un espacio limpio donde dejar las tapas de la válvula.
- Ten a mano papel y lápiz para anotar las distintas variaciones a lo largo de la prueba.

Hunde el manillar con las palmas de las manos

Observa la horquilla para ver cuán rápido se mueve

2 **Afloja el control de rebote** y reponlo a un tercio de su recorrido. Luego comprueba la velocidad de rebote de la horquilla al empujar hacia abajo el manillar con las palmas de las manos.

Barra de la horquilla

Control de rebote

1 **Abre el control de rebote**, en la base de la barra, girándolo en sentido antihorario todo lo que puedas. Apriétalo en sentido horario, contando los clics que hace hasta quedar cerrado. Divide ese número entre tres.

Gira el control en sentido horario para aumentar la suspensión y reducir la velocidad de rebote.

La rueda se alzará si el rebote es excesivo

3 **Comprueba la rueda delantera** para ver si permanece en contacto con el suelo. Si se alza, el rebote está demasiado alto. Gira el control en sentido horario para aumentar la suspensión y reducir el rebote.

Consejo de taller: En algunas horquillas se puede aumentar o reducir la distancia de recorrido insertando o retirando espaciadores de plástico de las barras de la horquilla. Consulta las instrucciones del fabricante por si es el caso de tu horquilla.

Gira el control en sentido antihorario para reducir la suspensión y aumentar la velocidad de rebote.

La rueda permanece en contacto con el suelo

Siente la suavidad o brusquedad de la reacción de la horquilla al frenar

Observa la rapidez de desplazamiento de la horquilla: no debería «hundirse» ni «saltar» en los baches

La horquilla debería absorber con suavidad los pequeños impactos

La cubierta debería mantener un buen contacto con el suelo

4 **Si la horquilla rebota** muy despacio, gira el control en sentido antihorario para reducir la suspensión y aumentar la velocidad de rebote. La reacción de la horquilla debería ser suave.

5 **Ponte tu equipación** y da un paseo sobre terreno irregular para ver cómo notas la suspensión. Haz ajustes adicionales si es necesario, moviendo el control poco a poco hasta que te satisfaga.

Dial de compresión

El dial de compresión permite controlar la velocidad de reacción de la horquilla en distintos terrenos.

6 **Si la horquilla de tu bici** dispone de dial de compresión, puede que debas ajustarlo para evitar que se comprima por completo o «toque fondo» mientras conduces. La compresión se ajusta mediante el dial superior en cada horquilla. Prueba y corrige según creas necesario.

MUELLE NEUMÁTICO

Algunas horquillas con muelle neumático tienen un muelle negativo ajustable para controlar la sensibilidad a pequeños baches. En principio debería estar a la misma presión que el muelle principal.

- Infla la horquilla con muelle neumático a la presión correcta para tu peso.

- Hay dos tipos de bomba: de alta y de baja presión. Usa la bomba correcta para tu suspensión.

Las horquillas sufren directamente la dureza del terreno, por lo que necesitan mantenimiento regular para asegurar su buen funcionamiento y prolongar su vida. Deberías revisar las botellas cada 25 horas de marcha y, a ser posible, cambiar los retenes y el aceite cada 200 horas.

ANTES DE EMPEZAR

- Desmonta la potencia y la horquilla (pp. 54-57).
- Retira la rueda delantera (pp. 78-79).
- Desmonta la pinza del freno de llanta, si es el caso (pp. 114-115).
- Asegúrate de que la horquilla está limpia.
- Consulta las instrucciones del fabricante (paso 8).
- Extiende una tela para recoger el exceso de aceite.

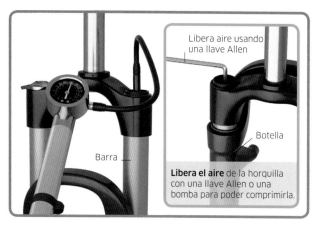

Libera aire usando una llave Allen

Botella

Barra

Libera el aire de la horquilla con una llave Allen o una bomba para poder comprimirla.

1 **Conecta una bomba de amortiguador** a la válvula de la horquilla y anota la presión. Libera el aire utilizando el botón de la bomba o presionando la válvula de la horquilla con una llave Allen.

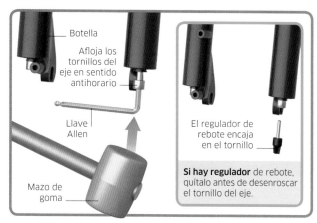

Botella

Afloja los tornillos del eje en sentido antihorario

Llave Allen

Mazo de goma

El regulador de rebote encaja en el tornillo

Si hay regulador de rebote, quítalo antes de desenroscar el tornillo del eje.

2 **Mete una llave Allen** en el tornillo del eje en la base de cada botella y aflójalo tres vueltas. Con la llave aún en el tornillo, dale unos golpecitos con un mazo de goma para aflojar el eje dentro de las botellas.

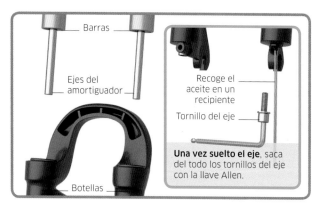

Barras

Ejes del amortiguador

Recoge el aceite en un recipiente

Tornillo del eje

Una vez suelto el eje, saca del todo los tornillos del eje con la llave Allen.

Botellas

3 **Desenrosca del todo los tornillos** del eje y luego tira de las botellas para liberarlas de las barras. Si van duras, golpéalas con un mazo de goma. Limpia las barras e inspecciónalas en busca de arañazos.

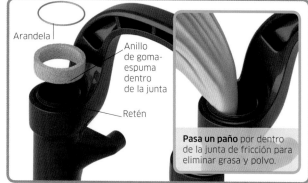

Arandela

Anillo de goma-espuma dentro de la junta

Retén

Pasa un paño por dentro de la junta de fricción para eliminar grasa y polvo.

4 **Retira la arandela de alambre** de la junta, encima de cada botella, y saca el anillo de gomaespuma interior con un destornillador. Limpia las arandelas y dentro de las juntas con un limpiador a base de alcohol.

- Paño y líquido limpiador
- Tela
- Bomba de amortiguador
- Juego de llaves Allen
- Mazo de goma
- Recipiente
- Destornillador largo
- Limpiador a base de alcohol
- Trapo que no se deshilache
- Grasa para suspensión
- Aceite de suspensión y jeringa
- Llave dinamométrica (opcional)

Procura que el trapo no se quede atascado en la botella

5 **Enrolla un trapo** que no se deshilache en un destornillador largo. Introdúcelo en las botellas y frota bien el interior.

Engrasa los retenes con grasa para suspensión

6 **Luego, repón los anillos de gomaespuma** y las arandelas de alambre en las juntas, y aplica grasa para suspensión dentro de las juntas.

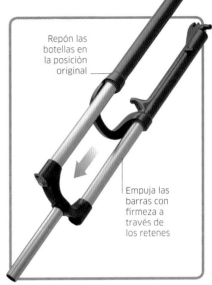

Repón las botellas en la posición original

Empuja las barras con firmeza a través de los retenes

7 **Gira la horquilla** de modo que las barras queden en diagonal. Empuja las botellas hasta medio recorrido de las barras.

Usa el grado y la cantidad correctos de aceite

Inserta la jeringa en el orificio de la base de la botella

8 **Inyecta aceite de suspensión** en las botellas con una jeringa. Consulta qué aceite usar en las instrucciones del fabricante.

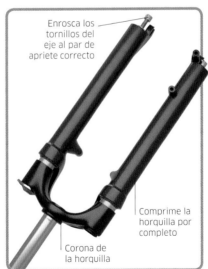

Enrosca los tornillos del eje al par de apriete correcto

Comprime la horquilla por completo

Corona de la horquilla

9 **Comprime la horquilla** y sujétala así. Repón los tornillos del eje y el regulador de rebote, si lo hay. Limpia los restos de aceite.

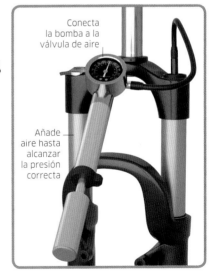

Conecta la bomba a la válvula de aire

Añade aire hasta alcanzar la presión correcta

10 **Represuriza la horquilla** a su presión original con una bomba de amortiguador. Monta la horquilla en la bici (pp. 54-57).

Suspensión trasera

El sistema de suspensión trasera mantiene la rueda trasera en contacto con el suelo para maximizar la tracción y proporciona una conducción más suave. El amortiguador, elemento central del sistema, contiene un resorte de acero o un muelle neumático que permite que la suspensión se comprima o rebote para absorber los baches. La velocidad de acción del muelle es controlada por unos pistones dentro de unas cámaras llenas de aceite o nitrógeno. La acción del muelle y la amortiguación se pueden ajustar. Deberías revisar el amortiguador cada 20 horas de conducción. Algunos necesitan mantenimiento especializado una vez al año.

⚙ ARTICULACIÓN TRASERA

Hay distintos diseños de articulación trasera, y la ubicación del amortiguador varía según ellos, pero el funcionamiento del amortiguador es el mismo.

Tija del sillín

Articulación

Amortiguador

⚙ PARTES EN DETALLE

El sistema de suspensión trasera tiene un amortiguador que actúa sobre unos pivotes y bieletas en el cuadro.

① En algunos sistemas (como el mostrado aquí), una o más **bieletas** unen el amortiguador al triángulo posterior del cuadro.

② Los **pivotes** entre las bieletas y en el cuadro permiten que el triángulo rote sobre ellos para que la rueda se mueva arriba y abajo.

③ El **eje** forma la mitad inferior del amortiguador. Contiene las cámaras de nitrógeno y aceite, y los pistones que aportan amortiguación.

④ La **cámara de aire** ocupa la mitad superior del amortiguador. Al regular el sag (pp. 202-203), se puede añadir o liberar aire para ajustar la presión.

Tornillos Allen
fijan la bieleta a los pivotes

La bieleta
permite a la suspensión moverse

②

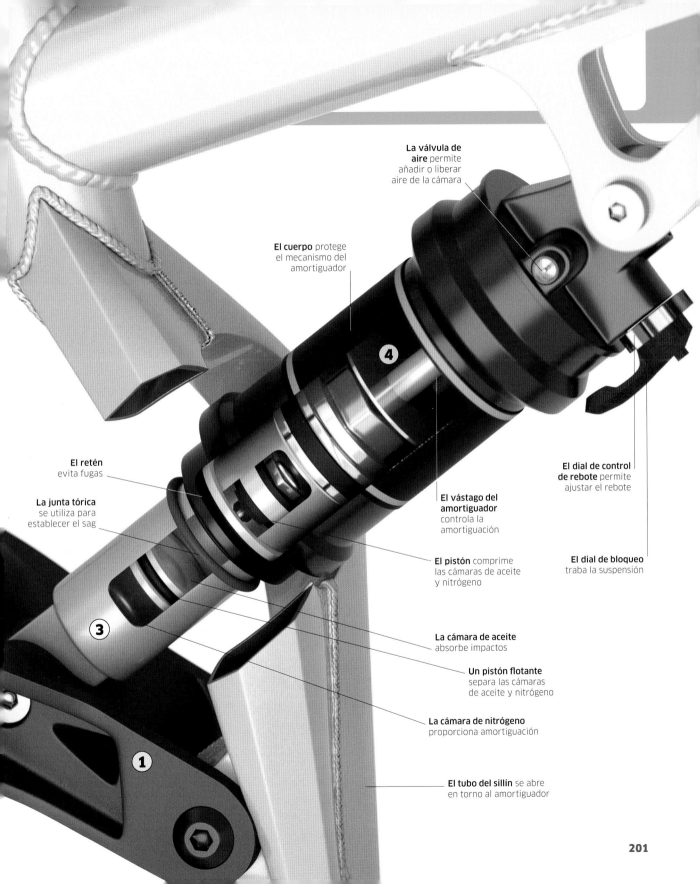

La válvula de aire permite añadir o liberar aire de la cámara

El cuerpo protege el mecanismo del amortiguador

El retén evita fugas

La junta tórica se utiliza para establecer el sag

El vástago del amortiguador controla la amortiguación

El dial de control de rebote permite ajustar el rebote

El pistón comprime las cámaras de aceite y nitrógeno

El dial de bloqueo traba la suspensión

La cámara de aceite absorbe impactos

Un pistón flotante separa las cámaras de aceite y nitrógeno

La cámara de nitrógeno proporciona amortiguación

El tubo del sillín se abre en torno al amortiguador

201

AJUSTE DE LA SUSPENSIÓN TRASERA
Regular el sag trasero

La suspensión trasera no solo contribuye a una conducción más cómoda; además mantiene la rueda trasera sobre el suelo aportando un agarre y eficiencia de pedaleo máximos. Para ello, el amortiguador debe ser capaz de comprimirse y expandirse adecuadamente.

🔧 ANTES DE EMPEZAR

- Apoya la bicicleta contra una pared.
- Añade aire al amortiguador hasta la medida recomendada por el fabricante para tu peso.
- Ponte tu equipación de ciclismo habitual (pp. 196–197).

El cuerpo se mueve a lo largo del vástago para permitir la compresión y el rebote

Cuerpo del amortiguador

Retén
Junta tórica

Si no hay junta tórica, ata bien fuerte una goma elástica al vástago.

1 **Desliza la junta tórica** hacia arriba hasta que tope con el retén de goma del amortiguador, en el cuerpo del mismo. Si la bici no tiene junta, ata con fuerza una goma elástica al vástago y empújala hacia el retén.

Mide la extensión del vástago desde el retén de goma hasta la base

25%
0%
75%
50%
100%

2 **Mide el vástago** y divide su longitud por cuatro. La mayoría de los amortiguadores requieren un 25% de sag; consulta las instrucciones del fabricante del tuyo para ver el sag recomendado.

El amortiguador se comprime por el peso del ciclista, forzando el descenso de la junta

3 **Con tu equipación puesta**, móntate en la bici con cuidado y adopta tu posición normal de pedaleo para que tu peso comprima la suspensión trasera. Evita en lo posible que el amortiguador rebote.

HERRAMIENTAS Y EQUIPAMIENTO

- Bomba de amortiguador
- Equipación de ciclista
- Goma elástica
- Regla

Consejo de taller: Antes de empezar a ajustar el sag, asegúrate de que la suspensión no esté bloqueada, de modo que el amortiguador pueda moverse por toda la extensión de su recorrido.

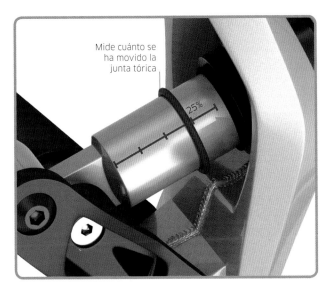

Mide cuánto se ha movido la junta tórica

Si la junta se ha movido más de un 25%, el sag es excesivo

4 **Baja de la bicicleta con cuidado**, para que el amortiguador se descomprima, y mide la posición de la junta en el vástago. Debería haberse desplazado un 20-30% en la extensión visible del mismo.

5 **El recorrido óptimo** del amortiguador está sobre el 25% del vástago. Si la junta tórica se ha desplazado más del 25%, el sag es excesivo; si se ha movido menos del 25%, el sag es insuficiente.

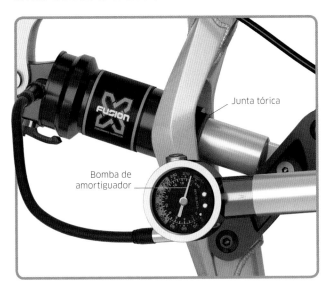

Junta tórica

Bomba de amortiguador

Válvula de purgado en la bomba

6 **Conecta una bomba de amortiguador** para ajustar la presión del aire. Si el sag es muy bajo, aumenta la presión en incrementos de 10 psi cada vez. Revisa el sag y añade más aire si es necesario.

7 **Si el sag es demasiado alto**, utiliza el botón de purgado de la bomba de amortiguador para liberar aire del mismo y reducir la presión. Revisa el sag (pasos 1 a 4) y repite si es necesario.

GUÍA DEL USUARIO

MANTENIMIENTO PERIÓDICO
Agenda

Un calendario de mantenimiento puede ser un medio útil para llevar el control de cualquier labor que debas hacer en tu bici. Si programas sesiones de arreglos básicos, reducirás la probabilidad de que las piezas se desgasten antes de tiempo o de sufrir un accidente.

CADA SEMANA

TRANSMISIÓN

Al ser una de las partes más complejas de una bici, la transmisión necesita un mantenimiento constante.

- Revisa el **desgaste de la cadena** (pp. 40-41).
- Comprueba que las **marchas cambian** correctamente (pp. 40-41, 130-138).
- **Inspecciona los cables** en busca de puntos pelados o desgastados (pp. 40-41).
- Aprieta los tornillos de **brazos de biela y plato** (pp. 40-41, 166-173).
- **Engrasa la cadena** y las roldanas si has rodado en mojado (pp. 44-45).

DIRECCIÓN Y RUEDAS

La dirección y las ruedas precisarán una atención frecuente si circulas más por senderos que por carretera.

- Comprueba que el **juego de dirección** está bien ajustado y permite un giro suave (pp. 40-41).
- Revisa que los **cierres rápidos** funcionan bien (pp. 40-41).
- Comprueba que las **ruedas** están centradas y no hay radios rotos (pp. 40-41, 88-89).
- Inspecciona el **manillar y la potencia** en busca de fisuras y comprueba que los tornillos de la potencia están apretados (pp. 40-41).

FRENOS

Los frenos pueden evitar toda clase de accidentes, por lo que las revisiones periódicas y las reparaciones son vitales.

- Inspecciona si hay **cables** interiores pelados o exteriores gastados; luego lubrica (pp. 44-45).
- Asegúrate de que las **zapatas** están alineadas y en buen estado (pp. 40-41).
- Aprieta los **tornillos de fijación del disco y la pinza** (pp. 100-101, 118-119).
- **Busca grietas** en los elementos del freno (pp. 40-41).
- Inspecciona los **latiguillos hidráulicos** en busca de desgaste o pérdidas (pp. 40-41).

SUSPENSIÓN

Revisar regularmente los sistemas de suspensión pueden evitar que pequeños problemas se hagan mayores.

- Repasa las superficies exteriores de **la horquilla y el amortiguador** en busca de grietas (pp. 40-41).
- Inspecciona las **barras** en busca de grietas (pp. 192-193).
- Aprieta las **tapas superiores** y los tornillos de la corona y el vástago (pp. 196-199).
- Lubrica las **barras de la horquilla** con lubricante líquido (pp. 44-45).

ELECTRÓNICA

El funcionamiento del motor será más eficiente si tu bici se mueve con suavidad.

- Asegúrate de que la **batería** esté completamente cargada.
- **Limpia la bici** para que ofrezca menos resistencia al pedalear y la batería se descargue más despacio (pp. 42-43).

Consejo de seguridad: Recuerda que los trabajos de mantenimiento periódicos no sustituyen a las revisiones de seguridad que debes hacer antes de cada salida. Por lo demás, también deberías revisar el cuadro en busca de grietas y daños y lubricarlo cada vez que lo limpies.

Este calendario te ofrece una idea de la frecuencia con que deberías revisar tu bici si la usas a menudo. En caso de uso muy intenso requerirá más atención; en cambio, si solo haces salidas cortas y esporádicas por carretera, necesitará menos mantenimiento.

CADA MES

- Comprueba que el **EP** funciona suavemente (pp. 174-181).
- **Engrasa la cadena** y las roldanas (pp. 44-45).
- **Ajusta los pedales** si es necesario (pp. 184-185).
- Revisa el estado de los **dientes de los piñones** (pp. 156-157).
- Asegúrate de que los pivotes del **desviador trasero** están apretados (pp. 144-148).
- Lubrica los **pivotes del desviador**, los cables y el mecanismo de retención del pedal automático (pp. 44-45).

- Revisa los bujes en **busca** de aspereza, puntos de tensión u holgura en los ejes (pp. 44-45).
- Asegúrate de que no haya fugas en los **retenes de caucho del buje** (pp. 90-91).
- Inspecciona las **tapas de la dirección**, si las hay (pp. 52-53).
- Lubrica los **retenes del buje** (pp. 90-91).

- Asegúrate de que los **discos** están alineados y en buen estado (pp. 40-41).
- Engrasa los **cables interiores** y lubrica los exteriores (pp. 44-45).
- En bicis todoterreno de uso frecuente, **sustituye las zapatas** de freno (pp. 114-117).

- Elimina **cualquier holgura** en la horquilla y el amortiguador (pp. 196-199).
- Busca líneas de aceite en las **barras de la horquilla**.
- Inspecciona los **retenes de la horquilla y el amortiguador** en busca de grietas o aflojamientos (pp. 198-199).
- Asegúrate de que no haya hundimiento en la **horquilla o el amortiguador** (pp. 194-197).
- **Invierte la bicicleta** y déjala una noche así para repartir el aceite por la horquilla.

- Revisa los **cables eléctricos** exteriores en busca de desgaste o cortes.

CADA SEIS MESES

- **Busca holguras** en la rueda libre (pp. 78-83; 90-91) y el tornillo del cuadro del desviador (pp. 144-145).
- Asegúrate de que las **roldanas** están bien (pp. 144-145).
- Lubrica el **cambio de buje** y comprueba que los pedales no se noten duros y que no estén gastados (pp. 44-45).
- Sustituye la **cadena** si es necesario (pp. 158-159).
- Sustituye los **piñones** (pp. 160-161) y los cables internos y externos (pp. 132-135).

- En bujes con rodamientos abiertos, inspecciona los **rodamientos** para revisar el desgaste (pp. 94-95).
- Revisa el **desgaste** de rodamientos y superficies de rodamientos en el juego de dirección (pp. 54-55).
- Engrasa **bujes** (pp. 92-93) y juegos de dirección (pp. 54-55) con rodamientos abiertos.
- Sustituye las **cintas de manillar** y los puños (pp. 62-63).

- Engrasa los **cubos de freno** (pp. 44-45).
- Sustituye los **cables interiores y exteriores** (pp. 132-135).

- Retira el **juego de dirección** para revisar el tubo de la horquilla en busca de grietas (pp. 54-57).
- Cambia el **aceite de la horquilla** (pp. 44-45).
- Acude a un taller para que realicen un **mantenimiento de la suspensión**.

- Comprueba el funcionamiento de los **mandos de cambio** electrónico (pp. 136-137).

SOLUCIÓN DE PROBLEMAS
Dirección, sillín, ruedas

Los componentes estacionarios de tu bicicleta merecen el mismo cuidado que las partes móviles. Manillar, potencia, sillín y tija soportan tu peso y aportan comodidad, mientras que las ruedas y el juego de dirección deben girar con suavidad y sin holguras.

⚠ PROBLEMA

ℚ POSIBLES CAUSAS

La dirección no responde como esperabas al mover el manillar. Otros síntomas pueden ser:

- La **dirección se nota retardada** o imprecisa.
- **Pintura cuarteada o con burbujas**, grietas en el cuadro en torno a las uniones del tubo, o fibra de carbono blanda.

- El **manillar** puede estar doblado o desalineado.
- El **juego de dirección** está demasiado apretado, suelto o desgastado.
- La **horquilla o el cuadro** pueden estar doblados.

La tija del sillín se tambalea o desciende gradualmente durante la marcha. También puedes notar:

- El **sillín** no está derecho.
- El **pedaleo es más arduo** cuando te sientas, debido a una altura de sillín menor de lo normal.

- El **diámetro de la tija** puede ser escaso para el cuadro.
- La **abrazadera del sillín** puede estar floja.
- La **abrazadera de la tija** puede estar floja o suelta.

El manejo de la bici resulta inseguro cuando realizas giros agudos. Otros síntomas pueden incluir:

- La **rueda traquetea** sobre el buje o cabecea en el cuadro.
- Los **frenos rozan** contra la rueda.

- La **cubierta** puede estar desinflada.
- Los **rodamientos** del buje de copa y cono pueden estar sueltos.
- La **rueda** puede estar descentrada.
- El **juego de dirección** puede estar gastado o mal ajustado.

La llanta o la cubierta rozan contra el freno, el cuadro o la horquilla siempre que ruedas. Más síntomas:

- **Radios sueltos o rotos** traquetean en la rueda.
- La **rueda está combada** (con frecuencia después de un choque).

- La **rueda** puede estar descentrada tras un impacto debido a radios flojos.
- La **rueda** puede estar mal insertada en las punteras.
- El **flanco de la cubierta** puede estar mal asentado en la llanta.
- El **freno** está descentrado.

Se nota resistencia a la marcha, ya sea pedaleando o sin pedaleo. También puedes notar:

- **Chirridos o crujidos** en alguna rueda.
- La **cubierta roza** contra el cuadro o los frenos.

- Los **rodamientos del buje** pueden estar sucios, gastados o demasiado apretados.
- La **rueda** puede estar descentrada, o el flanco de la cubierta mal asentado en la llanta.
- Los **frenos** pueden estar descentrados.

Los problemas con estos componentes pueden causar una gran incomodidad o dificultades en la marcha. Si no controlas bien la dirección o notas que las ruedas no giran bien, es esencial que identifiques la causa del problema y las posibles soluciones lo más rápidamente posible.

 ## POSIBLES SOLUCIONES

Comprueba la alineación del manillar. La potencia debe estar alineada con la rueda de forma que la barra esté en ángulo recto con la rueda. Sustituye el manillar doblado (pp. 60-61).

Comprueba que el juego de dirección se mueve libremente y sin holguras. Ajústalo si es necesario, engrasa o sustituye los rodamientos y las pistas (pp. 54-57).

Inspecciona el cuadro y la horquilla en busca de pintura rizada, grietas o tubos doblados. Sustitúyelos a menos que sean de acero, que podrían ser reparados por un mecánico.

Cambia la tija por una del diámetro correcto. Para saber la medida, mide el diámetro interno del tubo del sillín (pp. 68-69).

Aprieta la abrazadera del sillín, asegurándote de que las mordazas estén bien colocadas en torno a los raíles del sillín (pp. 68-69).

Retira la abrazadera de la tija y límpiala, así como la boca del tubo del sillín. Rearma la abrazadera, engrasa y repón la tija del sillín, y aprieta de forma adecuada (pp. 68-69).

Comprueba que la rueda no esté desinflada; si lo está, parchea o cambia la cámara. Luego ínflala hasta la presión que recomiende el fabricante (pp. 48-49).

Ajusta los rodamientos de copa y cono del buje para que queden apretados, sin holgura lateral.

Centra la rueda para que la llanta ruede recta, ajustando la tensión de los radios en la zona descentrada con una llave de radios (pp. 88-89).

Gira la rueda para valorar la gravedad del combado. Sustituye los radios rotos y centra la rueda, o reemplázala entera (pp. 88-89).

Desmonta la rueda y vuelve a montarla bien centrada en las punteras. Aprieta las tuercas del eje por igual a cada lado, o aprieta a fondo el cierre rápido (pp. 78-81).

Desinfla la cámara y presiona con los dedos alrededor de la cubierta para introducir el flanco dentro de la llanta; luego repasa la cubierta con las manos. Vuelve a inflar la cámara (pp. 84-87).

Revisa el buje de copa y cono atendiendo al desgaste de pistas, conos y rodamientos. Si no hay desgaste, engrasa y aprieta. Sustituye las piezas que estén gastadas o picadas.

Centra la rueda para que ruede recta. Comprueba que el flanco de la cubierta esté bien asentado en la llanta; si no lo está, desinfla la cámara y reasienta la cubierta (pp. 84-89).

Ajusta el alineamiento del freno con la llanta, asegurándote de que las zapatas estén paralelas a la llanta. Comprueba el centrado y ajusta si es necesario (pp. 112-117).

SOLUCIÓN DE PROBLEMAS
Frenos de llanta

Pese a que su mecánica es simple, el buen funcionamiento de los frenos es esencial para una conducción segura: su fallo puede tener fatales consecuencias. Unos frenos bien mantenidos deberían aportar un poder de frenada capaz de reducir tu velocidad con rapidez y eficacia.

⚠ PROBLEMA

⊙ POSIBLES CAUSAS

Los frenos hacen ruido cuando aprietas las manetas de freno. Estos síntomas incluyen:

- **Chirridos** al accionar los frenos.
- **Vibraciones violentas** cuando las zapatas tocan la llanta.
- Las **zapatas rozan** contra la llanta.

- El **chirrido** puede deberse a que las zapatas tienen un ángulo incorrecto respecto a la llanta, o a suciedad y restos de zapata en la misma.
- Los **chirridos** también pueden deberse a que las zapatas están viejas y endurecidas, o sucias de polvo y mugre.

La bicicleta reduce la velocidad cuando aprietas la maneta de freno, pero no consigues bloquear la rueda para detener la bici. También podrías notar:

- La **maneta de freno toca el manillar** al apretarla.
- **Frenado pobre** en condiciones de humedad.

- Las **zapatas pueden estar demasiado lejos** de la llanta por desgaste, cable tirante o cierre rápido abierto.
- Unas **zapatas mal alineadas** pueden estar resbalando por debajo de la llanta.
- En frenos *cantilever*, el **cable de enlace** puede estar mal ajustado.
- **Zapatas o llantas desgastadas o sucias**.

Los frenos pierden poder gradual o rápidamente, sin reducción de la velocidad a pesar de apretar a fondo las manetas. Otros síntomas pueden ser:

- Un **chasquido brusco** procedente de un cable partido.

- El **perno de sujeción del cable** puede estar suelto, o el cable de freno se ha roto.
- Las **zapatas** pueden haberse aflojado en los brazos del freno.
- Los **topes de funda del cable** se pueden haber perdido.

Los frenos no se recuperan del todo cuando sueltas las manetas, y las zapatas se quedan pegadas o cerca de la llanta. También puedes notar:

- Una **sensación esponjosa** al accionar las manetas de freno.
- **Más resistencia** de la habitual al pedalear.

- Los **tornillos pivote están muy apretados** e impiden que los brazos del freno se muevan libremente.
- **Cable o funda** de freno secos, oxidados o desgastados.
- **Zapatas** desalineadas con la llanta; se han desgastado de forma desigual, con un reborde atrapado bajo la llanta.
- **Tensión del muelle** insuficiente para separar los brazos del freno de la llanta.

Los frenos están rígidos o cuesta frenar cuando accionas la maneta. Otros síntomas incluyen:

- Un **sonido chirriante** procedente de la maneta.
- **Resistencia o adherencia** de los cables de freno cuando se acciona la maneta.

- **Pivotes o cubos del freno gastados**, oxidados o sucios.
- **Cable oxidado** o enrutado incorrectamente.
- La **maneta de freno** puede estar atascada con suciedad o dañada.

Cualquier problema con los frenos supone un peligro considerable para ti y para los demás usuarios de la carretera. Si detectas pronto los síntomas y actúas con rapidez para identificar y resolver el problema, reducirás drásticamente el riesgo de accidente.

 POSIBLES SOLUCIONES

Haz converger las zapatas para que su parte frontal quede en ángulo hacia la llanta, tocando primero esta al frenar. Comprueba que los frenos estén centrados (pp. 110-117).

Limpia la llanta con desengrasante y un cepillo para despegar cualquier resto de zapata endurecido; luego aclara con agua (pp. 42-43).

Cambia las zapatas si su desgaste sobrepasa los surcos marcadores; si no, nivélalas con un escoplo y líjalas con suavidad (pp. 110-111).

Reajusta las zapatas moviéndolas hacia la llanta, o ajustando el cable en la abrazadera o el tensor. Cierra el cierre rápido del freno (pp. 104-105, 112-117).

Revisa el desgaste de zapatas y llanta, y sustituye esta si presenta arañazos o desgaste. Si no, limpia la superficie de ambas y pasa una lija a las zapatas (pp. 42-43, 110-111).

En frenos *cantilever*, afloja la abrazadera del cable y ajusta el cable de enlace en el ángulo correcto para una potencia de frenada óptima (pp. 114-115).

Aprieta el perno de sujeción del cable, y sustituye el cable en caso de rotura (pp. 104-105).

Sustituye los topes de funda del cable, y revisa la funda en busca de corrosión o desgaste. Lubrica y reemplaza la funda si es necesario (pp. 104-105).

Aprieta las zapatas en el brazo del freno, asegurándote de que estén centradas y alineadas con la llanta (pp. 110-117).

Afloja los tornillos pivote hasta que los brazos del freno se muevan libres. Lubrica los puntos de pivote o engrasa los cubos de freno (pp. 44-45, 116-117).

Lubrica o sustituye el cable de freno o la funda. Si las zapatas están gastadas, sustitúyelas o recorta el reborde con un escoplo; luego reajústalas en la llanta (pp. 44-45, 102-105, 110-111).

En frenos *V-brake* y *cantilever*, retira los brazos del freno y coloca el pasador con muelle en el orificio del cubo de freno más alto (pp. 112-115).

Limpia y lubrica los pivotes o cubos de freno. Pasa un estropajo metálico o una lija fina para eliminar o suavizar la corrosión (pp. 42-43).

Limpia o sustituye el cable o funda de freno, asegurándote de que el cable esté bien enrutado y asentado en los frenos de cable, y los terminales ajustados (pp. 42-43, 102-105).

Limpia la maneta de freno, lubrica sus puntos de pivote y engrasa la funda en su unión con la maneta. Si está rota, sustitúyela (pp. 42-43, 102-105).

▶ SOLUCIÓN DE PROBLEMAS
Frenos de disco

Además de ser el tipo más potente y fiable de frenos de bicicleta, los frenos de disco son populares por su «modulación»: el ajuste fino de la potencia de frenada que ofrecen al ciclista. Aunque son robustos y eficaces incluso en las peores condiciones, conviene cuidar de ellos para

⚠ PROBLEMA

El freno chirría cuando aprietas la maneta para reducir la velocidad o detener la bici. También puedes notar:

- **Reducción de la potencia de frenada** al accionar los frenos.
- **Vibraciones o temblores** durante la frenada.

Las pastillas rozan contra el disco mientras pedaleas. Otros síntomas pueden incluir:

- **Sonido de raspado o rechinado** mientras giran las ruedas.
- **Desgaste excesivo** en pastillas o disco.

Pérdida de potencia de frenada cuando accionas la maneta, siendo imposible el bloqueo completo de la rueda. También puedes observar:

- **Aumento de la distancia de frenado**.
- **La maneta toca el manillar** sin detener del todo la bici.

Las pastillas no retornan del disco cuando dejas de frenar. Además, puedes notar:

- **Sonido de rechinado** una vez has soltado la maneta.
- **Sonido de raspado** procedente del cable al accionar los frenos de disco mecánicos.

Sensación esponjosa en la maneta cuando accionas el freno hidráulico. Otros síntomas pueden incluir:

- Un **«punto de mordida»** (posición de la maneta en la que actúa el freno) distinto cada vez que accionas la maneta.

🔍 POSIBLES CAUSAS

- **Suciedad** por lubricante, desengrasante, líquido de frenos o grasa que pueden haber goteado en el disco o las pastillas.
- **Superficie del disco** desgastada o raspada.
- Los **tornillos de fijación** pueden estar sueltos y vibran al frenar.

- El **disco puede estar combado** debido a un impacto durante la marcha (como una caída de la bici sobre su lado), o haber resultado dañado durante un almacenaje o traslado.
- La **pinza de freno puede estar desalineada** con el disco.
- Las **pastillas pueden estar demasiado pegadas** al disco.

- **Suciedad** por lubricante, desengrasante, líquido de frenos o grasa que pueden haber goteado en el disco o las pastillas.
- Las **pastillas pueden estar** cristalizadas, gastadas o sin asentar.
- El **alcance de la maneta** (la distancia entre esta y el manillar) puede estar mal ajustado.
- Puede haber **entrado aire** en el sistema de frenos.

- El **cable o funda de freno** pueden estar sucios, oxidados o deshilachados, impidiendo el movimiento de las pastillas.
- Los **pistones hidráulicos pueden estar sucios**, adhiriéndose dentro de la pinza, en lugar de moverse libremente.
- La suciedad ha atascado el **brazo de la pinza** del freno de disco mecánico.

- Si al bombear el freno (al accionar y soltar repetidamente la maneta) mejora la potencia de frenada y se nota mayor firmeza, **puede haber aire en el sistema**.
- Puede haber una fuga en los **latiguillos hidráulicos**.
- El **líquido de frenos puede haber hervido** por frenadas prolongadas o el acceso natural de agua con el tiempo.

mejorar su rendimiento. Debido a su complejidad, puede ser difícil identificar qué parte falla en un sistema de freno de disco. Pero, con la ayuda de esta tabla, deberías poder acotar las causas posibles detrás de cualquier problema con tus frenos de disco e identificar una posible solución.

POSIBLES SOLUCIONES

Limpia el disco con alcohol isopropílico o sustitúyelo si está muy desgastado. Lija suavemente las pastillas y el disco con una lija fina (pp. 42-43).

Revisa los tornillos de fijación de la pinza y del disco y ajústalos al par de apriete recomendado (pp. 120-121).

Plantéate usar **pastillas orgánicas** en lugar de metálicas. Asegúrate de que las metálicas estén asentadas por completo (pp. 120-121).

Rectifica el disco enderezándolo con una llave inglesa. Si está muy combado, sustitúyelo (pp. 120-121).

Reajusta la pinza para que el disco quede centrado entre las pastillas. Afloja los tornillos de fijación de la pinza, centra a ojo y vuelve a apretarlos.

Ajusta las pastillas de disco mecánico por separado para que no rocen. Ajusta la exterior modificando la tensión del cable, y la interior con el tornillo de ajuste.

Quema la suciedad de la pastilla con una frenada prolongada en un descenso seguro. O pon la pastilla sobre un soplete u hornillo a potencia baja. Limpia el disco sucio.

Asienta las pastillas nuevas pedaleando a toda velocidad, sosteniendo el freno durante 5 segundos y bloqueando la rueda a continuación. Repite hasta una docena de veces. Si observas cristalizado en las pastillas, líjalas.

Ajusta el recorrido de la maneta girando el control de alcance o el prisionero. Para los discos por cable, aprieta el tensor en la maneta.

Limpia y lubrica el cable y la funda, o sustitúyelos. Para mejorar la potencia de frenada, fija el cable con el brazo de la pinza abierto por completo (pp. 42-45).

Limpia los pistones. Primero, retira las pastillas y bombea la maneta hasta que los pistones sobresalgan de la pinza. Límpialos y realójalos con una prensa para pistones o un destornillador envuelto en un paño.

Desconecta y limpia el brazo y el cuerpo de la pinza de un disco mecánico, retirando antes la rueda y las pastillas.

Purga el freno para expulsar las burbujas de aire del sistema hidráulico (pp. 108-109).

Inspecciona los latiguillos, especialmente en las juntas. Aprieta cualquier junta floja y purga el aire de los frenos (pp. 108-109).

Sustituye el líquido de frenos con líquido del mismo tipo: no mezcles aceite mineral y DOT. Luego purga el aire del sistema (pp. 108-109).

SOLUCIÓN DE PROBLEMAS
Transmisión

La transmisión es el sistema más complejo de la bicicleta, y también el que puede sufrir más fallos. Desde los mandos hasta los cables, las bielas, los pedales, el eje de pedalier, los desviadores, los piñones, los platos y la cadena, hay un montón de elementos que se pueden estropear.

⚠ PROBLEMA

La cadena se escurre o salta, cediendo bajo la presión al pedalear. También puedes notar:

- La **cadena cruje** al pedalear de pie.

🔍 POSIBLES CAUSAS

- Los **eslabones de la cadena** pueden estar rígidos; el engranaje, mal ajustado; los piñones o platos, desgastados.
- La **patilla de cambio** o el desviador trasero pueden estar doblados.
- La **cadena** puede estar sucia o gastada, o sus eslabones retorcidos.

El desviador trasero es lento o impreciso, requiriendo varias pedaladas para cambiar de marcha. Otros síntomas incluyen:

- La **cadena salta** varios piñones al cambiar de marcha.
- La **cadena cae** hacia los radios o entre el cuadro y el piñón pequeño.

- **Cable o funda** sucios, gastados o estirados.
- Puedes estar usando **funda de frenos** en vez de funda de cambio.
- **Mando de cambio** gastado o roto.
- **Pivotes del desviador trasero** o roldanas gastados.
- La **caída de la cadena** se puede deber a un mal ajuste del indexado o los tornillos de tope, a un anillo de bloqueo del casete flojo, o a que la cadena es inadecuada.

El desviador delantero no cambia la marcha de forma adecuada. Otros síntomas:

- La **cadena cae** sobre el EP o la biela.
- La **cadena no cambia** al plato más grande o más pequeño.

- **Desviador delantero mal ajustado**, cable estirado o mal insertado en la abrazadera.
- La **cadena puede estar sucia**, impidiendo el cambio preciso.
- **Plato o platos** combados o sueltos.
- Un **mando de cambio** gastado o roto puede causar problemas en el cambio.
- **Cable o funda sucios**, oxidados, deshilachados o rotos.

Resistencia al pedaleo, lo que puede provocar fatiga e incluso lesiones. Puedes observar:

- La **bicicleta se desliza** cuando no pedaleas.
- **Crujidos o chirridos** en el EP, los pedales o los platos.

- El **EP puede estar muy apretado**, sucio o gastado, dificultando el pedaleo.
- Los **pedales pueden estar muy apretados**, sucios o desgastados.
- Un **plato puede rozar el cuadro**, dañando la pintura y afectando a la solidez del cuadro.

El cambio electrónico no funciona correctamente al cambiar de marcha. Otros síntomas:

- Las **marchas cambian de modo intermitente** o en absoluto.
- **Pérdida de potencia** en los motores eléctricos de los desviadores.

- El **conector del cable eléctrico** se puede haber salido, o haber quedado comprimido en el manillar por la cinta u otras abrazaderas.
- La **batería puede tener** una carga insuficiente.
- Un **mal ajuste del tornillo de tope** exigirá más fuerza para que el desviador cambie la marcha, agotando la batería.

Sin embargo, usando esta tabla para detectar signos de alarma, tal vez puedas resolver los problemas antes de que se hagan mayores.

Como para los demás casos, si después de consultar las páginas pertinentes del libro no logras arreglar el problema, acude a un taller.

 ## POSIBLES SOLUCIONES

Afloja los eslabones rígidos flexionando la cadena lateralmente. Si la cadena, los platos o el casete están muy gastados, cámbialos: las partes gastadas harían que las nuevas se desgasten más rápido (pp. 158-161).

Ajusta el indexado girando el tensor del desviador trasero hasta que la cadena deje de saltar. Endereza o sustituye la patilla de cambio; sustituye el desviador combado (pp. 148-149).

Retira los eslabones retorcidos; la cadena debe quedar lo bastante larga para llegar al plato/piñón más grande. Cambia la cadena si está gastada; límpiala si está sucia (pp. 158-159).

Cambia los cables o fundas rotos: si están en buenas condiciones, limpia y lubrica. Revisa que estén todos los topes de funda (pp. 148-149).

Comprueba que el mando de cambio esté limpio y que funciona correctamente; sustitúyelo si está roto. Si los pivotes están gastados, sustituye el desviador; si lo están las roldanas, cámbialas.

Ajusta los tornillos de tope del desviador trasero y el indexado. Asegúrate de que el anillo de bloqueo del casete está apretado. Cambia la cadena por una del ancho correcto (pp. 148-149, 158-159).

Afloja el cable y mueve el desviador con la mano para comprobar si alcanza a todos los platos. Si no lo hace, ajusta los tornillos de tope. Limpia el cable y ajusta la abrazadera (pp. 148-149).

Limpia la cadena, los platos, los piñones y los desviadores. Si un plato está combado, enderézalo con una llave inglesa. Aprieta los tornillos del plato (pp. 42-43).

Comprueba que el mando está limpio y funciona; si está roto, cámbialo. Sustituye cables o fundas rotos; si no lo están, limpia y lubrica (pp. 42-45, 132-135).

Pon a punto o cambia el EP, limpiando y engrasando los rodamientos si es posible. Ajústalo para asegurar el movimiento libre, pero sin holgura (pp. 176-181).

Pon a punto los pedales limpiando el eje, los rodamientos y las superficies de rodamiento. Si rodamientos o superficies están gastados, sustitúyelos. O cambia el pedal completo (pp. 184-185).

Ajusta o cambia el eje de pedalier o el pedalier para aumentar el hueco entre platos y cuadro (pp. 158-159, 176-181).

Revisa que todos los cables y conectores estén insertados de forma correcta y sin trabas. Si se han desconectado, reponlos con la herramienta adecuada (pp. 138-139).

Comprueba el indicador luminoso para verificar el nivel de la batería. Retira y recarga por completo la batería si es necesario.

Ajusta los tornillos de tope para asegurar que el movimiento de los desviadores no tenga trabas (pp. 138-139).

Glosario

La *cursiva* en el texto de una definición remite a un término con entrada propia.

Abrazadera de la tija Pieza de plástico encajada en el cuadro que sujeta en su sitio la *tija del sillín*.

Amortiguación Proceso de absorción de la energía de un impacto transmitida a través de un sistema de *suspensión*. Controla la velocidad con la que cualquier forma de suspensión responde a un terreno desigual.

Anillo de bloqueo (o de retén) Anillo con la misma función que una *contratuerca*.

Araña Pieza con múltiples brazos que une el *plato* al eje del *eje de pedalier* o los *piñones* en un *casete*.

Banda de rodadura Parte central de una cubierta que hace contacto con el terreno. Popularmente se identifica con el «dibujo».

Barras de la horquilla Brazos superiores de una *horquilla con suspensión*.

Biela Palanca que une el pedal a los *platos* y traslada la energía de las piernas del ciclista a la *transmisión* de la bicicleta.

Bloque Nombre alternativo del *casete*.

Buje Parte central de la rueda, a través de la cual pasa el *eje* y que permite el giro libre de la rueda.

Buje libre Véase *rueda libre*.

Cabecilla del cable Pieza de metal unida al extremo de un cable que fija este a la maneta de control.

Cabecilla del radio Pieza de metal que une el extremo de un radio a la llanta y que permite ajustar la tensión del radio.

Cable de enlace (percha) Pequeño cable que conecta los dos brazos de un *freno cantilever*.

Caída En un manillar de carretera, parte inferior recta que retrocede en dirección al ciclista.

Caja Componente de los *desviadores* y de los pedales.

Cala Placa de plástico o metal que se fija a la suela de una zapatilla de ciclismo y se acopla a un *pedal automático* para sujetar el pie al pedal.

Calapiés Dispositivo presente en algunos pedales tradicionales, o que se puede añadir a ellos, diseñado para evitar que el pie resbale hacia delante en el pedal.

Caña Tipo de *potencia*, también llamada «clásica», que encaja dentro del *tubo de la horquilla* y se asegura en su sitio internamente.

Caperuza de la maneta Cuerpo en el que se acomoda la *maneta de freno*, uniéndola al manillar.

Casete Conjunto de *piñones* acoplados a la *rueda libre*, con distintos tamaños para ofrecer diferentes relaciones de *marcha*.

Centrador de ruedas Soporte que sujeta una rueda de forma que la llanta gira entre dos mordazas. Se usa para centrar una rueda, por ejemplo, después de sustituir un radio.

Cierre rápido Mecanismo compuesto por una palanca unida a un eje pasante que bloquea o libera un componente del cuadro.

Clincher Cubierta que se fija a la llanta de la rueda sobre una cámara interior.

Compresión Acción de un sistema de *suspensión* cuando absorbe un impacto del terreno. El término hace referencia a la compresión del muelle.

Cono Parte de un *buje* de bolas y conos que sujeta los *rodamientos* contra la cazoleta.

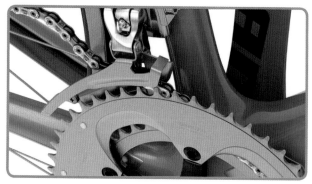

Los desviadores mueven la cadena entre los platos y entre los piñones del casete al cambiar de marcha.

Contratuerca Tuerca usada para apretar sobre un objeto roscado y fijarlo en su sitio. Bajo la forma de simple anillo recibe el nombre de *anillo de bloqueo.*

Cubo de montaje Componente roscado metálico del cuadro de una bicicleta al cual se acopla un elemento, como el *portabidones* o el brazo de la *pinza de freno.*

Desviador Dispositivo que mueve la cadena entre *piñones* (desviador trasero) y entre *platos* (desviador delantero); permite usar múltiples relaciones de marcha.

Disco de freno Disco liso de metal que rota junto con la rueda de la bicicleta y proporciona la superficie de frenado para los frenos de disco.

Eje Vástago central en torno al cual gira una rueda.

Eje de pedalier (EP) Unidad rotatoria que une entre sí las *bielas* a cada lado de la caja del EP.

Eje del eje de pedalier Pieza que une el *eje de pedalier* a las *bielas.*

Espaciadores de dirección Anillos de aluminio o fibra de carbono que encajan encima del *juego de dirección* y se pueden usar para alzar o bajar la *potencia* y modificar así la postura del ciclista.

Freno *cantilever* Freno que se acopla separadamente a la *horquilla* a cada lado de la rueda.

Freno de doble pivote Versión del *freno de pinza* en la que cada brazo de la *pinza* se mueve sobre un pivote separado.

Freno de pinza Mecanismo de frenado unitario que se fija al cuadro y cuyos brazos rodean la rueda por arriba.

Freno *V-brake* Tipo de *freno cantilever* con brazos largos en el que el cable se conecta a un lado, y la funda al lado contrario.

Fricción estática Término que describe la resistencia al movimiento entre partes móviles y estáticas en reposo, como, por ejemplo, entre retenes y *barras* en una *horquilla con suspensión.*

GPS Siglas en inglés de «sistema de posicionamiento global»: sistema de localización basado en una red

El freno de doble pivote ofrece mayor poder de frenada que el tradicional de tiro central. Es común en las bicis de carretera modernas.

de satélites, utilizado en ciclismo para marcar recorridos y registrar velocidades y otros datos del trayecto, mediante un dispositivo instalado en el manillar.

Holgura Término usado para describir cualquier falta de fijación entre partes mecánicas.

Horquilla Parte de la bicicleta que sujeta la rueda delantera, normalmente compuesta por dos barras que se unen en la corona.

Juego de dirección Conjunto de *rodamientos* que une la *horquilla* a un cuadro y la permite girar. Hay dos variedades: con rosca y *A-head.*

Llave Allen Herramienta de forma hexagonal que encaja en *tornillos Allen.*

Mando (maneta) de cambio Mecanismo de control, situado normalmente en el manillar, utilizado para accionar el cambio de marchas.

Mando de palanca *Mando de cambio* de marchas que se acciona con una palanca similar a un gatillo.

Mando de puño *Mando de cambio* de marchas que se acciona girando un puño especial montado en el manillar.

Maneta de freno Palanca de metal o plástico, conectada a un extremo del cable de freno, que se acciona para activar este.

Marcha Combinación de *plato* y *piñón* (vinculados por la cadena) que impulsa la bicicleta.

Muelle negativo Dispositivo que actúa contra el muelle principal en un sistema de *suspensión*. En la *compresión*, por ejemplo, el muelle negativo actúa para extender la *horquilla*, ayudando a superar los efectos de la *fricción estática*.

Obús de la válvula Parte interior o núcleo de una *válvula* de neumático.

Palanca de cambio Palanca que se presiona para cambiar de *marcha*.

Pasador En un *freno V-brake* o un *freno cantilever*, extremo de un muelle de retorno que encaja en un orificio de fijación en los *cubos* de montaje del freno.

Patilla de cambio Extensión de metal encajada en la *puntera* trasera que permite montar el *desviador* trasero en la bicicleta.

Pedal automático También llamado «*clipless*», pedal con un mecanismo que se acopla a la *cala* de la suela de la zapatilla y la sujeta en su sitio.

Pedalier Conjunto de *platos* y *bielas*.

Pinza Brazos de un *freno de pinza* que se cierran sobre la llanta de la rueda, deteniendo el movimiento de esta.

Piñón Pieza metálica circular con dientes, acoplada a la rueda trasera, en la que engrana la cadena para moverla. Piñones de diversos tamaños se combinan en el *casete* para ofrecer distintas relaciones de *marcha*.

Planetario En un cambio de buje, disco que rota al accionar el cable de cambio, moviendo los *piñones* dentro del *buje* para cambiar la *marcha*.

Plato Anillo dentado acoplado a las *bielas* que impulsa la cadena y, a su vez, los *piñones* y la rueda trasera de una bicicleta.

Portabidones Estructura ligera, generalmente de plástico, para llevar un bidón en un lugar accesible de la bicicleta.

Potencia Componente que une el manillar al *tubo de la horquilla*.

Prisionero Tornillo sin cabeza con el mismo diámetro en toda su longitud.

La tija del sillín, insertada en el tubo del sillín, sujeta este. Ajusta la altura de la tija para adaptarla a tu estilo de marcha.

Puntera Placa ranurada en el extremo de las barras de la *horquilla* (delante) y de los tirantes (detrás) en la que se acopla el *eje* de la rueda.

Purgado Método de eliminación del aire en los sistemas de freno hidráulicos.

Rebote Término que describe la acción de un sistema de *suspensión* después de absorber un impacto del terreno. Hace referencia a la extensión del muelle del sistema.

Recorrido Término que describe la distancia total que puede recorrer un componente para realizar su cometido. Así, por ejemplo, el recorrido de una *horquilla con suspensión* es la distancia total que puede recorrer para absorber un impacto; y el recorrido de una maneta de freno es la distancia que recorre antes de que las zapatas entren en contacto con la superficie de frenado de la llanta o el *buje* de una rueda.

Rodamiento Mecanismo compuesto normalmente por cierta cantidad de bolas de rodamiento y canales circulares, o pistas. Permite que dos superficies metálicas se muevan libremente estando en contacto.

Roldanas (ruedas) Piezas del *desviador trasero* que cambian la cadena entre *marchas*.

Rueda libre Mecanismo del *buje*, o enroscado a este, que permite que la rueda trasera rote mientras los pedales permanecen estacionarios.

Sistema hidráulico Sistema mecánico que usa un fluido sometido a presión para mover un objeto.

Soporte del cable Alojamiento que sujeta estacionaria la funda de un cable al tiempo que permite que el cable se mueva libremente dentro de ella.

Suspensión Sistema de aire/aceite o resorte/aceite que absorbe las irregularidades del terreno. Puede estar integrada en la *horquilla* o unida a la rueda trasera mediante una bieleta.

Tensor Pequeña copa conectada al extremo de un cable, usada para prolongar el enfundado del cable y, con ello, ajustar la tensión del cable.

Terminal del cable Pequeña caperuza metálica cerrada por un extremo que se encaja sobre el extremo cortado de un cable para impedir que se deshilache.

Tija del sillín Tubo hueco que sujeta el sillín y se introduce en el *tubo del sillín*.

Tirante Tubo del cuadro que une la carcasa del *eje de pedalier* y la *puntera* trasera.

Tope de funda Capuchón colocado en el extremo de una funda de cable para fijarla a *soportes del cable* u otros componentes.

Tornillo Allen Tornillo roscado con una depresión hexagonal en el centro de la cabeza.

Tornillo de expansión Tornillo que se enrosca en un cono truncado o triángulo de metal dentro de un tubo para encajar este en su posición. Se suele encontrar dentro de la *potencia* en *juegos de dirección* con rosca.

Tornillo o tuerca hexagonal Tornillo roscado con cabeza hexagonal, o tuerca con forma hexagonal que encaja en un tornillo roscado.

Tornillo Torx Tipo de tornillo cuya cabeza presenta seis puntas en forma de estrella, usado en ocasiones en los tornillos de *potencia* y abrazaderas en lugar de *tornillos Allen*.

Transmisión Conjunto formado por pedales, *pedalier*, cadena y *piñones*, y que impulsa la bicicleta hacia delante trasladando la potencia de las piernas a la rotación de la rueda.

Triángulo posterior Parte trasera del cuadro de la bicicleta que incluye el *tirante*, la *vaina* y el *tubo del sillín*.

Trinquete Barra o palanca curva que engrana con los dientes de una rueda de trinquete para asegurar que esta gire solo en una dirección.

Tubo de dirección Tubo del cuadro que contiene el *tubo de la horquilla*.

Tubo de la horquilla Tubo que une la *horquilla* a la *potencia* y el manillar.

Tubo del sillín Tubo del cuadro que sujeta la *tija del sillín*.

Tubo inferior En el cuadro, tubo que une el *eje de pedalier* con el *tubo de dirección*.

Tubo superior Tubo del cuadro que une el *tubo del sillín* con el *tubo de dirección*.

Vaina Tubo del cuadro que une la caja del *eje de pedalier* y la *puntera* trasera.

Válvula Parte de la cámara neumática que se conecta a la bomba.

Válvula Presta Modelo de *válvula* de alta presión presente en las cámaras de bicicletas de carretera.

Viscosidad Sistema de clasificación para aceites que también hace referencia a la densidad. Un aceite ligero tiene una viscosidad baja y se mueve más rápido que un aceite pesado a través de un mecanismo de *amortiguación* dado. Ello dará como resultado un sistema de *suspensión* más rápido, o de *amortiguación* reducida.

Un cierre rápido se puede abrir sin herramientas, permitiéndote desmontar ruedas y liberar cables de freno rápida y fácilmente.

Índice

Los números en **negrita** remiten a las entradas principales.

Agradecimientos

El editor agradece a las siguientes personas e instituciones el permiso para emplear sus fotografías:

(Clave: a-arriba; b-abajo; c-centro; e-extremo; i-izquierda; d-derecha; s-superior)

14 Koga: (c). **15 Kalkhoff Bikes:** (bi). **17 Genesis Bikes UK genesisbikes.co.uk:** (sd). **Giant Europe B.V.:** (bd). **Look Cycle:** (ci). **Ridley Bikes:** (bi). **Tandem Group Cycles:** (si). **24 Condor Cycles Ltd:** (2/ci, 3/ci). **Extra (UK) Ltd:** (1/cd, 2/cd, 3/cd, 4/cd, 3/b). **Getty Images:** angelsimon (1/s, 2/s). **Tredz Bikes:** (1/ci, 1/b, 2/b, b). **25 Blaze.cc:** (1/bi, 2/bi). **Condor Cycles Ltd:** (2/s, 1/bd, 3/bd). **Hope Technology:** (bi). **Tredz Bikes:** (1/s, 3/s, 4/s, 2/ci, 3/bi, 2/bd). **Wheelbase:** (5/s, 1/ci, 1, 3/ci). **26 Condor Cycles Ltd:** (2/sd, 2/ci, 3/ci, 5/ci, 3/b). **Getty Images:** mooltfilm (1/ci). **Lazer Sport:** (cd). **Tredz Bikes:** (1/sd, 4/ci, 1/cd, 2/cd, 3/cd, 1/b, 2/b). **27 Busch & Muller KG:** (2/ci). **Condor Cycles Ltd:** (1/si, 1/bi). **Hammerhead:** (1/d). **ICEdot:** (2/bi). **LINKA:** (4/b). **Lumos Helmet lumoshelmet.co:** (4/d). **Scosche Industries Inc:** (2/d). **Tredz Bikes:** (2/si, 3/si, 1/ci, 3/b, 3/d). **28 Condor Cycles Ltd:** (1/sd, 3/sd, 1/b, 2/b). **ROSE Bikes GmbH:** (5/b). **Tredz Bikes:** (1/si, 2/si, 3/si, 4/sd, 3/b, 4/b). **Triton Cycles:** (2/sd). **29 Extra (UK) Ltd:** (3/si, 2/sd). **Radical Design:** (3/b). **Tailfin:** (4/si, 5/si). **Tredz Bikes:** (si, 2/si, 1/c, 2/c, 3/c, 4/c, 1/b, 2/b, 4/b). Wheelbase: (1/sd). **30 Condor Cycles Ltd:** (1/bc, 2/bc). **31 Condor Cycles Ltd:** (1/si, 2/si, 4/si, 5/si, 2/sd, 3/sd, 1/c, 2/c, 3/c, 4/c, 1/b, 2/b, 3/b, 4/b, b). **Extra (UK) Ltd:** (5/c). **Tredz Bikes:** (3/si, 1/sd). **32 Tredz Bikes:** (1/b, 2/b). **33 Condor Cycles Ltd:** (3/b). **Tredz Bikes:** (1/s, 2/s, 3/s, s, 1/c, 2/c, 3/c, 4/c, 1/b, 2/b, 4/b, 5/b). **36 Extra (UK) Ltd:** (6/b). **Tredz Bikes:** (3/sd, 1/sd, 2/sd, 1, 2/b, 3/b, 4/b, 5/b, 7/b, 8/b, c). **37 Getty Images:** VolodymyrN (4/bi). **Tredz Bikes:** (1/si, 2/si, 3/si, 1/sd, 2/sd, 3/sd, 4/sd, 5/sd, 1/bi, 2/bi, 3/bi, 5/bi, 6/bi, 7/bi, 8/bi, 1/bd, 2/bd)

Las demás imágenes © Dorling Kindersley
Para más información: **www.dkimages.com**

Además, Dorling Kindersley desea hacer extensivo su agradecimiento a los siguientes colaboradores por su ayuda en la elaboración de este libro: DK India por las ilustraciones adicionales: Alok Kumar Singh, ayudante de animación, Rohit Rojal, coordinador de producción, Nain Singh Rawat, director de producción audiovisual, Manjari Hooda, responsable de operaciones digitales. Asistencia adicional de diseño: Simon Murrel.

Claire Beaumont, exciclista de competición, actualmente es directora de ventas y creativa principal de la empresa londinense de bicicletas a medida Condor Cycles. Asesora en el libro de DK *El libro de la bicicleta*, Claire es también coautora de *Le Tour: Race Log* y de *Cycling Climbs*, y ha escrito sobre ciclismo en diversas revistas, como *The Ride Journal*, *Cycling Weekly* y *Cycling Active*.

Ben Spurrier, ciclista apasionado, es el diseñador jefe de Condor Cycles. Premiado por la revista *Wallpaper* en 2011 por una gama de bicicletas de edición especial, ha sido miembro del jurado en los premios anuales D&AD (Design and Art Direction) New Blood, y ha impartido conferencias sobre bicicletas y diseño en el Museo del Diseño de Londres. También ha trabajado con numerosas revistas, entre ellas *Australian Mountain Bike*, *Bike Etc* y *Privateer*.

Brendan McCaffrey es un ilustrador, diseñador, entusiasta del ciclismo y mecánico aficionado afincado en Las Palmas de Gran Canaria. Graduado en diseño industrial por la NCAD de Dublín, durante los últimos 20 años ha trabajado en la producción de ilustraciones para clientes de los sectores del videojuego, la juguetería y los productos de consumo.
www.bmcaff.com

Créditos de los modelos:
Modelo 3D de bicicleta de carretera de Brendan McCaffrey
Modelo 3D de bicicleta de montaña aportado por Gino Marcomini
Modelos adicionales aportados por Brendan McCaffrey, Gino Marcomini, Ronnie Olsthoorn y Moisés Guerra Armas